"十三五" 职业教育
国家规划教材

高等院校 **电子商务**
职业细分化创新型 规划教材

网店金牌客服

视频指导版

U0748407

刘建珍 刘亚男 陈文婕 **主编**

乔刚 胡炜 施建华 **副主编**

人民邮电出版社

北 京

图书在版编目（CIP）数据

网店金牌客服：视频指导版 / 刘建珍，刘亚男，陈
文婕主编. -- 2版. -- 北京：人民邮电出版社，2018.1（2021.6重印）
高等院校电子商务职业细分化创新型规划教材
ISBN 978-7-115-47585-5

Ⅰ. ①网… Ⅱ. ①刘… ②刘… ③陈… Ⅲ. ①电子商
务－销售服务－高等学校－教材 Ⅳ. ①F713.36

中国版本图书馆CIP数据核字(2017)第322134号

内 容 提 要

本书以电子商务大环境为背景，以客户体验为切入点，以客户购物的流程为主要线索，将客服工作对应客户服务的需求进行细分，并逐一进行讲解。全书共7章，第1章和第2章为客服工作的前期准备，主要涉及客服工作的基本知识，以及需要学习的客户购买心理等知识；第3章和第4章为实战内容，分别讲解客户在售前流程、售中流程和售后流程中所需要的服务引导，从而引出客服售前 工作、售中工作和售后工作的具体操作步骤以及应对技巧，这是本书的重点内容；第5章讲解数据 指标对客服工作的检验与考核；最后两章的内容为客服工作的维护，讲解客户关系的维护和客服管 理的技巧。

本书内容翔实、生动，摒弃了过多的理论知识，多以案例 、图片的形式展示客服工作的内容和技巧；对于需要计算机操作的部分还配置了二维码，以方便读者扫码观看操作视频。

本书既可作为高等院校、职业院校电子商务专业"网店客服"课程的教材，也可以作为从事网店客服工作人员的参考书。

◆ 主　　编　刘建珍　刘亚男　陈文婕
　　副主编　乔　刚　胡　炜　施建华
　　责任编辑　古显义
　　责任印制　马振武

◆ 人民邮电出版社出版发行　　北京市丰台区成寿寺路 11 号
　　邮编　100164　　电子邮件　315@ptpress.com.cn
　　网址　http://www.ptpress.com.cn
　　北京市艺辉印刷有限公司印刷

◆ 开本：787×1092　1/16
　　印张：13　　　　　　　　2018 年 1 月第 2 版
　　字数：268 千字　　　　　2021 年 6 月北京第12次印刷

定价：39.80 元

读者服务热线：(010)81055256　印装质量热线：(010)81055316
反盗版热线：(010)81055315
广告经营许可证：京东市监广登字 20170147 号

PREFACE 前·言

电子商务正悄然改变着人们的生活和消费方式：购买一件衣服很少去实体店试穿、购买，而是通过浏览网店、电子支付、快递收货来完成；转账汇款不再往返奔波于银行，而是通过网络来完成……如今它正以极快的速度渗透到日常生活的方方面面，人们的购物消费不再仅仅局限于实体商铺的买卖，而是将目光更多地投向了网络购物这种新兴消费方式。

随着市场竞争的加剧，从事电子商务的企业逐渐意识到不仅产品质量要好，而且网店的客户服务非常重要。网店客服人员由于工作环境不同于实体商铺，因此岗位要求也有所区别。为适应市场对人才的需求，高等院校的电子商务专业陆续开设了网店客服课程，但是目前合适的教材并不多见。自本书第1版推出至今，很多学校将其选为教材。一段时间过去了，不管是淘宝还是客服这一行业本身，都发生了不少变化。为了适应市场，让学生能学到更多实用的知识，我们组织高校老师和企业人员在第1版的基础上重新组织内容，并对原有内容进行了修正、更新，以满足这门课的教学需要。

本书主要内容

本书旨在培养专业的网店客服人员，但另辟蹊径从客户体验的各个环节着手，把对客户体验的把握作为客服服务的出发点和工作目的。在整体构架上，本书注重对客服的内在认知到外在技能的培训，力图让客服内外兼修，提高自己的工作能力。在图书编排上，本书共分为7章，各章的主要内容如下。

第1章：主要介绍客服的基本工作，对客服的工作内容及要求做了简单的概述。

第2章：从客户心理学的角度入手，主张重视客服对客户购买心理的洞察能力。

第3~4章：重点介绍商品售前、售中和售后工作中可能出现的问题及解决办法，全面提升客服的外在工作能力。

第5章：介绍客服工作的几项考核标准。

第6章：介绍客服对客户关系的维护，即如何最大限度地拓展自己的客户资源。

第7章：着眼于整个客服团队的管理，让客服工作开展得井然有序。

本书主要特色

（1）循序渐进：本书从网店客服的定义与重要性开始讲解，然后介绍了成为客服人员的要求，客服所需学习的客户心理、基本话术、商品详情以及交易规则等知识；紧接着用以上所学的知识实践于售前、售中和售后的工作之中；最后介绍了客服工作情况的衡量标准、客户关系的维护以及客服团队的管理等知识。

（2）结构科学：本书的每一章均采用"案例导入+知识讲解+本章小结+课后练习"的讲解结构，并附带"专家指导"小栏目对知识点进行补充说明。其中"案例导入"以一个有趣的例子将本章的知识引入，激发读者的学习兴趣；"本章小结"以思维导图的形式总结出本章讲解的主要知识点，方便老师总结，也便于学生复习和记忆；"课后练习"均以实战类、操作类、思考类的题型为主，可有效地将课堂讲解的知识灵活应用。

（3）注重细节：本书立足于帮助网店客服解决在实际工作中遇到的各种困难，针对客服的态度、话术以及解决问题的思路等各个细节逐一做了讲解。细节决定成败，只有把工作中的细节问题真正解决了，客服工作才能有效地开展。

（4）案例丰富：本书不拘泥于教条式的讲解方式，而是以生动的案例对所要传授的知识进行形象的讲解，更利于读者的学习。学以致用才是真正的领悟。

（5）配套资源：本书提供课程、实战实训及测验等资源，可通过微信扫描右侧二维码加入本书特别班级获取。二维码扫描成功后，输入班级邀请码（邀请码：AW668T），便可在班级内观看课程及完成本书配套实训及测验。同时为了更好地体验网店客服的流程，也可登录i博导（www.ibodao.com），完成注册后，在个人首页左侧导航条中单击"应用"选项，然后添加"客户实战系统"，即可使用"客户实战系统"完成客服模拟实践。

本书由刘建珍、刘亚男、陈文婕任主编，乔刚、胡炜、施建华任副主编。由于作者水平和时间的限制，书中难免存在不妥之处，敬请广大读者批评指正。

编者
2017年10月

CONTENTS
目·录

第4章
给客户满意的售中、售后体验

第5章
读懂这些数据

第1章
客服体验

随着网络技术的发展，"电子商务"对我们来说早已不是什么新鲜事物。它存在于我们生活的方方面面，如网上购物、线上线下模式等都属于电子商务的范畴。

网店客服作为顾客联系网店的窗口，承担着买卖双方信息交流的责任。本章将从电子商务中最基础的客服定义入手，讲解电子商务的发展，并对客服工作进行简要分析，让我们对客服工作有一个较为整体化、形象化的认识。

案例导入

"花卉知六"是淘宝网上新开的一家店铺，专业从事鲜花业务。开店至今，已经3个多月了，店家单打独斗经营网店，逐渐感到疲惫不堪。于是他四处寻求帮手，很快便通过招聘网站聘请了一名网店客服人员。店家心想这下可就省心多了，可谁想到，这位客服不但没有给店里带来任何销量，反而让店铺赔钱了。这究竟是怎么回事呢？

一天，客服人员小A收到客户B发出的消息，客户B想在店里选购一款鲜花送给好朋友作为生日礼物，于是让小A帮忙给她推荐几款适合在生日场合使用的鲜花。小A收到消息后立刻回复，并与客户B达成了一致意见，很快这单就促成了，客户也成功完成了付款。可两天后，客户B联系上小A并要求其退款，待店家仔细查看订单详情和旺旺聊天记录后，立即给客户B道歉并同意退款。原来是客服人员小A没有仔细核对订单，竟然把另一个订单的备注信息，填到了客户B这一个订单上，造成一个很大的失误。结果两个订单的货都发错了，给网店造成了一定的经济损失。

随着电子商务市场的快速发展，电子商务企业所需的从业人员也越来越多。其中，网店客服作为客户联系网店的窗口，承担着买卖双方信息交换的重任。作为电子商务企业的管理人员，要了解目前电子商务的发展现状和发展趋势，掌握电子商务企业从业人员的现状，这样才能更好地管理企业，招聘到适合的人员。而对于网店客服自身来说，还要了解网店客服的工作流程、明确自己工作的内容，以实现自己的价值，保证网店利益不受损害。本章将对电子商务市场、网店客服的工作流程等内容进行介绍，帮助网店客服全面了解这些知识。

1.1 电子商务的发展现状及发展趋势

电子商务通常是指在因特网开放的网络环境下，基于开放的网络浏览器、服务器，使得买卖双方不谋面地进行各种商贸活动，实现消费者的网上购物、商户之间的网上交易和在线电子支付，以及各种商务活动、交易活动、金融活动和相关的综合服务活动的一种新型的商业运营模式。网络的发展打破了销售的局限，越来越多的消费者选择通过网络平台购买、支付、交易商品，消费者的购物选择也不再局限于实体店，而更偏爱于鼠标一点便触手可及的电子商务。

近年来，中国的电子商务快速发展，在各领域的应用不断拓展和深化、相关服务业蓬勃发展、支撑体系不断健全完善。电子商务正在与实体经济深度融合，进入规模性发展阶段，对经济、社会、生活的影响不断增大。电子商务的发展到底有多迅速呢？我们先来看看下面一组数据。

图1-1所示为2011—2016年中国电子商务市场交易规模，其中涵盖所有的在线交易、B2B电子商务市场交易和网络零售市场交易。根据柱状图所显示的数据，不难看出电子商务市场交易额在逐年增加，这说明电子商务在现阶段保持不断发展的前进趋势。

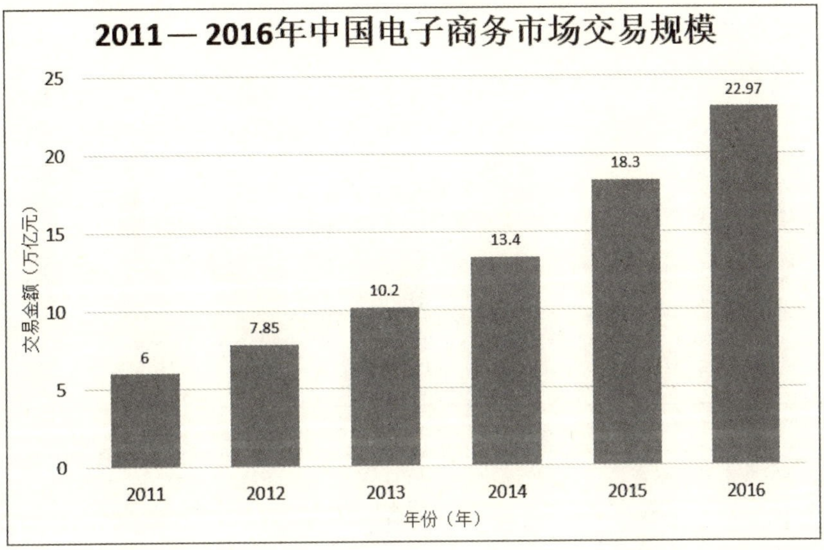

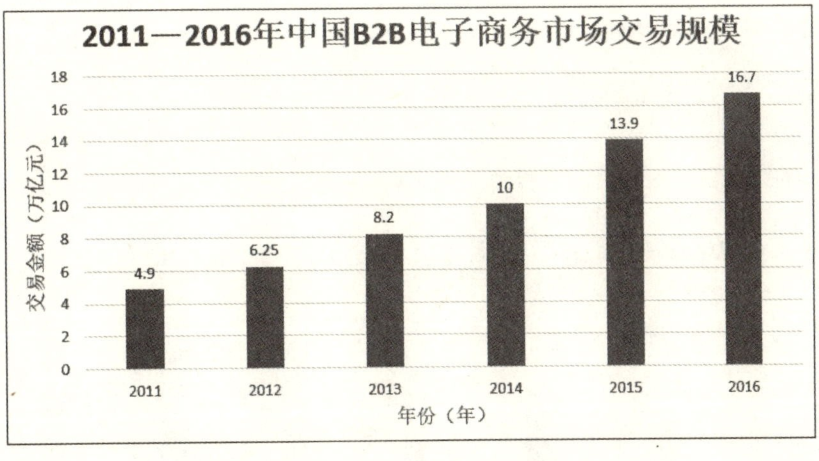

2011—2016年中国电子商务市场交易规模

2011—2016年中国B2B电子商务市场交易规模

图1-1 | 2011—2016年中国电子商务市场交易规模（数据来源：中国电子商务研究中心）

从图1-1所示的数据中可以看出，2016年中国电子商务交易额为22.97万亿元，同比增长25.5%。其中，B2B市场交易额为16.7万亿元，网络零售市场交易额为5.3万亿元。但随着消费者对网购更加理性化，在未来电子商务的占比上，单纯依靠网上购物的占比会减少，但这并不影响电子商务的发展，在未来的发展中电子商务仍然具有很大的发展潜力。

图1-2所示为2009—2016年淘宝天猫"双十一"交易额。淘宝天猫"双十一"狂欢购物节是近年来兴起于电子商务的购物节日，这一天因节日数字形似4个光棍而俗称"光棍节"。淘宝以11月11日为契机，邀请天猫、淘宝上的卖家参与活动，喊出"全场一律五折狂欢"的口号，着实吸引了不少的客户前来购买，销售量也屡创新高。

图1-2 | 2009—2016年淘宝天猫"双十一"交易额（数据来源：中商情报网）

从图1-2中可以看出淘宝交易额的年年上升，从0.52亿元的交易额到1207亿元的交易额，2000多倍的增长速度，着实让人惊讶。"双十一"的销量情况在很大程度上反映了电子商务发展迅速，这种通过网络便可完成的快捷消费形式越来越被大众所接受，这也为电子商务的发展提供了天时、地利、人和的优势。

电子商务的快速发展，离不开其主导力量之一的相关从业人员的推动与参与。我们再来看看其发展的情况，图1-3所示为2011—2016年中国电子商务服务企业从业人员。

图1-3 | 2011—2016年中国电子商务服务企业从业人员（数据来源：中国电子商务研究中心）

从图1-3可知，电子商务行业的从业人员在逐年增加，这说明电子商务行业还处于扩展阶段，对相关从业人员的需求不断增多，客服岗位就是其中占比比较大的一部分。

1.2 认识网店客服

随着电子商务的深入发展，其市场也越来越成熟，以淘宝为首的电子商务平台的发展变得更加多元化，以往的"拼价格、比质量"的销售方式已远远不能满足客户的求新性心理。当淘宝网推出了"客户赢天下"的理论时，卖家们纷纷开始关注销售的方式与质量。还是在这样的背景下诞生了"网店客服"这一新兴事物，并且日益成为卖家不可或缺的中坚力量，推动着网店的发展。目前，淘宝网的网店客服人员已经达到数百万人，客服逐渐成为卖家的左膀右臂。

1.2.1 网店客服的定义

沟通是人类行为的基础，是信息、感情在个人或群体中传递的过程。在电子商务盛行的年代，看似有着距离之隔的客户与店铺之间，这份沟通也是必不可少的；类似于实体店导购角色的"客服"也随之出现，扮演着电商时代不可或缺的重要角色。

客服工作，顾名思义就是为客户服务的工作。和我们在实体店看到的导购服务人员一样，电子商务环境下的客服，依然担当着迎接客人、销售商品、解决客户疑惑等责任。落实到网络平台上的客服，在工作的环境与服务的媒介方面与传统实体店的导购人员又有一定的差异：传统实体店的导购人员服务客户是一种面对面的交流，双方的互动及时性极强；网店客服服务客户则是通过互联网进行信息传输，以阿里旺旺作为信息传输的固定平台，双方的互动是通过文字、图片的传达而形成的。但这二者的本质都是一样的，即为满足客户的需求提供一系列的服务。

在电子商务的发展过程中，网店的经营模式日趋多样化，单打独斗的"独狼"模式日渐势微，力不从心是其留给人的最大感受。尤其是那些销量日佳的网店，客户咨询的人数上涨迅速，网店的回复稍有迟缓，就会有流失客户的风险在这样的情况下，网店对客服人员的需求也就随之快速攀升。不同的网店根据自身店铺发展的规模，对客服人员的数量以及工作内容的要求是不同的。大一点的网店会根据客服所负责的不同工作，将客服工作分为售前客服、售中客服和售后客服3大类，一般由2～6名客服组成专业的客服团队；小一点的网店则不需要如此细致的划分，1～2名客服即可保证店铺正常运作。

作为店铺和客户交流的第一平台，客服工作在电子商务企业中发挥的作用不可小觑。它不仅可以引导客户、为客户提供帮助，增加服务的附加价值，促成客户愉快购物，还能提升店铺的竞争力，客户服务的竞争永远比价格竞争更能打动客户，从而为店铺带来更多的交易。

▍1.2.2 客户对客服的期望

服务是一种具有无形的特征却可以给人带来某种利益或满足感的活动。客服的服务作为产品重要的附加价值，同其他有形产品一样，强调产品对消费者需求的满足。一般情况下，都是由客户点击客服头像，与客服开始交流。在与客服正式沟通之前，客户通常会对客服工作抱有一定的期待，主要表现在以下几个方面。

1. 热情友好

当我们进入一家商店，售货员露出不悦的脸色，对你爱搭不理，甚至完全忽视你的到来，这样的店铺你还会来第二次吗？答案自然是否定的。这个道理同样适用于电子商务领域，当客户满心期待地询问客服关于商品的信息，那种简单地回应"嗯""哦""是"，恨不得早早结束聊天的服务态度必然会惹来客户的抱怨。也就是说，客户在与客服沟通之前，对于客服的热情、友好、尊重有着很高的期待值。

以热情的态度欢迎客户的到来，以热情的话术回答客户的疑惑。热情是客服迎接客户所必备的态度，热情的文字、愉悦的表情传递能让客户有一种宾至如归的感觉。沟通、交流在电子商务平台上存在着天生的缺陷，即买卖双方在沟通的过程中无法面对面地交流，客服也就不能运用恰当的肢体语言拉近与客户之间的关系，而只能通过计算机屏幕，利用文字传递自己的热情、友好。当客户感受到客服的热情、友好之后，两者间的交流自然会更加融洽。

2. 诚实守信

电子商务的发展促进了网络购物的普及，人们越来越热衷于这种鼠标轻轻一点的快捷消费。网络购物虽然方便、快捷，但最大的缺陷就是买卖双方信息的模糊性。看不见对方、摸不着产品，客户难免对这种新型购物方式产生怀疑，而作为客户与网店沟通桥梁的客服，需要用诚信来消除客户的疑虑。要知道客户在向客服咨询之前，都希望客服是诚实守信的，能给自己切实有效的"干货"信息。

当客户打开购物网站，无数漂亮的模特、耀眼的产品让他们迫不及待地想要拍单购买，客服的推荐与奉承也让客户急于付款，但当产品送到他们手上，发觉与购物网站上的图片相差甚远时，差评、投诉也就随之而来，店铺的信誉反而会降低。

在网上经常可以看到一些很奇葩的买家秀和卖家秀图片，如图1-4所示。卖家秀和买家秀图片差异的存在，在很大程度上反映了店铺和客服的诚信。在真假难辨的电子商务世界，是否保持网店的诚信是网店成败的关键，尤其是作为网店形象代表的客服，在工作中一定要以诚心赢得客户的信赖。

图1-4 | 买家秀和卖家秀图片

3. 专业耐心

客服要做产品的专家。所谓产品的专家，不能仅了解产品的一般信息，而是要从产品的选材、加工制作、洗涤保养、尺寸大小、适宜人群等各个方面进行了解。帮助客户解决问题是客服应尽的职责，只有全面掌握了产品的相关信息，才能为客户答疑解惑。当客户通过旺旺找到了客服，他们所期望的是客服帮助他们解决问题，促进购买，而不是问牛答马，什么都不知道。

客服是产品的专家，但绝不意味着客服可以凭借自己的专业知识居高临下，嘲笑、蔑视客户的疑虑，这种骄傲的心态在与客户的交流中很容易被客户察觉。客户多问几个问题就不耐烦，回复慢、回复字数少，这些都能让客户感觉到客服的不耐烦。客户在购买商品时所存在的顾虑有大有小，各不相同，但既然客户提出来，就期望能得到客服的耐心解答，而不是敷衍搪塞。客服需要明白自己的工作本身就是为客户解答疑惑的，自己所掌握的知识也是工作所必需的，没有丝毫骄傲的必要。

4. 快速解答

等待是让客户心烦的一件事。在电子商务平台，买卖双方你一句我一句的互动时效性是很重要的，客户不会将大把时间耗在等待客服回答上面，而是希望客服能够在最短的时间内回答自己的疑问，所以客服及时反应的能力十分关键。网店一般将客服的反应时间称为"首次响应时间"和"平均响应时间"，这两个概念会在之后的章节中详细讲解。总之，客服不能让客户等候太久，否则会让客户觉得自己没有受到重视，损失客户的概率很大。当然，这也是对客服工作集中性的考验，通俗地讲就是客服有没有开小差。

打字速度也是影响客户等待时长的因素，较快的打字速度是客服人员必备的专业技能之一。客服的工作是通过互联网进行销售，其主要途径便是通过打字向客户传递相应的信息，打字速度对客服的工作效率有着很大的影响。一般来说，50～60字/分钟的速度为基本及格，70～80字/分钟的打字速度是较为优秀的。打字速度可以通过训练得以提高，网店要重视客服的打字速度，定期进行检查。

1.2.3 网店客服对客户体验的影响

客户购买商品的意愿是之前就有的，但客服的服务可以在很大程度上增强或削弱客户的购买欲望。网店客服虽然不能直接决定客户买或者不买，但会在很大程度上对客户体验产生影响。留住老客户、吸引新客户是客服人员创造业绩的不二法门。客户通过电子商务平台购买商品，期望通过这个平台获取的不仅是超值的商品，还有令人满意的服务体验。图1-5所示为客户对客服的服务感到满意所形成的一个良性循环。

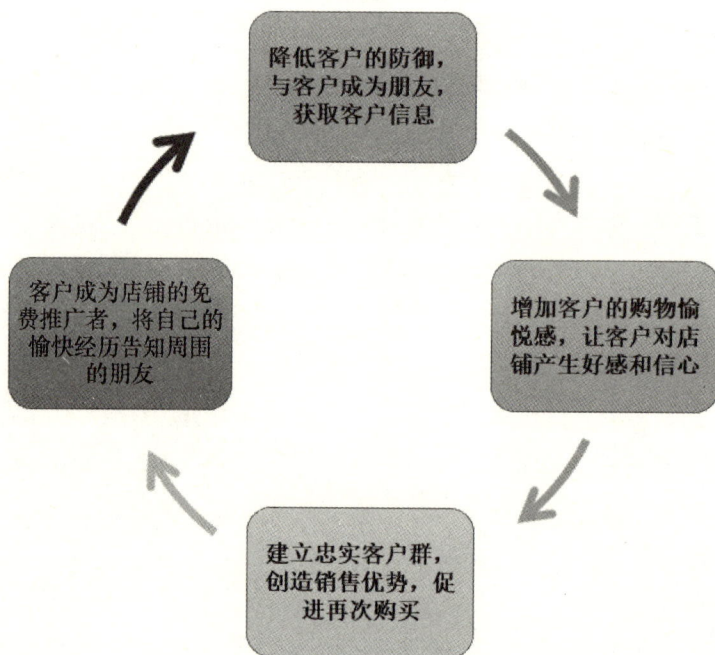

图1-5 | 服务体验良性循环

倘若客户对客服的服务感到不满，那么在对网店不满意的客户中将有超过90%的客户不会再次光顾该网店，并且这其中将有70%的客户会向周围9～11人抱怨，约有20%的客户会告诉20个人以上他们的不愉快服务体验。图1-6所示为一种服务体验的恶性循环。

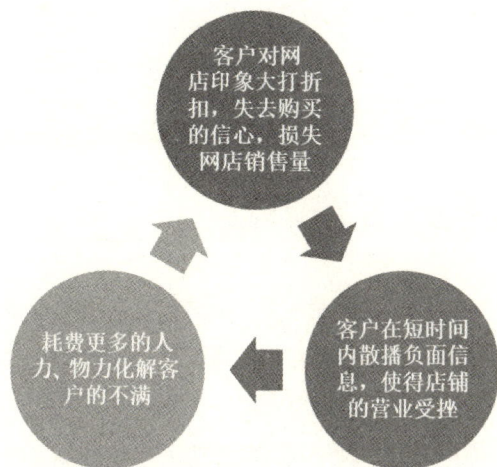

图1-6│服务体验恶性循环

1.2.4　网店客服对成交量的影响

成交量是店铺在某段时间内的具体交易数。店铺中成交的订单越多，成交量越大，店铺的生意越好，店铺所具有的竞争力越强。而在如今瞬息万变的淘宝市场中，影响店铺成交量的因素有很多，其中客服就是一个相当重要的因素。

试想，当店铺通过各种渠道获得流量，引来客户进店咨询时，若商品详情页展示的内容能够满足客户的需要，让客户下定决心购买，就产生了直接的成交量。但这种情况毕竟是少数，大多数客户都会因为某些主观或客观的原因产生咨询的欲望或需求，此时客服服务的好坏就成为客户是否成交的决定性因素。客户产生咨询的需求就意味着客户已经有了购物的欲望，但还有一些疑虑，希望通过客服来帮助解决这些问题。若得到令人满意的答复，90%以上的客户会选择下单。

其次，在与客户交流的过程中，客服人员可以通过各种话术技巧来引导客户了解商家产品或服务带给他们的价值，展示自身产品或服务的好处，以激发客户的购物欲望，提高订单的成交率。

1.2.5　网店客服对店铺形象的影响

网店是一种基于互联网的虚拟店铺，上架的商品都是以文字、图片的形式进行展示的，客户进入店铺后不能接触到真实的商品实物，对店铺的整体情况知之甚少，很容易产生怀疑和距离感。此时网店客服需要做的就是通过良好的服务态度和细心的回复，帮助客户了解店铺的相关信息，以在客户心中逐渐树立起良好的店铺形象。

同时，客服人员在与客户交流、沟通的过程中，还可通过巧妙的语言文字来传递品牌信息，帮助客户了解店铺定位和形象，逐渐在客户心中形成一个清晰的认识。如果店铺的产品质量优、服务态度好、性价比高，一旦客户有相关方面的需求，第一时间就会想起这个店铺，从而达到品牌宣传的目的。

1.3 网店客服的工作内容

我们在前面讲到，对于大中型网店而言，客服工作分工是非常重要的。大中型网店的订单繁多、咨询量大，如果客服工作没有一个流程化、系统化的安排，很容易出现订单错误的情况。对于大中型网店而言，流水化的客服工作模式不仅易于管理、考核客服工作，还能降低客户对客服工作的投诉率，让客服各司其职、有条不紊地工作。

一般将大中型网店的客服人员分为售前客服、售中客服和售后客服，如图1-7所示。下面分别对这3类客服的工作流程进行说明。

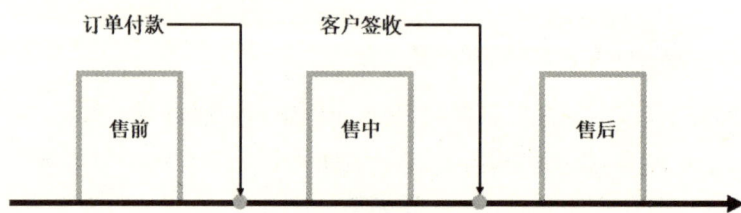

图1-7 客服工作划分标准

1.3.1 售前客服的工作内容

售前客服主要从事引导性的服务，如客户（包括潜在客户）对产品技术方面的咨询，从客户进店咨询到拍下订单付款的整个工作环节都属于售前客服的工作范畴。图1-8所示为售前客服的工作内容，主要包括售前准备、接待客户、推荐产品、解决异议、下单指引、欢送客户等。

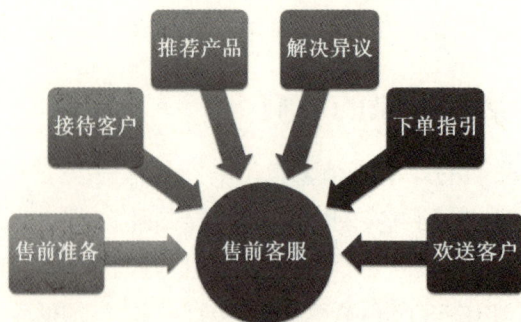

图1-8 售前客服的工作流程

1. 售前准备

售前准备阶段的工作内容主要包括以下3个方面。

- **学会沟通技巧，熟悉产品** | 熟悉产品信息，并掌握基本的交流、沟通方法是网店客服最基本的工作。特别是店铺上架新产品前，要开展相关的产品培训，以便快速为客户答疑解惑。

- **熟悉沟通工具，了解活动** | 除了熟悉产品信息外，客服人员还要掌握店铺正在进行的活动，熟悉活动的运作方式，并根据实际情况为客户介绍，以引起客户的购物兴趣。其次，还要掌握基本的沟通工具的使用。目前淘宝平台中使用的交流、沟通工具为千牛，在该工作台中客服可以同时接待多个客户。掌握千牛的基本使用方法，如快捷回复、自动回复的设置方法，聊天时间排序的设置方法，客户分组的设置方法等，可以提高客服人员接待客户的效率。图1-9所示为在千牛中进行消息设置的界面。

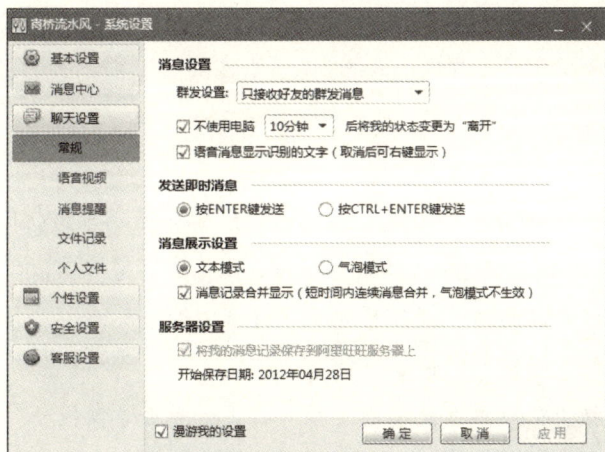

图1-9 | 在千牛中进行消息设置

- **了解平台规则与注意事项** | 作为网购平台，必定有其运行的规则，客服需要先了解清楚，以免触犯规则被处罚。同时作为一名专业的客服，必须注意哪些细节，可以说什么，不可以说什么，要做到心里有数，方能在不违规的情况下促成更多的订单。

专家指导

售前客服必须掌握足够的商品信息及相关知识，包括商品专业知识（如产品质量、产品性能、产品寿命、产品安全性、产品尺寸规格、产品使用注意事项等）、商品周边知识（产品的附加值和附加信息等）、同类商品信息和其他促销方案等。保证及时应对客户提出的各种问题，避免出现答非所问、不知所云的情况。

2. 接待客户

售前客服应该做好随时接待客户的准备，并时刻保持热情、耐心、周到的服务态度。反应要及时，不要客户提了好几个问题，客服才回答。也不要冷冰冰地回答，要通过一些语气词来尽量调动气氛，给予客户热情、真诚的服务。

专家指导

接待客户是贯穿于整个客服工作中的，只要客户发出了服务请求，客服人员都需要按照以上的原则来进行接待。售前客服作为最先与客户接触的人，必须熟悉并掌握接待客户的方法。

3. 推荐产品

当客户咨询相关产品时，客服人员要从客户的语言中主动挖掘客户需求，专业、耐心地解答客户提出的问题。同时主动向客户推销产品，以产品的质量、卖点、优势等来打动客户，引起客户购物的欲望。并在适当的时候，推荐与产品相关联的其他产品，做到二次营销。

4. 解决异议

当遇到疑难问题时，客服人员要通过自己的专业销售技巧来进行处理，并且始终保持着热情、耐心的态度。客户可能遇到产品、发货、操作和服务等方面的问题。

- **产品问题**｜包括产品材质、产品尺寸、产品版型等。
- **发货问题**｜包括发货时间、快递时效等。
- **操作问题**｜包括提交订单、使用优惠券、购买运费险等操作。
- **服务问题**｜包括品牌售后服务、产品售后保障等。

5. 下单指引

客户在店铺中成功下单后，客服人员要仔细核实订单，并发送给客户确认，充分体现出客服人员细心的服务水准，以及热情、周到的服务态度。

6. 欢送客户

客户购物完成后，客服人员要向其表达感谢，体现出感恩、热情的态度。

1.3.2 售中客服的工作内容

售中客服的工作主要集中在物流订单的处理，贯穿于从客户付款到订单签收的整个时间段。其工作流程如图1-10所示，主要概括为以下4个方面。

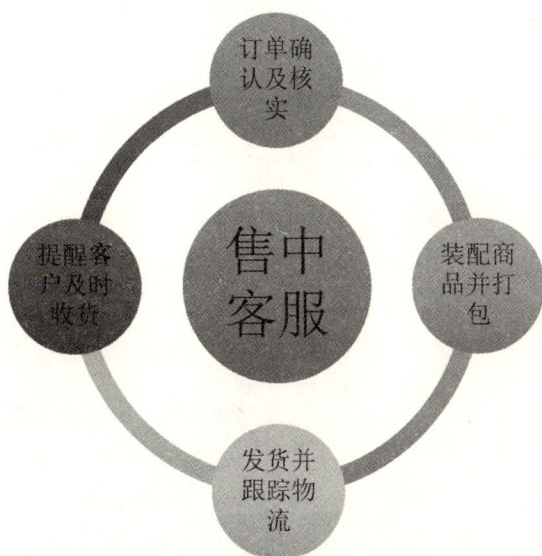

图1-10│售中客服的工作内容

专家指导

　　售中客服一定要做好与售前客服的工作交接，防止发生订单错乱的情况。某些网店还经常将售前客服和售中客服合并在一起，以减少工作失误。

1. 订单确认及核实

　　下单后，售中客服要第一时间与客户确认订单并核实信息，保证客户填写的信息正确无误，减少订单出错的概率。若发货后才发现客户姓名、地址或联系电话有误，应尽快与快递公司联系修改，保证货物及时送到客户手中。图1-11所示为客服与客户确认收货地址的对话。

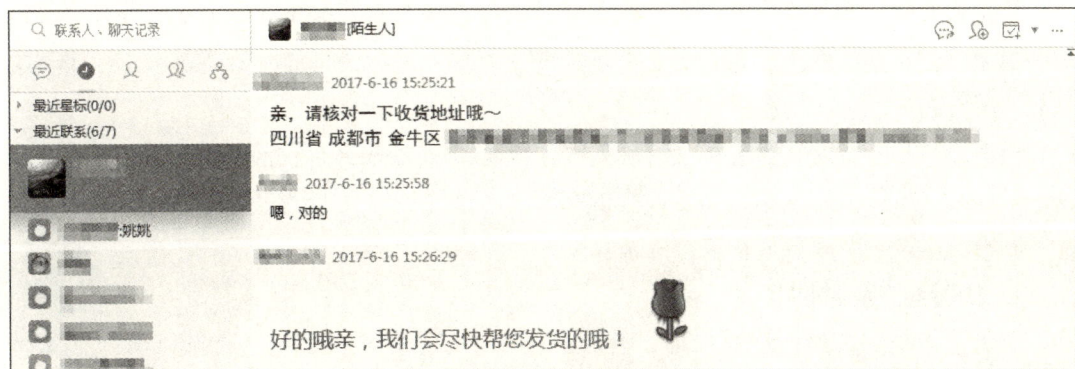

图1-11│客服与客户确认收货地址

2. 装配商品并打包

核对订单无误后，应尽快装配商品并打包，做好商品的发货准备工作，保证产品能在第一时间到达客户手中。打包时要仔细检查产品与包装，避免产品出现瑕疵或者包装有问题。同时，还要细心核对客户信息与快递信息，特别是客户添加的备注信息，一定不要遗漏。另外，也不要出现发错货或者少发货的情况。图1-12所示为客户要求发其他快递的对话。

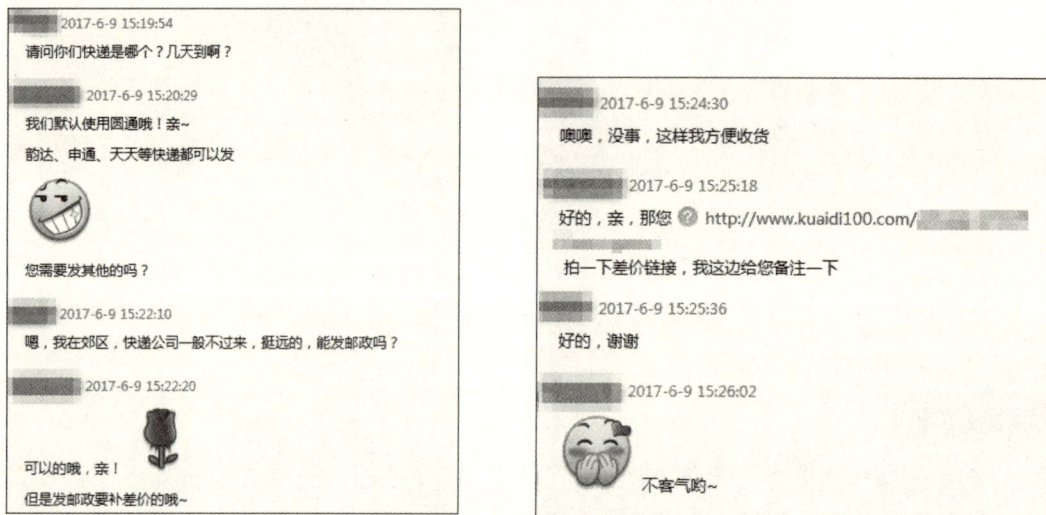

图1-12 | 客户要求发其他快递

如上所示，对于客户特别要求的事项，一定要仔细核实。这位客户由于快递收货不便而要求改发邮政，若客服人员不仔细，发成了别的快递公司，客户收到快递公司自提的要求后，一定会非常生气。因此，这个阶段一定要细心。

3. 发货并跟踪物流

做好商品装配与包装后，要及时通知物流公司揽货，并对订单进行发货处理，告知客户已经正常发货。发货后，需要实时跟踪商品的物流状态。若发生意外事件导致客户收货时间延迟，一定要事先与客户沟通，请求客户的谅解，并尽快与物流公司联系，尽快解决问题，保证客户顺利收到商品。

当客户顺利收货后，若迟迟没有确认收货，可以稍加提醒，不能生硬地要求客户。在这个过程中，可能会出现中、差评或投诉等问题。这时，客服人员需要冷静分析原因，尽最大能力给客户一个满意的答复，做到双赢。

4. 提醒客户及时收货

当货物运输到客户所在城市后，客服人员可以以短信或旺旺消息提醒的形式通知客户，商品已经到达所在城市，马上进行配送。当快递公司配送后，还要提醒客户及时收货，防止货物遗失。

专家指导

售中客服除了对订单进行正常的跟踪之外，在订单处理的过程中还会遇到一些特殊情况，如顾客临时需要更改物流或取消订单等，售中客服可以根据订单的发货情况对其进行处理。如果订单已经发送且无法追回，则需要致歉客户，商议拒签或重新发货；如果订单能够被追回，则按照顾客的意愿重新进行处理。

1.3.3 售后客服的工作内容

售后服务的质量是衡量网店服务质量一个很重要的方面，好的售后服务不仅可以提高店铺的形象，还能留住更多老客户。图1-13所示为售后客服的工作内容，主要包括客户反馈问题处理，退换货、投诉处理和客户回访。

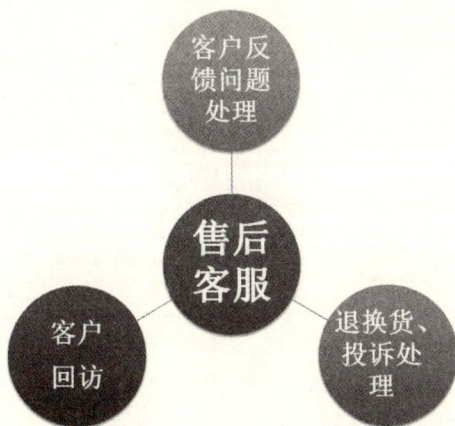

图1-13 | 售后客服的工作内容

1. 客户反馈问题处理

客户收到货物后，在使用过程中可能会出现某些问题。此时，客户一般会返回店铺，找到店铺客服人员进行反馈，或是直接在评论中进行描述。若直接找到客服进行反馈，客服人员一定要认真对待，先安抚客户的情绪，再根据实际情况进行处理，尽量优先考虑客户的利益。图1-14所示为客户反馈产品质量有问题的对话。

从上面的对话中可以看出，客户购买的水果在收到打开后发现有坏的，客户马上联系客服进行反馈，客服人员马上给出了处理的办法：一是补差价；二是重新补发。最后客户选择了补差价。因此，若出现了问题，客服一定要第一时间了解问题所在，尽最大能力给客户一个满意的答复，否则很容易产生中评、差评。

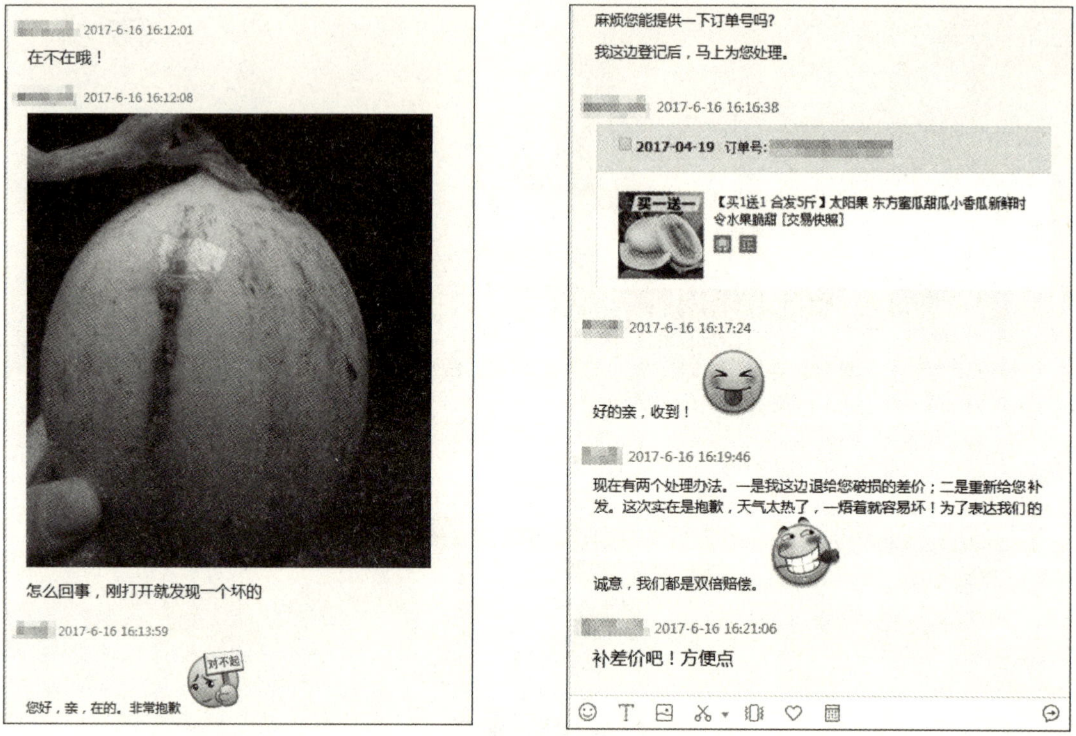

图1-14│客户反馈产品质量有问题

2. 退换货、投诉处理

当客户提出退换货请求时，先了解客户退换货的原因。若是产品或物流等商家方面的原因，要及时同意客户的请求并详细告知客户退换货的流程和注意事项，帮助客户快速处理，保证其利益不受损。图1-15所示为退换货的工作流程。若客服遇到退换货问题，需要按照这个流程来处理。

若客户投诉店铺，首先店家应该进行自我反思，并分析产品投诉的原因。若是自身原因则应承担后果，并向客户道歉。若是客户无理取闹，则要找人工客服进行询问，采取必要措施，保护自己正当的权益。

3. 客户回访

售后工作还有一项重要的内容，就是客户回访。客户回访可以增加客户的黏性，加深客户对店铺的印象。客服人员可以通过短信、邮箱、旺旺等方式进行回访。回访的内容不要是毫无技巧的推销，可以简单告知店铺的最新活动，吸引客户主动购物的兴趣，或邀请客户参加店铺的产品质量调查，让客户感受到自身地位的重要性，并提高产品的价值。

退换货

换货

- 了解客户的换货理由
- 判断是否满足店铺的换货要求
- 请客户提交换货申请
- 给出网店具体的收货地址，请客户填写换货单及物流凭证
- 收到退货后换货发回

折价

- 要求客户以拍照方式反馈商品需要折价的问题
- 判断是否允许折价
- 确认折价金额
- 退还相应款项

退货

- 了解客户的退货原因
- 判断是否满足店铺的退货要求
- 请客户提交退货申请
- 给出网店具体的收货地址，请客户填写退货单及物流凭证
- 收到退货后退款

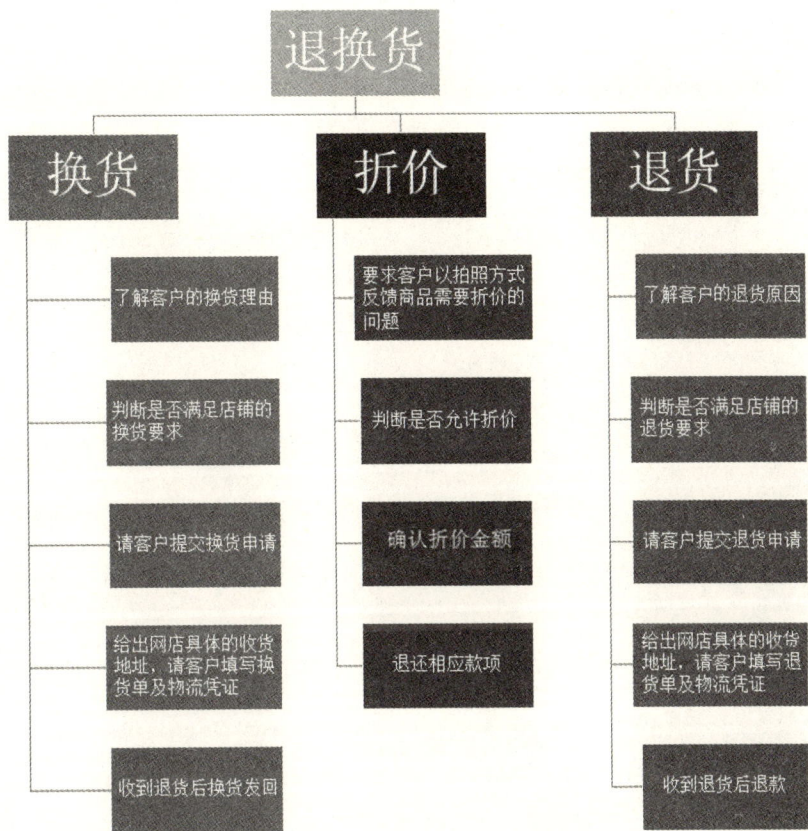

图1-15 | 退换货的工作流程

本章小结

本章对电子商务的发展现状及发展趋势、网店客服的定义、网店客服的影响、网店客服的工作内容等知识进行了介绍，现将本章的重点内容总结如下。

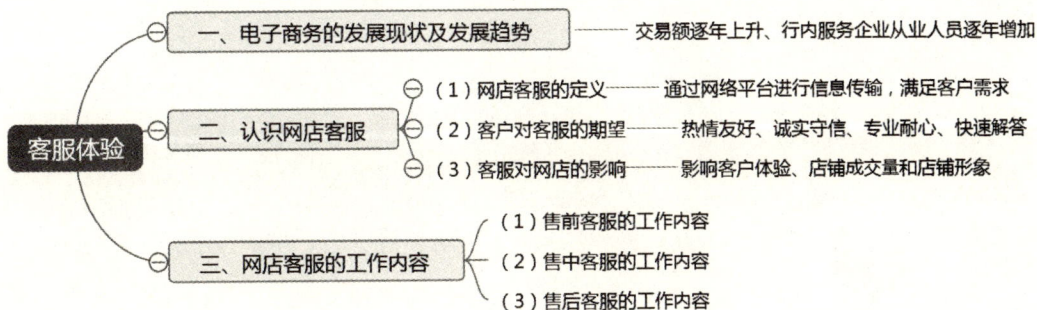

客服体验
- 一、电子商务的发展现状及发展趋势 —— 交易额逐年上升、行内服务企业从业人员逐年增加
- 二、认识网店客服
  - （1）网店客服的定义 —— 通过网络平台进行信息传输，满足客户需求
  - （2）客户对客服的期望 —— 热情友好、诚实守信、专业耐心、快速解答
  - （3）客服对网店的影响 —— 影响客户体验、店铺成交量和店铺形象
- 三、网店客服的工作内容
  - （1）售前客服的工作内容
  - （2）售中客服的工作内容
  - （3）售后客服的工作内容

课后练习

（1）图1-16所示为两位客服人员不同的进门问好方式，试分析两位客服的接待态度，及其造成的后果。

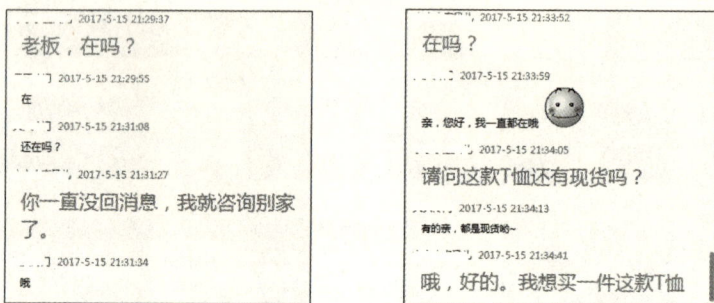

图1-16 | 不同的进门问好方式

（2）图1-17所示为客户反馈物流的案例，请问客服人员的工作到位吗？应该怎样改进？

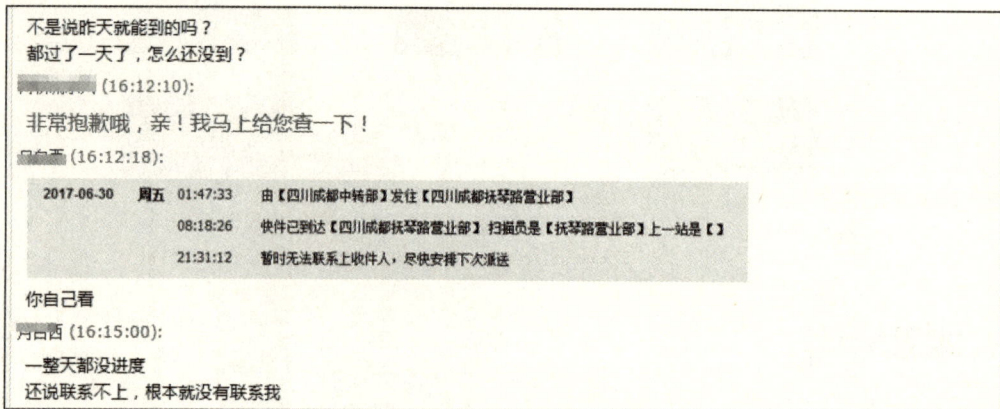

图1-17 | 客户反馈物流的案例

第2章
读懂客户心理

　　客服若想要成功地推销自己的商品，不了解一些客户心理怎么行？所谓"知己知彼，百战不殆"，明白你的顾客想什么、要什么，才能让自己的推销更有针对性，切合顾客实实在在的需要。针对不同的客户，客服要掌握不同的应对方法。

　　通过前面内容的学习，我们对网店客服有了一个大致的了解。接下来，我们从客户心理的角度出发，去分析他们的购物取向。通过这种角度的分析，客服可以了解不同的客户心理，从而让自己的服务方向更加明确、目的性更强。

案例导入

小雅是一家卖家居日用品的店铺客服，在一次与客户的交流过程中，她百思不得其解，怎么自己按照客户的需求来介绍产品，还让客户不耐烦了呢？原来通过与客户的交谈，小雅向李女士推荐了目前店里销量较好的一款果蔬削皮器，并仔细介绍了削皮器的使用、清洗方法，可谓功能多样、物美价廉。李女士回复说先看看，然后就再也没有下文了。等了一段时间，小雅再次敲响了李女士的旺旺，询问对这款产品是否满意，但却被李女士告知已在其他店铺中购买了。小雅有些受打击，虚心请教李女士为什么没有在他们家购买。李女士告诉小雅，她想要一款自动削水果的削皮器，而且最好能够切好，小雅推荐的那款产品虽然也可以削水果、蔬菜，但要自己手动削皮，不方便，而且样式也不太美观。于是，她咨询了另外一家店铺的客服，问他们有没有不用自己削皮的削皮器，并言明之前在另一家店铺看了一款手动削皮器，不太方便。那家店铺的客服马上给她推荐了一款功能比较丰富的自动削皮器，削完之后还能使用切果器快速去核切开。这马上就引起了李女士的兴趣，并主动要求对方发一下产品图片和资料给她看看。看了之后，李女士十分满意，很爽快地就下单付款了。小雅这才知道，原来是自己太急于求成了，没有彻底搞清楚买家的需求就抢先向买家推销产品，错失了原本绝佳的成单机会，反倒给其他店家增加了成交率。

小雅推荐的削皮器

另一家店铺的客服推荐的削皮器

面对客户，网店客服是通过各种网络聊天工具，而不是面对面地进行交谈，因此需要更加准确地分析客户的购物需求，从与客户的交谈中挖掘出有用的信息并搭配一定的推销技巧，才能成功将商品推销出去。另外，不同客户其购物的心理不同，客服人员只有熟知各种类型客户的购物心理，对症下药，才能打动客户。本章将对客户的心理变化过程、心理应对措施和心理差异等知识进行讲解。

2.1 客户的心理变化过程

客户从产生购买需求到购买商品，再到对商品的评价，整个过程中的心理变化也是十分复杂的。客户的心理状态往往会随着购买环节的不同而有所变化。我们把客户的商品购买过程总结为以下几个阶段，如图2-1所示。

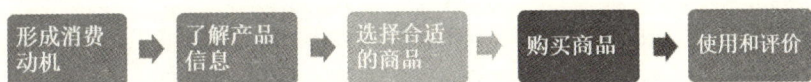

图2-1｜商品购买过程

顾客在购买商品的过程中会经历5个阶段的消费行为，分别是形成消费动机、了解产品信息、选择合适的商品、购买商品以及使用和评价商品。

消费行为总是从顾客的需求出发，只有当顾客对某一商品产生了需求，才会激发形成相应的购买动机。顾客有了购买需求，就会通过一些较为可信的渠道去了解商品的信息。一般来说，了解商品的主要途径是来自于自己或周边人实实在在的经验分享；其次才会借助相关的广告信息进行了解。当然，客户了解商品的过程就是客服介入的最佳时机。在了解并掌握了商品的部分信息之后，客户就会在心中确定一个标准，在这个标准下挑选出适合自己的商品。顾客的购买标准是影响消费行为的最关键的因素。顾客对比选择的结果，使购买意向转化为购买行为，这就是顾客购买和客服营销的双向过程。顾客通过对商品的实际使用情况，对商品产生一定的情感定位评价，并将这种评价通过网络平台转告给他人，间接影响他人的购买心理和购买行为。

顾客的消费心理往往是通过消费行为表现出来的。顾客的心理变化也是极为复杂的，可以概括为3种不同的心理过程，即认识过程、决策过程和使用评价过程。这3种心理过程贯穿于整个商品购买过程，对消费者的消费行为产生十分关键的影响。

2.2 客户的八大消费心理及应对措施

客服工作面对的是各种各样的消费者，他们的性别不同、年龄不同、经济条件不同、文化程度不同、性格各异，需求也就不同，客服需要从心理学层面去了解自己的顾客真正需要的是什么，真正想要购买的是什么，瞄准目标，一击即中。

从心理学角度出发，客户购买商品时希望通过购买商品和服务来获得解决问题的方法和愉快的感受。他们在购买商品时，除了本身的物理需要之外，还有购买商品的心理出发点。在电子商务竞争日益白热化的时代，抓住了客户就是抓住了商机。既然客户是营销的核心，那么懂一点客户心理学是很有必要的。我们将客户购买商品的心理层面的需求概括为以下8个方面的客户购买心理，如图2-2所示。

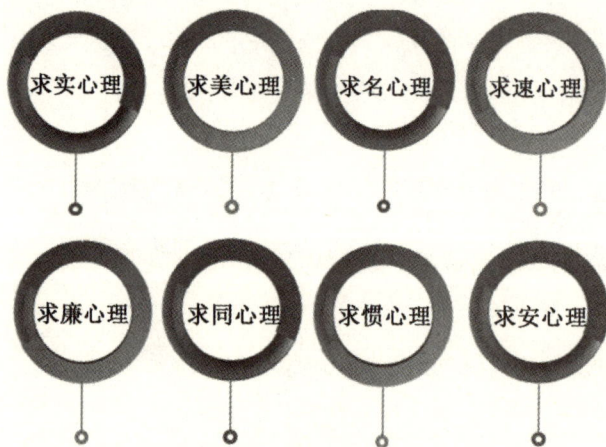

图2-2 | 客户八大购买心理

企业要善于根据对客户的心理分析，适当调整自己的营销方案，使企业的销售符合市场的需求。

2.2.1 求实心理

案例： 王女士是一位37岁的家庭妇女，掌握着一家三口的财政大权。对于家里需要添置什么用品，她有着非常清晰的认识，所购买商品的用途、价格她都有自己的计划。这一天，王女士准备在淘宝上为儿子买一件夏天穿的棉T恤。在购买之前，王女士对于要购买的商品早就了然于心，衣服的材质要纯棉的，夏天穿着以白色为佳，不易吸热，价格在80～100元即可。根据这些要求，她很快在网上为儿子选择了一件满意的T恤。

我们可以看出，王女士在购买商品时有着非常清晰的购买要求，对所购买商品的实用性看得很重。类似王女士这样的购买心理，我们称之为求实心理。

求实心理以追求产品的实用性为主要购买目的，对内衣面料、质地和工艺比较挑剔。类似王女士这类的顾客大部分属于精明型，表现沉着、冷静，对产品质量、价格、售后服务以及对导购本人的要求比较高，且自我保护心理比较强，对自己的利益非常关心。这类消费行为讲究实惠，根据自己的需要选择商品，是一种理智的消费行为。

那么作为客服人员，我们怎样才能洞悉顾客是否有求实心理的购买动机呢？顾客的购买心理总能通过所说、所做表现出来，如图2-3所示。

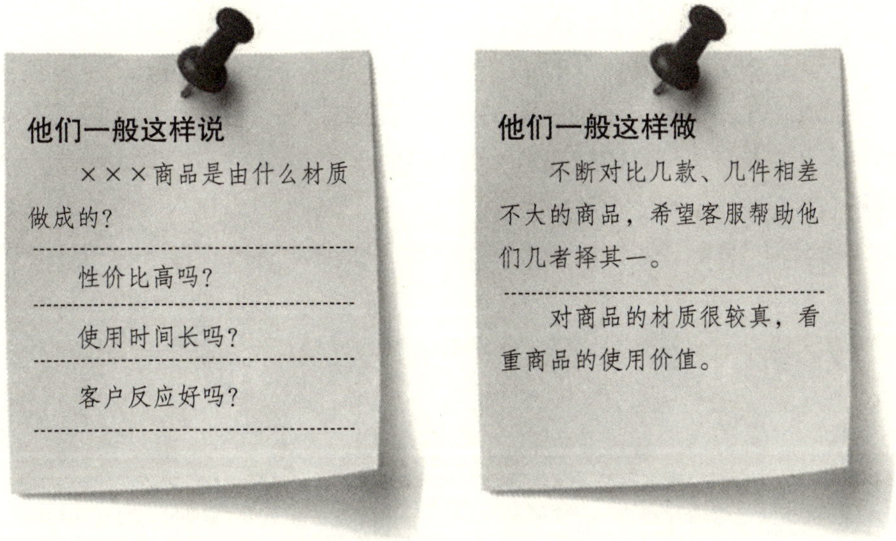

他们一般这样说

×××商品是由什么材质做成的？

性价比高吗？

使用时间长吗？

客户反应好吗？

他们一般这样做

不断对比几款、几件相差不大的商品，希望客服帮助他们几者择其一。

对商品的材质很较真，看重商品的使用价值。

图2-3｜顾客求实心理的表现

客服首先要明确，这类顾客的消费心理是非常理性的，他们购买商品时需要保证商品有80%～100%的可买性之后才会入手购买。应对这类顾客时要体现自己的专业性，以真诚、专业、求实、耐心的态度获取顾客的好感，增加商品在顾客心中的可买性。

1. 专业性

最让具有求实心理的顾客纠结的无非是商品本身的质量，如商品的面料和组成是否符合自己的要求，商品能否方便、快捷的使用，以及商品的各个细节是否精致等问题。这类顾客的问题都集中于商品本身，所以应对这类顾客的"撒手锏"便是客服的专业性，客服对商品的各种属性了如指掌，当顾客问及商品信息的时候便能详细地进行讲解。当然，当客服对商品了解到一定的程度，对商品的喜好优劣也有了自身的见解，在为顾客进行推荐时也能更准确地把握顾客需求的重点。

2. 诚实

客服要学会站在顾客的立场思考问题，建议主推高性价比、爆款类产品，引导顾客在收到商品后试用，让其体验产品的使用效果，用优质的服务和性价比高的产品征服顾客，赢得顾客的信任与认可。

面对拥有求实心理的顾客，客服一定要避免夸大事实、弄虚作假，应诚实地说出商品的优势和缺陷，在一定程度上降低顾客的期望值。如果以欺瞒的方式赢得顾客的购买，当重视商品性价比的顾客收到不满意的产品时，就可能产生纠纷、退货等不良后果。

2.2.2 求美心理

有这样一类顾客，他们是典型的"外貌协会"，以追求产品的美感为主要购买目的，重点关注商品的款式、色彩、时尚性以及商品的包装等艺术欣赏价值。除了产品本身的美，这类顾客还注重广告创意的新颖等，满足他们对求美心理的需要。这类顾客的心理年龄普遍偏年轻，对时尚、潮流的理解比较前沿，且以女性居多。

在实际的客服工作中，应该如何区分他们呢？如图2-4所示。

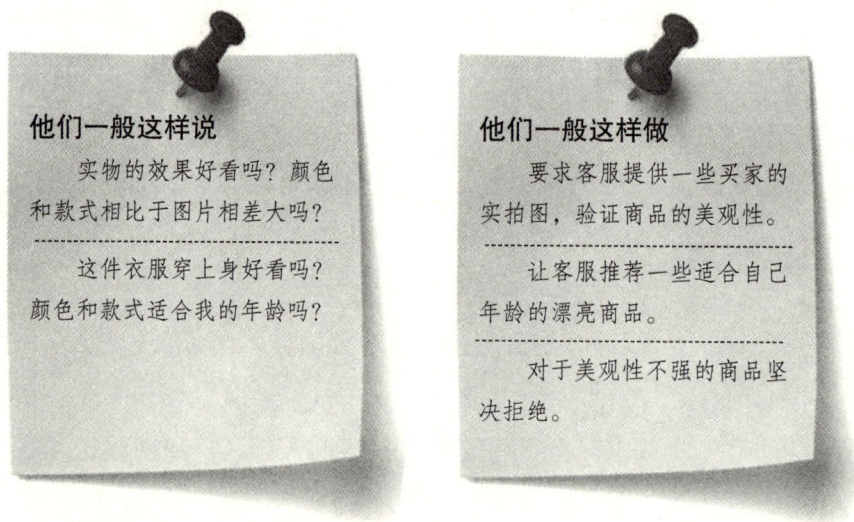

他们一般这样说

实物的效果好看吗？颜色和款式相比于图片相差大吗？

这件衣服穿上身好看吗？颜色和款式适合我的年龄吗？

他们一般这样做

要求客服提供一些买家的实拍图，验证商品的美观性。

让客服推荐一些适合自己年龄的漂亮商品。

对于美观性不强的商品坚决拒绝。

图2-4｜顾客求美心理的表现

客服在应对该类顾客时，要注意倾听顾客对自己所需要商品的描述，是不是常常说到"好看""漂亮""时尚"等字眼。如果顾客常常提到这些字眼，那么就可以将他归纳到求美心理的顾客之中。在应对这类顾客时，客服要推荐适合他们的产品，并尽可能展现商品的外在优势，多一点对顾客的夸奖和肯定。

1. 推荐时尚、漂亮的商品

客服可以与顾客探讨时尚、潮流方面的话题，逐步切入要推荐的产品。尽量推荐店内款式比较时尚前卫、颜色独特的产品，并结合当今流行趋势，专业地强调该产品设计师的思路、设计风格定位，主推当季最新形象款、时尚款。向顾客销售的过程中，尽量借助产品画册、美拍等工具，展示产品的美感效果。

2. 夸奖、肯定顾客

当顾客选购好了自己心仪的产品，但却疑惑产品是否好看、是否适合自己时，客服要记住，顾客需要的绝不是你的否定，他们无非是希望自己的选择得到肯定和注意。这类顾客本来就对商品的外在要求严格，如果客服随意否定，会让顾客觉得自己的审美受到了质疑，所以适当地夸奖顾客是很有必要的。

2.2.3 求名心理

以表现身份、地位、价值观为主要购买目的，注重品牌、价位、公众知名度的购买心理，我们称为顾客的求名心理，即只关注名牌产品。这类顾客经济购买能力和品牌意识非常强，且虚荣心、自尊心也非常强，注重面子，在交谈时会频繁谈及自己购买名牌的经历等话题。在这类顾客中，他们有的确实经济条件好，经常购买名牌产品，但也有不少经济条件并不富裕，但在选购产品时却趋向于名牌产品，他们希望把自己表现得很富有、很有品位。

在实际的客服工作中，应该如何区分他们呢？如图2-5所示。

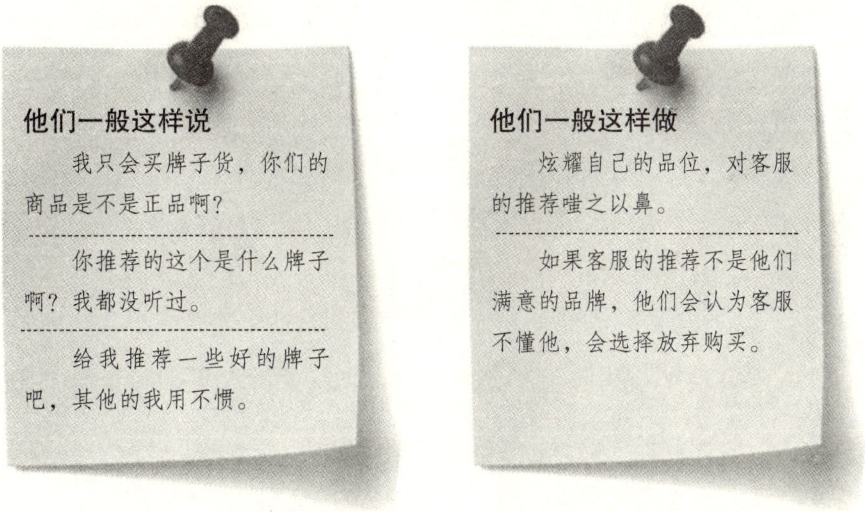

他们一般这样说

我只会买牌子货，你们的商品是不是正品啊？

你推荐的这个是什么牌子啊？我都没听过。

给我推荐一些好的牌子吧，其他的我用不惯。

他们一般这样做

炫耀自己的品位，对客服的推荐嗤之以鼻。

如果客服的推荐不是他们满意的品牌，他们会认为客服不懂他，会选择放弃购买。

图2-5 | 顾客求名心理的表现

本着求名心理购买商品的行为在一些年轻人群体中很普遍。在他们的心里，吃、穿、住、行使用名牌，不仅提高了生活质量，更是一种社会地位的体现。正是在这样的心理驱动下，他们对名牌的信任和追求在购物过程中表现得十分明显。然而这类人群是很敏感的，客服在与他们交流时若是回复慢了，话语不得当都会让他们十分恼怒。面对这类顾客，客服要学会顺势而为，即顺着顾客的意愿去完成自己的工作，促成他们的购买。

1. 介绍自己推荐的品牌

客服要了解自己的品牌文化，重点向顾客介绍品牌的历史、品牌内涵，以及品牌在行业内的地位与知名度，引起顾客对该品牌的兴趣，让顾客从心眼里认可你的品牌，认为有购买这个品牌的必要。

2. 不断地认同顾客

以求名心理为主导的这类顾客，他们在购买商品时属于比较理智的类型，不会无端消费，自我意识很强，说话口气强硬。客服在为这类顾客推荐商品时要善于恭维和赞美，推荐产品时要顺从他，先赞同他的建议，有异议时也要先顺从他，不能正面冲突，给足面子，让其虚荣心彻底得到满足，风风光光将产品买走。

2.2.4 求速心理

案例： 小王是典型的白领阶层，平日里工作很忙，没有太多的空闲时间。压力大、节奏快的工作现状使他逐渐养成了务实、高效的职业习惯，并逐渐融入了他的日常生活。小王平时并不钟爱购物，觉得逛商场太浪费时间。当网上购物逐渐兴起时，他便爱上了这种省钱省时的购物形式。他在网上购物时只要明确了自己想要买什么，就通过商品搜索选取前3个商品之一进行购买，整个购买时间不会超过5分钟。

像小王这样的购物心理，我们称之为求速心理，即以追求快速、方便为主要购买目的，注重购买的时间和效率。这类顾客通常比较繁忙，时间意识比较强，性格爽快、为人随和，但性子有点急，几乎都想利用最短的时间、最简单的方式购买到优质的产品。这类人通常集中于20～30岁的白领阶层，以男性居多。他们对商品的价格不会太在意，只要能保证商品的质量和购买的速度即可。

在实际的客服工作中，应该如何区分他们呢？如图2-6所示。

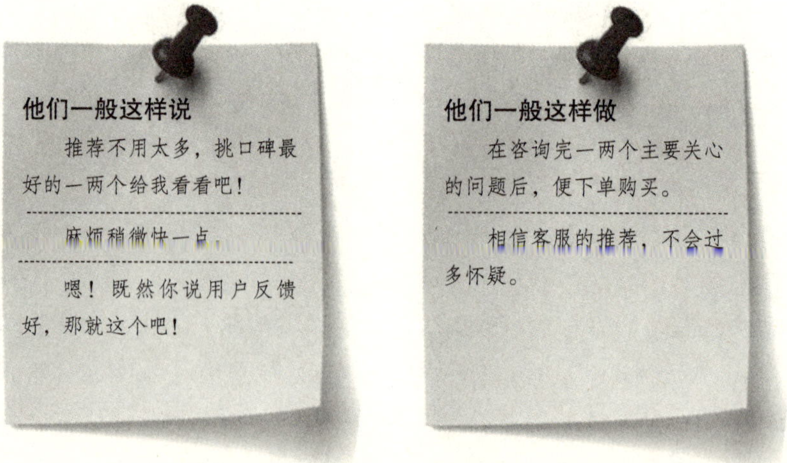

他们一般这样说

推荐不用太多，挑口碑最好的一两个给我看看吧！

麻烦稍微快一点。

嗯！既然你说用户反馈好，那就这个吧！

他们一般这样做

在咨询完一两个主要关心的问题后，便下单购买。

相信客服的推荐，不会过多怀疑。

图2-6 | 顾客求速心理的表现

客服首先要意识到这类顾客他们的购买意识是很强的，他们视时间如珍宝，如果没有90%的购买欲望，他们是不会浪费时间网购的，所以这类顾客的成交量是很高的。因此，客服在工作中一定要善于抓住这类顾客的心，他们不仅能保证成交量，还能节约客服的工作时间，何乐而不为呢?

1. 化被动为主动

既然顾客在购买商品时希望尽可能多地节约时间，迅速达成交易，那么客服就不能再被动地等待顾客的询问了，一问一答的商品介绍方式并不适合这类顾客去了解商品，应化被动为主动。

2. 直截了当的销售方式

与这类顾客交流时，客服切忌话太多，所说的每一句话都应是有用的。这类顾客愿意在与客服交流的过程中浪费时间，却不愿意客服浪费他的时间，所以客服在销售自己商品的时候可以将适合顾客需求的产品罗列出来，让顾客挑选或体验。当顾客犹豫不决时，应主动为顾客做主，并做出售后服务的承诺，让顾客放心、安心，直截了当，迅速成交。

2.2.5 求廉心理

案例: 小美是典型的学生族，对新事物的接受能力特别强，一早就爱上了网购。不管什么东西小美都喜欢在网上购买，不为其他原因，就因为它便宜，还能得到很多实体店购买得不到的优惠和赠品。我们把类似小美这样的网购心理总结为求廉心理。

人们在消费过程中，都希望用最少的付出换回最大的效用，获得商品更多的使用价值。追求物美价廉是常见的消费心理，"少花钱多办事"的顾客心理动机的核心是廉价和实惠。这类顾客在选购商品的过程中总会选择价格较为低廉的商品，即以获得超值、低价产品为主要购买目的，注重产品的实惠与廉价。客服可以通过以下特征来区分他们，如图2-7所示。

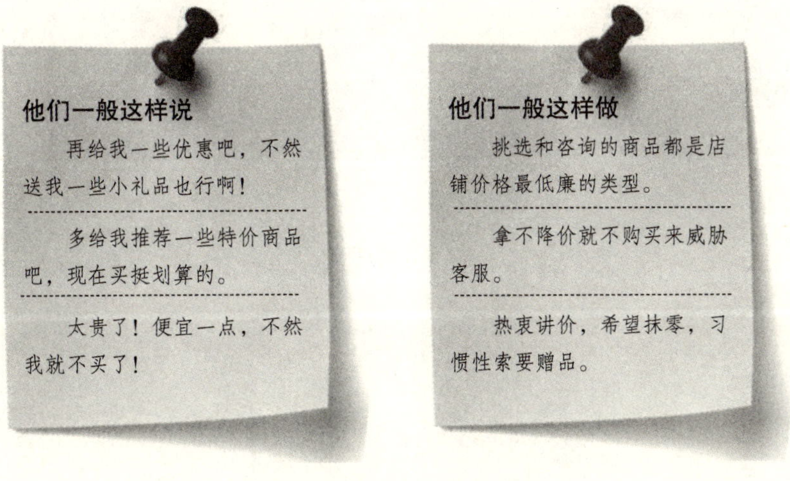

他们一般这样说

再给我一些优惠吧，不然送我一些小礼品也行啊!

多给我推荐一些特价商品吧，现在买挺划算的。

太贵了! 便宜一点，不然我就不买了!

他们一般这样做

挑选和咨询的商品都是店铺价格最低廉的类型。

拿不降价就不购买来威胁客服。

热衷讲价，希望抹零，习惯性索要赠品。

图2-7 | 顾客求廉心理的表现

该类顾客经济比较拮据、购买能力普遍偏低，但又有购买品牌产品的欲望，因此对价格比较敏感，精打细算、贪图便宜。当然，自卑心理也会一直伴随着。他们平常一般很难接受正价或高价位的产品，而对促销活动的特价产品却情有独钟，往往留意的都是商品降价等信息。图2-8所示为买就送模块，图2-9所示为满减模块。

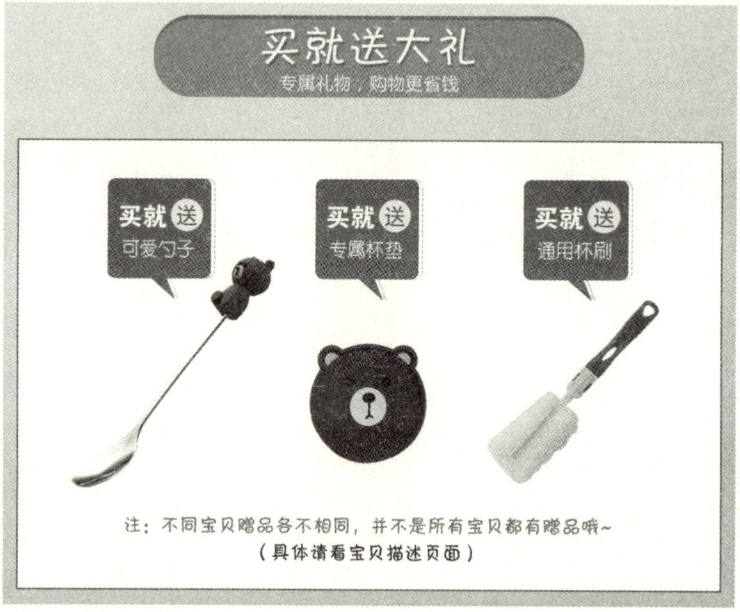

图2-8｜买就送模块

图2-9｜满减模块

在与这类顾客的实际交流中，客服应适当在心理上对其进行鼓励，热情接待，利用更多的优惠办法或礼品留住顾客。在推荐特价产品或折扣优惠较大的产品时，再附加赠送一份小礼品，让其"超值"到底，满意而归。同时，还要强调产品即使优惠，品质与服务也能保持一致性。

2.2.6 求同心理

在超市购物常常看到这样的现象，一个促销摊出现一两个人选购，可能没人在意，但当这个促销摊围满了十个人，便会有二三十个人，甚至更多的人去购买。你明明知道商品的价格并没有大幅度下降，可你仍然愿意跟随大众的步伐去购买，这就是顾客购买商品的另一个心理因素——求同心理。

网络平台的开放性让信息的传递十分便利，信息的互动和分享让互不相识、相隔万里的顾客可以随时随地分享自己的购物体验，而普通顾客一般以什么为参考来衡量自己购买的商品是否优质呢？当然是大多数的人对这个商品的评价，尤其是一些名人的使用评价对顾客的购买有着更重要的影响，如×××推荐、×××同款等，如图2-10所示。

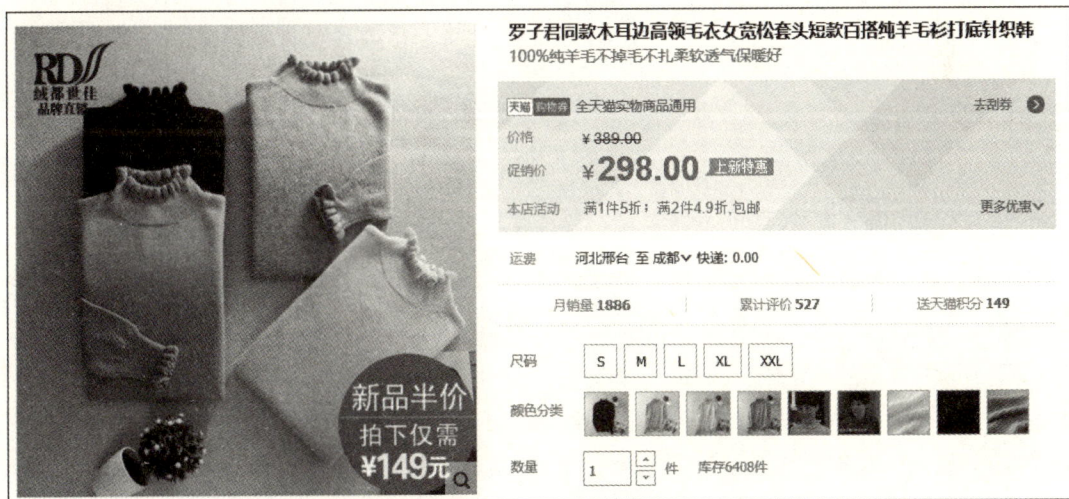

图2-10 │ ×××同款商品

这里就要谈到顾客在购买商品时的求同心理，即以追求与名人或大众消费相同为主要目的的购买心理，也就是我们常说的从众心理。该类顾客趋向于"跟风"和凑热闹，更多人说好时他也觉得好，更多人购买时他也购买，没有特定的自我购买要求，对产品的判断力和主张性不强。他们具有以下特点，如图2-11所示。

在实际销售中，客服要主推畅销款，强调很多人都已购买，而且购买后非常满意。既要采用数据效应，让顾客认识到某款产品的品质已得到大众的认同，又要采用稀缺效应，让顾客感觉到产品畅销程度，以及经常断货、缺货的紧张气氛。其实面对这类顾客客服不需要过多地介绍产品，销量和评价便可以让顾客信服，客服的言辞应巧妙地利用"从众"心理，让顾客在心理上得到依靠和安全感。

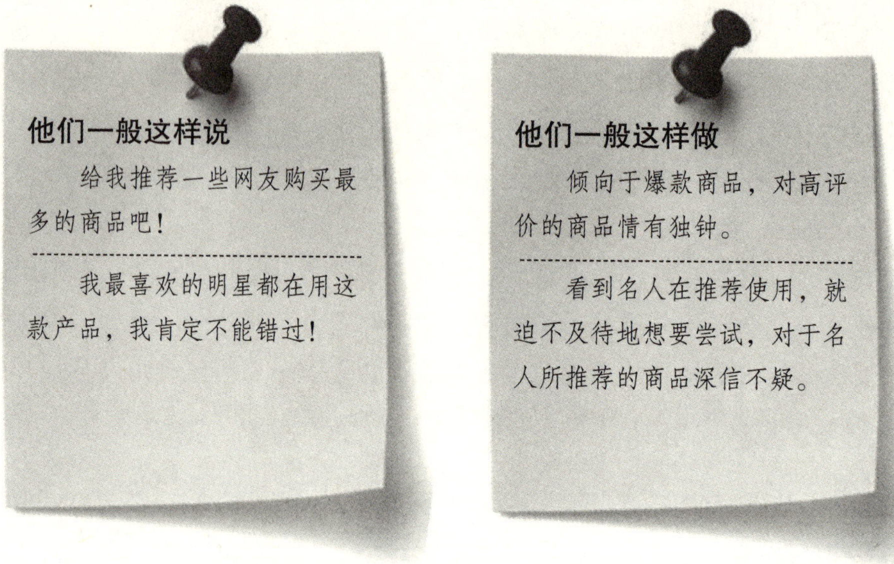

他们一般这样说

给我推荐一些网友购买最多的商品吧！

我最喜欢的明星都在用这款产品，我肯定不能错过！

他们一般这样做

倾向于爆款商品，对高评价的商品情有独钟。

看到名人在推荐使用，就迫不及待地想要尝试，对于名人所推荐的商品深信不疑。

图2-11｜顾客求同心理的表现

2.2.7 求惯心理

案例：有一家成功的计算机销售公司，他们销售计算机的方式不同于其他公司，不是把计算机放在店铺内供顾客体验使用，而是将计算机放在了一些用户的家里。不需要自己花钱便可以免费使用计算机，谁都不会拒绝。一开始顾客觉得计算机的使用的确丰富了他们的生活，乐在其中。渐渐的，3个月过去了，计算机试用的时间也到期了，这家公司需要收回放在顾客家使用的计算机。这时顾客们不乐意了，因为短短的3个月已经让他们对计算机"上瘾"了，于是纷纷掏钱购买了计算机。

为什么顾客愿意掏钱购买之前有所抵触的产品呢？因为习惯性因素促使了他们的购买。网上购物同样有一种习惯性心理，我们将这种购买心理称为求惯心理。

所谓求惯心理，是以满足特殊的爱好而形成的购买心理。这类顾客往往注重自己偏爱的品牌和款式，对即将购买的产品充满了信任感。在选择产品时，他们会根据自我的兴趣偏好进行选择。换句话说，这类顾客有特定的购物习惯。客服可以根据以下信息对抱有这种购买心理的顾客进行区分，如图2-12所示。

客服应及时调出顾客以往购买的记录，了解顾客以往购买商品的款式、颜色喜好，为顾客推荐他们所偏爱的商品。当然，顾客的喜好会随着时间变化，但客服的"错误"推荐不仅不会让顾客感到不适，顾客还会因为客服对自己的关注而感到温暖贴心，加深对客服的好感。同时，客服还要利用顾客的消费积分以及会员权益等手段，来促进顾客的重复购买。

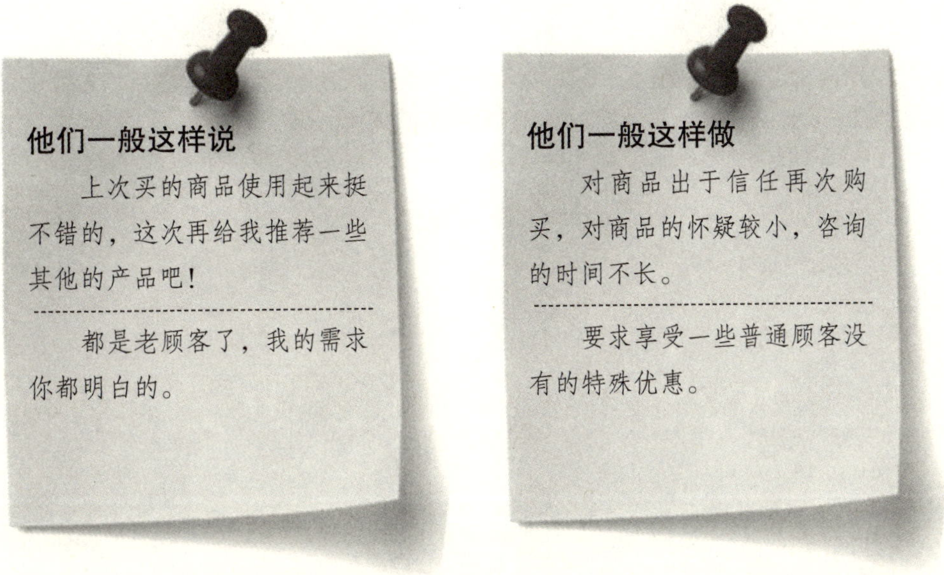

他们一般这样说

上次买的商品使用起来挺不错的，这次再给我推荐一些其他的产品吧！

都是老顾客了，我的需求你都明白的。

他们一般这样做

对商品出于信任再次购买，对商品的怀疑较小，咨询的时间不长。

要求享受一些普通顾客没有的特殊优惠。

图2-12 | 顾客求惯心理的表现

这类顾客大部分是门店的VIP客户，他们性格保守、执着，不容易接受新的事物，对品牌或网店的忠诚度极高，而且对网店的长期贡献较大，因此必须高度重视，尽全力做好"一对一"服务。

2.2.8 求安心理

案例： 刘女士是一名全职家庭主妇，她并不热衷于网上购物，对看不见、摸不着的东西缺失信任，但由于网络购物的廉价性和便捷性，一些在生活中不易购买的产品她也会选择在网络平台上进行购买。不过，她每次购物都会小心翼翼，除了担心网络诈骗，还担心所卖产品的安全性，总是要和客服几番确认之后才会购买。我们把刘女士的这种购物心理称为求安心理。

求安心理是一种追求安全、健康、舒适，注重产品的安全性、舒适性与无副作用的消费心理。抱有这类购物心理的顾客自我呵护与健康意识极强。客服可以根据以下信息对这类顾客进行区分，如图2-13所示。

这类顾客普遍性格谨慎，对产品的面料、里料、配件的质量比较敏感，对商品品质要求很高。对此客服应善于利用专业知识向顾客强调产品面料、里料、配件的安全性与环保性，借助官方权威的证明，如为顾客播放产品的制作过程和实验流程，让顾客从视觉、听觉上亲身体验产品的安全保障，如图2-14所示。此外，客服还可以主动介绍商品的使用注意事项，专业地普及商品知识。

他们一般这样说

你们的产品是由什么制成的啊？

能给我看一下你们商品的质量检测报告吗？

如果收到的商品没有你描述的那么好，应该怎么办呢？

他们一般这样做

针对产品的面料材质问题反复提问，产品面料的安全性、商品的保养、产品的质量、耐用性等，都要一一询问清楚。

图2-13｜顾客求安心理的表现

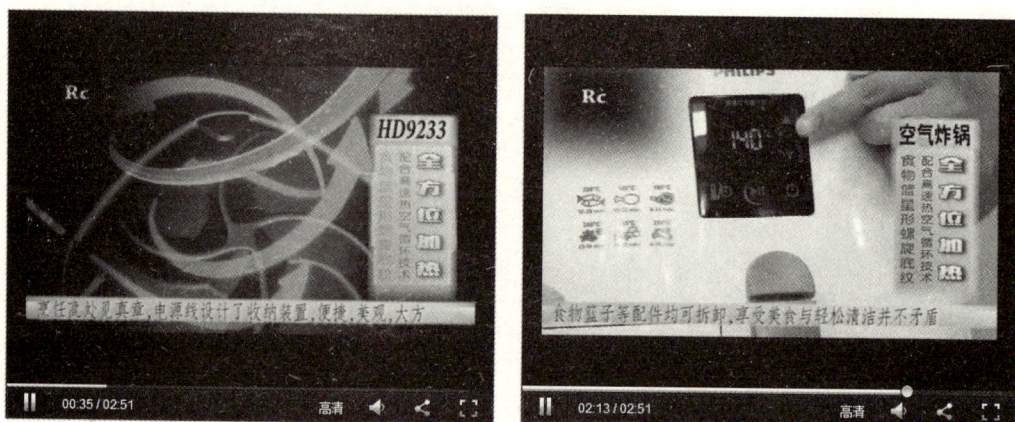

图2-14｜播放产品的制作过程和实验流程

2.3 不同消费群体的心理差异

顾客的购买习惯、购买倾向并不是生来就有的，往往是受到社会因素的影响所致。例如，年龄、性格、职业、性别等的不同，就会导致他们的购买心理全然不同。下面从年龄、性别两个方面对消费群体的心理差异进行认识。

2.3.1 按照年龄进行划分

顾客的消费心理在很大程度上受到年龄的制约，年龄偏小、心智尚未成熟的顾客见到的、接触到的东西不多，能让他们产生购买意愿的商品就很多；但年龄大一点的消费人群，心智相对成熟，他们的消费心理与年龄偏小的顾客存在着很大差别。表2-1所示为对消费者年龄的划分。

表2-1 消费者年龄的划分

年龄群体	少年儿童	青年群体	中年群体	老年群体
年龄划分	5~15岁	15~29岁	29~45岁	45岁之后

1. 少年儿童

少年儿童暂时没有独立的经济能力，自主决定权十分有限，因此需要购买的商品一般由父母提前确定。其特点是目标明确，购买迅速。同时，少年儿童很容易受到周围人群的诱导，相互间容易进行比较，如"谁的鞋子好看，我也要买""你买了这个玩具，我也想要"等，并因此要求父母购买相同的商品。

2. 青年群体

青年群体是一个充满着活力的群体，他们思想前卫、自我意识较强，且经济独立，消费观念十分开放。他们的消费心理有以下几个方面的特点。

（1）对消费时尚敏感，喜欢购买新颖、时髦的商品

新产品的推广在青年群体上有着显著的作用，最主要的原因在于年轻人本身对新事物的接受能力极强，能够迅速适应新商品的冲击。例如，自拍杆的风靡一时，很大程度上是由青年群体引导的。

（2）购买动机易受到外部因素影响，具有明显的冲动性

青年群体的攀比心极强，易受外界影响的可能性也极大。他们通常看到身边的人用了什么，自己也想拥有；对于名人推荐的商品，更是深信不疑；在购买商品时常常头脑一发热就买了，结果造成一定的浪费，如很多年轻人都表示自己在网上购买的产品近30%都是无用的。

（3）不太考虑价格

青年群体对于金钱的使用、分配没有明显的计划，所以在消费时很少对商品的价格限制进行考虑，如果他们认为商品对他们而言有很大的购买意义，他们会"不惜代价"进行购买。

专家指导

基于对青年群体的购买心理分析，客服对青年群体的销售作用是很明显的。所以，新产品的发布、上新消息的通知需要第一时间发送给青年群体，他们对信息的掌握和反响基本能够达到网店推新的目的。在介绍商品时反复强调商品的功效、作用是没什么用处的，这类人群求名心理和求同心理较多，要重点强调商品的受欢迎程度。

3. 中年群体

中年群体的年龄一般在29～45岁，他们基本工作稳定，收入也较有保障，但因为他们大多已成家立业，有了自己的家庭，所以在购物消费上就没有青年群体那么自由了。他们在网购时一般有以下几个方面的特点。

（1）购买的商品讲究经济实用，理智型购物

中年群体的消费由于有了家庭开支的束缚，在购物过程中不再冲动随意。他们对金钱的花费有了一定的计划，懂得衡量商品的性价比。他们看中商品的经济实用性，从以往的求名、求同心理转化到了求实、求安心理，消费更具有理智性。

（2）喜欢购买被证明使用价值高的优秀产品

中年群体同时也是有一定经济实力的群体，他们在购买商品时，不会完全抱着求廉心理来购买，所购买的商品必然是具有品位和较高使用价值的商品，并希望这些商品被他人所肯定和认可。

（3）对能够改善家庭经济条件、节约家务时间的产品感兴趣

中年群体的消费非常注重品质和高使用价值。因为中年群体的家庭意识很重，所以他们在购买商品的过程中，会将注意力放在能够改善家庭经济条件，节约家务时间的商品上，如扫地机器人这类的商品。

通过前面的分析，我们了解到中年群体是讲究计划性、具有理智性、注重实用性、随俗求稳的一类群体。客服在向这类顾客介绍商品时，要侧重于商品性能和特点，突出商品内在品质及实用性、便利性；在沟通中要注意培养感情，发展"回头客"。

4. 老年群体

老年群体主要是指年龄在45岁以上的人群，他们的收入不高但十分稳定，保守的消费习惯和固有的陈旧观念让这个人群的网购人数并不高，但随着网络发展的深入，他们对新事物开始敞开心扉，慢慢接受，形成了以下几个方面的特点。

（1）喜欢惯用的东西，购买习惯稳定，不易受广告影响，且对新产品持怀疑态度

求惯心理在老年群体中表现得十分明显。网上购物对于他们来说是一件新鲜事，在这个群体中能够迅速接受网购的在思想上都属于较为开放的，但他们在购物过程中会习惯性购买自己已经购买过的店铺。如果他们认为该网店的商品让他们基本满意，那么他们会一直在这家店买下去，形成较为稳定的购买习惯。广告信息对他们的影响不大。对于一些新产品，他们不会第一时间接受，原有的固有思维还是会在更大程度上支配着他们的购买行为，所以这个人群中的大部分人都对新产品持有怀疑态度。

（2）希望购买方便舒适

老年群体在购买商品的过程中，求安心理也发挥着很大的作用。购物过程越是简单，他们越能够快速掌握和主动接受；但如果操作复杂，过程烦琐，他们便会放弃网络购物。

（3）对增强自己身体素质的产品比较感兴趣

老年人群的年龄较大，他们购买商品更加偏向于能够增强自己的身体素质、有利于自己身体健康的产品。他们对自己未来的身体状况充满着担忧，所以可能会购买一些诸如老年保健品、老年益智玩具之类的商品。

老年群体购买商品具有习惯性，他们要求商品舒适实用、价格优惠，并希望享受良好的接待服务。在为老年群体进行服务的时候，客服要主动为老人推荐商品，并将商品的优缺点详细地列明，帮助顾客选购。除此之外，老年人的打字速度是很慢的，客服要耐心等待，切忌不可催促和显露自己的不耐烦，这类人群可是能发展成老客户的潜力股。

2.3.2 按照性别进行划分

除了上述的年龄因素导致消费群体购物特点不同之外，男生和女生的购物方式也存在很大的不同。

1. 女性顾客

当今女性顾客已经成为了市场上最活跃的消费主角。随着女性意识的增强，越来越多的女性有了自己独立的经济来源，可以自由支配自己的购物需求。女性通过网络购买商品已然发展成为一种消费趋势，方便、快捷的购物模式让女性们足不出户便可买到琳琅满目的商品，加上网络购物的价格相比于实体店更加便宜，女性朋友们自然热衷于网购模式。准确了解女性消费心理特点，对客服开展营销活动具有重要意义。

（1）购买目标模糊

女性的许多消费行为都是在"逛"中产生的。无论是在实体店的消费还是网店的消费，许多女性在进行购买前是不清楚自己究竟要购买什么的。她们通常会通过浏览网页和店铺，在浏览的过程中去发现自己购物的目标，再对这些临时发现的目标进行购买。

（2）情绪化购物较为严重

女性因为情绪的喜怒哀乐变化而产生购买商品的行为比较常见，她们习惯以购物为借口来表达或缓解心理情绪。一般在两种情况下会产生购买行为：一种情况是在好情绪的驱使下由于错觉而产生的购买，如发工资的时候，女性会产生自己有了购买条件，应该购买商品犒劳自己一个月的辛勤工作的错觉，于是产生购买行为；另一种情况是在坏情绪的推动下企图调整心情而产生的购买，许多女性心情不好或遇到不愉快的事情时，就把淘宝购物当成一种缓解压力、平衡情绪、宣泄无奈的途径。

（3）乐于对比

女性购物"见异思迁"的概率是很高的。她们在购买商品时，如果对某一件商品产生了购买欲望，就不惜花费大量的时间查看同类产品，从价格、买家评价、销量、客服态度等各个方面进行比较，选择一个各方面都较为满意的商品进行购买。对她们忠诚度的维护也是不易的，她们总会在看到一家更为满意的网店后无情地离开。

（4）易受商品价格变动影响，进而产生购买行为

减价促销、清仓放送、品牌闪购等促销活动最能调动女性的购物欲望。当她们看到自己关注很久的商品突然降价了，自己喜欢的品牌突然搞促销降价了，自己想买的几十元的商品几元钱就能买到了，试问她们还会按捺住那颗消费的心吗？即使这件商品并不是自己迫切需要的，但在低廉的价格面前，女性还是会选择购买。例如，一双冬季的靴子一折出售，即便是在炎炎夏日，女性也会毫不犹豫地购买，这就是因为商品价格的变动催生出女性消费者的购买意愿。侧重价格的广告信息，很容易让女性心动，如图2-15所示。

图2-15 | 商品的价格变动

（5）重视商品的细节

女性消费者在购买商品时对商品的细节要求是极为严格的，即便是这种细节瑕疵并不影响商品的使用，女性消费者也会因为商品的不完美产生抗拒感，进而拒绝购买有瑕疵的商品，或者因为商品所存在的瑕疵要求网店赔付一定金额的费用。

（6）模仿、从众心态较为严重

女性的攀比心理在购物过程中暴露无遗。她们在购买商品时常常受到周围人的影响，从众心理十分严重，乐于赶时髦、追新鲜，总有"别人都在用，我也可以买"的心理暗示。这种攀比心理常常让女性的购买有着一定的盲目性。

2. 男性顾客

与女性截然相反，对于购物，男性顾客普遍存在着一种"抗拒感"，但相对于去实体店购物，男性顾客更倾向于网上购买。原因并不复杂，只因被网上购物的便捷性所吸引。他们在网上购物一般有以下几个特点。

（1）购买目标明确

男性顾客在购买商品之前，非常清楚自己购买的目标是什么，在淘宝网搜索商品时也只会关注自己需要购买的这类商品，对于其他的商品不会过多注意。

（2）购买决策果断、迅速

相对于女性购物的犹豫不决、反复斟酌，男性在购买商品时就显得果断多了。这也很好理解，因为他们选择网上购物看重的就是其省事省时。他们在搜索商品时常按照自己对商品的排序进行选择，如按照人气排序、按照销量排序，如图2-16所示。有数据统计，他们选择前4个中的商品的概率为64.2%，而浏览翻页的概率仅为2.3%。这就说明了男性在购物时往往是果断、迅速的，因此客服切忌和他们喋喋不休地介绍商品。

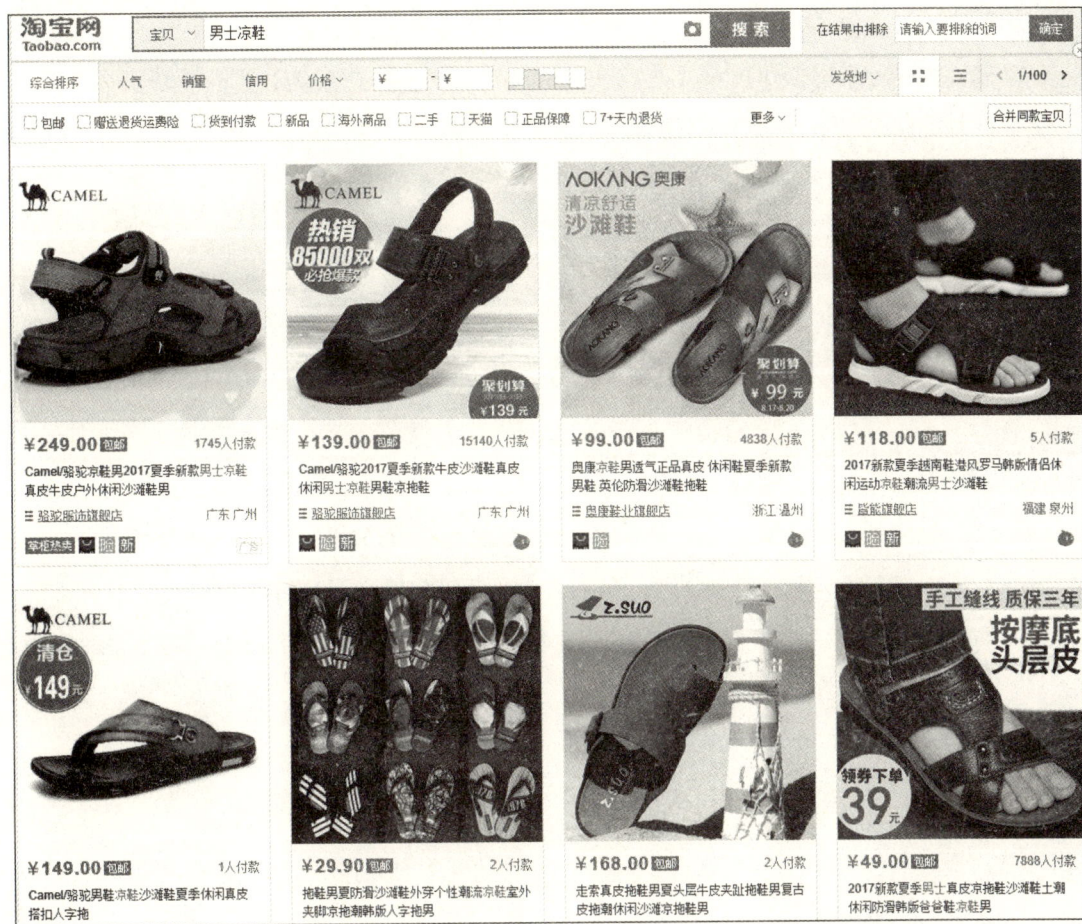

图2-16 | 商品的搜索

（3）重视产品的整体品质

男性选购商品时以质量、性能为主，目的性很强；不过多考虑价格；对于商品细节上的瑕疵，他们通常认为只要不影响商品的正常使用即可，只要商品不出现什么大问题，他们都是可以接受的。

（4）购买过程图方便、快捷

男性顾客很怕麻烦，对整个购物流程的基本要求便是方便、快捷。他们通常希望客服能为他们推荐商品，并附上链接，以省去他们逛网店的时间。男性顾客很少细致地浏览商品详细信息介绍，只会挑几个自己关心的问题咨询客服；如果没有问题，就会直接购买。有鉴于此，客服一定要耐心且简明扼要地介绍商品，帮助顾客提高购物的便捷性。

本章小结

本章对客户的心理变化过程、客户的八大消费心理及应对措施、不同消费群体的心理差异等知识进行了介绍，现将本章的重点内容总结如下。

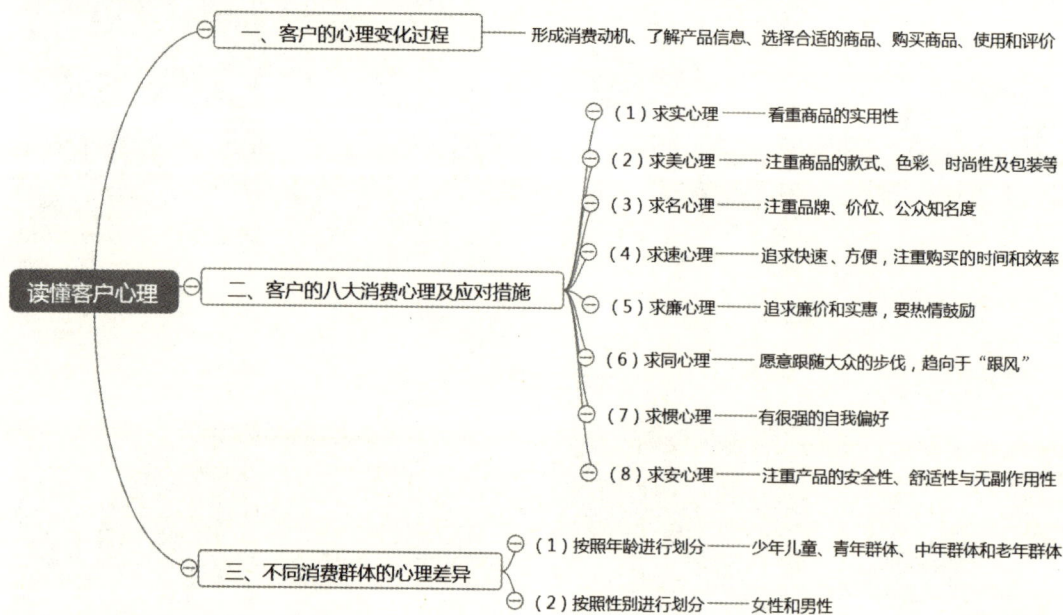

```
读懂客户心理
├── 一、客户的心理变化过程 —— 形成消费动机、了解产品信息、选择合适的商品、购买商品、使用和评价
├── 二、客户的八大消费心理及应对措施
│   ├── （1）求实心理 —— 看重商品的实用性
│   ├── （2）求美心理 —— 注重商品的款式、色彩、时尚性及包装等
│   ├── （3）求名心理 —— 注重品牌、价位、公众知名度
│   ├── （4）求速心理 —— 追求快速、方便，注重购买的时间和效率
│   ├── （5）求廉心理 —— 追求廉价和实惠，要热情鼓励
│   ├── （6）求同心理 —— 愿意跟随大众的步伐，趋向于"跟风"
│   ├── （7）求惯心理 —— 有很强的自我偏好
│   └── （8）求安心理 —— 注重产品的安全性、舒适性与无副作用性
└── 三、不同消费群体的心理差异
    ├── （1）按照年龄进行划分 —— 少年儿童、青年群体、中年群体和老年群体
    └── （2）按照性别进行划分 —— 女性和男性
```

课后练习

（1）图2-17所示为一个爱美的女性客户与客服的对话案例，分析客服人员的回复是否恰当，若不恰当，应该从哪些方面进行改进。

（2）图2-18所示为买家与客服人员的对话场景，分析买家的消费心理与客服人员的应对方式。

（3）图2-19所示为买家与客服人员的对话场景，分析买家的购物心理，判断买家属于哪种类型的购物人群，并分析客服人员的回复是否合适。

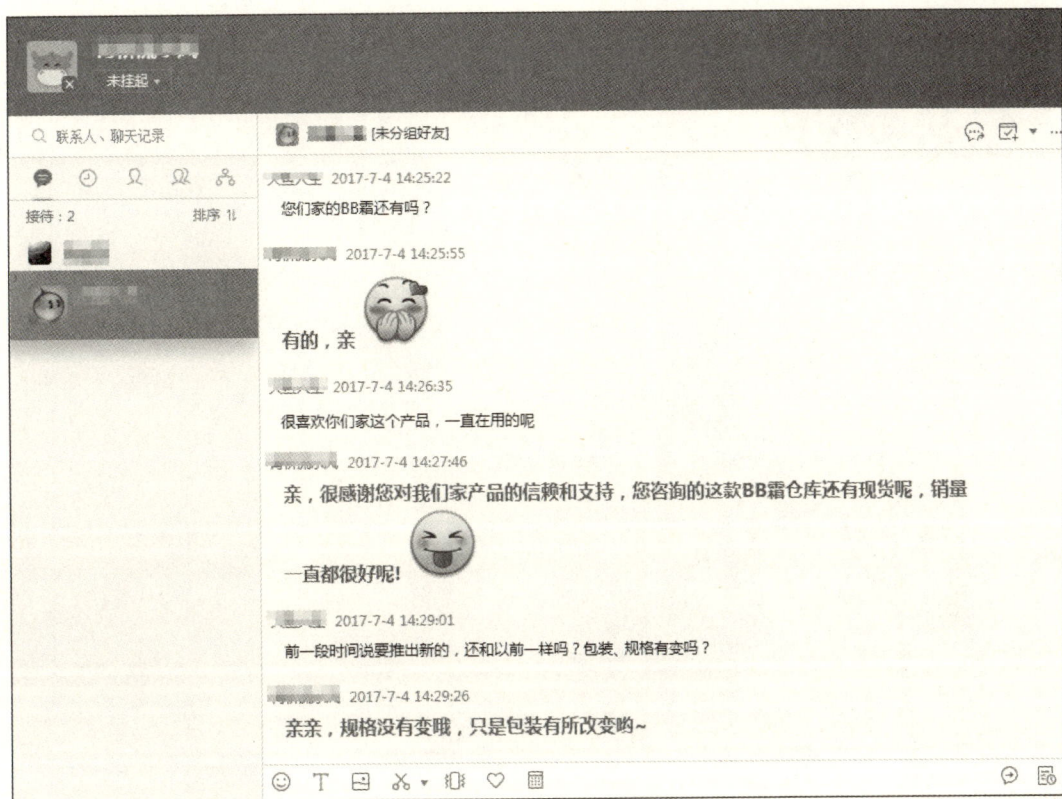

图2-17 | 爱美的女性客户与客服的对话案例

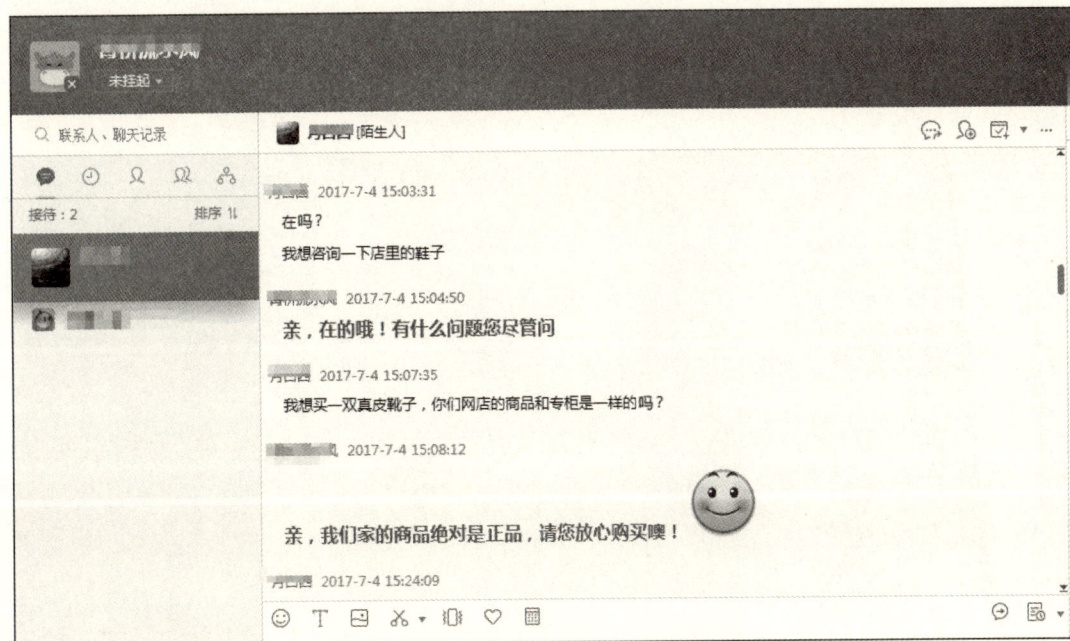

图2-18 | 买家与客服人员的对话场景

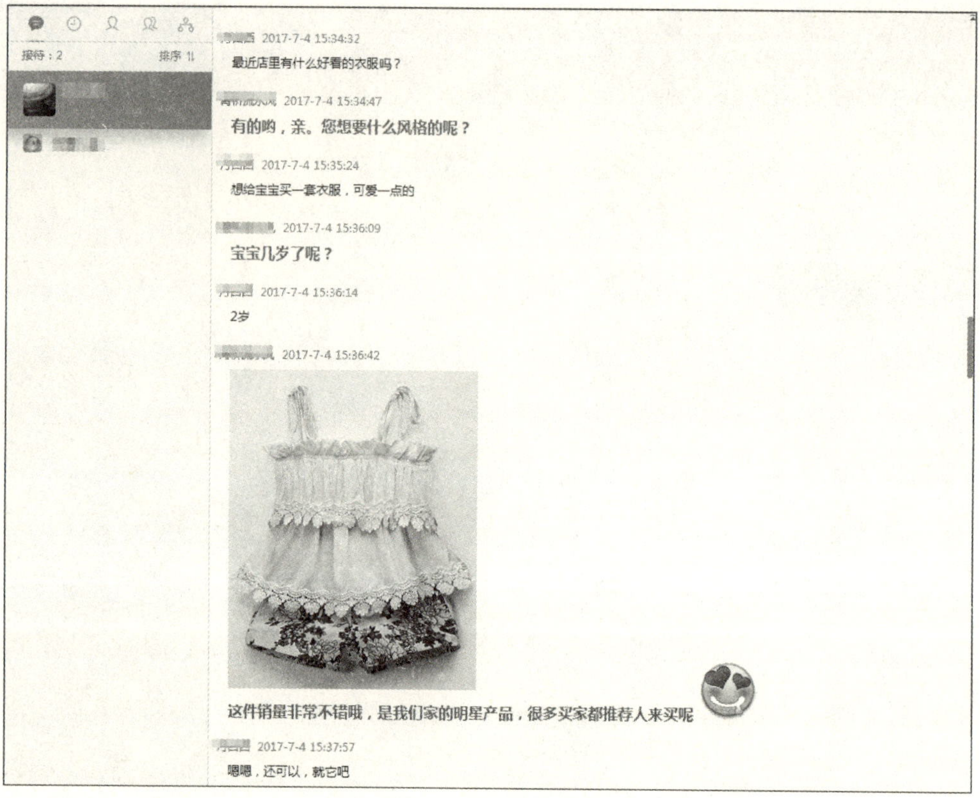
接待：2
排序
2017-7-4 15:34:32
最近店里有什么好看的衣服吗？
2017-7-4 15:34:47
有的哟，亲。您想要什么风格的呢？
2017-7-4 15:35:24
想给宝宝买一套衣服，可爱一点的
2017-7-4 15:36:09
宝宝几岁了呢？
2017-7-4 15:36:14
2岁
2017-7-4 15:36:42
这件销量非常不错哦，是我们家的明星产品，很多买家都推荐人来买呢
2017-7-4 15:37:57
嗯嗯，还可以，就它吧

图2-19｜对话场景案例

第3章
给客户完美的售前体验

随着电子商务的快速发展，市场竞争日趋激烈，客服行业的价值观也从"以商品为中心"迅速转换到"以客户为中心点"，网店将客户体验放在了越来越重要的位置。客户的售前体验是指客户在购买商品的过程中对客服所提供的各个环节服务的满意度。

客服提供给客户的售前体验主要包括服务态度体验、客服专业性体验、合理选择体验、价格优惠体验、商品支付体验等内容，这些客户体验涵盖了客户选购商品的各个环节，能让客户在整个购物过程中感受到自身的重要性。

本章从客户的购物流程谈起，引申到客服根据客户的购物需求所应该提供的帮助。内容较多，分为6节进行讲解。希望通过这些内容的学习，能让大家在售前环节增加客户的满意度，促进商品的销售。

案例导入

小林从事网店客服快半年时间了，凭着不断积累的工作经验和孜孜不倦的工作态度，经她服务达成的订单量一路攀升。这不，她又搞定了一个挑剔的客户。早上10点左右，小林收到了一个客户的询问消息："你们不是旗舰店吗？为什么你家的相机比C店的还贵？"小林即刻回复："您好！首先非常感谢您关注我们的产品！我们的产品是厂商直销的，对于品质您可以无后顾之忧。并且，我们会提供发票、全国联保，为您今后的使用减少很多不必要的麻烦。"客户："C店也提供发票，也全国联保呀……"小林："亲，这么说吧，我们并不排除C店可能真的存在有品质而且价格还更优惠的商品，而我们是厂商，所以更加注重我们产品的口碑。"客户："但是，你们的产品贵了近200元呢！"小林："表面上我们的价格是高了一些，但实质上减去我们返给您的积分，再加上我们的赠品也算是比较优惠了。还有呀，您在我店购买4 000元，即可成为我们品牌的VIP会员，那您以后即使在其他实体店购买产品也能同样享受我们的8.5折优惠。所以说，您得到的优惠实质上比实体店还多哟，而且积分可以在下次购物时当现金用哟！"客户："4 000元是一次购买的价格吗？"小林："抱歉噢，亲！是我没有说清楚。这个4 000元不需要您一次性购买，只要您在我店累积购物金额达到4 000元就可以，没有其他任何附加条件的！"客户："那就好。"小林："亲，不要担心。您看这款相机3 680元，再搭配一些辅助器材，如三脚架、UV镜、遮光罩等就够了。再说，这些器材也是您摄影必备的哟！搭配相机一起购买不仅要便宜一些，而且还能享受我们VIP会员的待遇噢！"果然，过了一会儿后，客户就添加了辅助器材并下单完成了付款。

网店客服的售前服务是客户服务体验的第一道关卡，客服要在接待客户时始终保持良好的服务态度，以专业技能和服务体验来打动客户，使客户在购物过程中始终能够享受到专业化、贴心化、完善化的服务。本章将对售前体验的相关知识进行介绍，包括售前流程、服务态度体验、客服专业性体验、合理选择体验、价格优惠体验和商品支付体验等。

3.1 了解购物售前流程

客户的售前体验是指客户在购买商品的过程中对客服所提供的各个环节服务的满意度。客服需要对客户进入店铺后的各个环节进行把握，让客户在每一个环节都享受到网店的专业化、贴心化、完善化的服务。客服要真正实现客户在购物过程中的价值体验，首先要明白客户在购买过程的各个环节中的诉求，即客户想要什么样的售前服务。图3-1所示是根据客户从进入店铺到下单购买商品的整个环节中的诉求整理出的客户售前体验流程图。

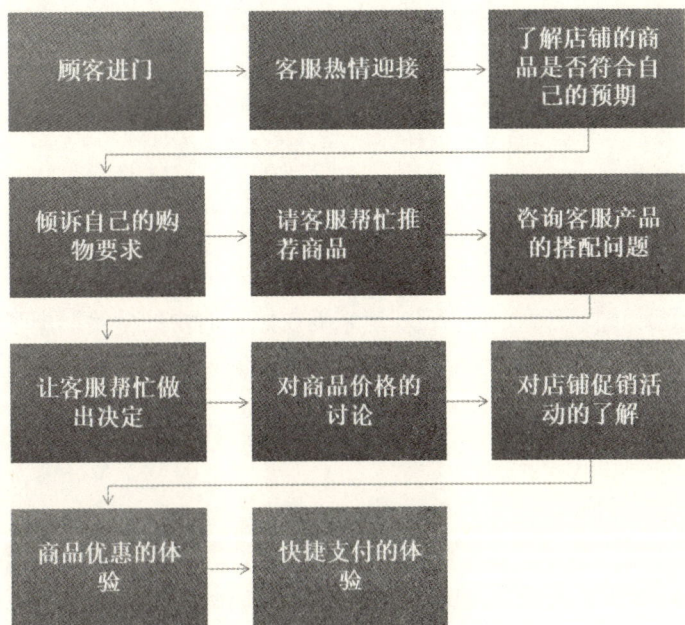

图3-1 | 客户售前体验流程图

接下来，我们从客户体验的角度来规范和要求客服的工作。图3-2所示为在客户的购物时客服要注意的几个环节。

图3-2 | 客服要注意的售前工作环节

3.2 服务态度体验

一位刚毕业的年轻小姑娘去服装店选购裙子，当她看中了一款挺喜欢的裙子，让导购员取一件适合自己的尺码准备试穿时，导购员一句冷冰冰的："这条裙子3999元，不参与折扣活动"让她十分生气，当即便投诉了这位客服。客户在整个购物过程中最在意的是什么？自然是客服的服务态度。客服的服务态度在很大程度上决定了客户的购物体验。图3-3所示改善客户服务态度体验的4种主要方法。

图3-3 | 改善客户服务态度体验的方法

3.2.1 热情

热情是个体在某种情境因素下，表现出来的友好、愉悦的情绪。电子商务平台上的客服不同于实体店的导购员，客服的情感没有办法通过面对面的真诚微笑、友好交流的语气来体现，只能通过键盘敲打的文字让客户感知自己的热情。那么客服应该怎样做才能让客户正确而直观地感受到自己的热情呢？

1. 拒绝用一个字回答

"是""哦""在""好"，这种用一个字回答客户询问的方式是扼杀客户购买欲的"死穴"。虽然客户的很多问题，客服只需要一个字就能回答好客户的疑问，如客户问"在吗？""有货吗？""可以包邮吗？"，这些问题似乎一两个字就能直截了当地解决客户的疑问，但这样的回答方式只会让本来就隔着空间的服务显得更加遥远。适量多的文字，可以让计算机屏幕那边的客户感受到客服对自己的重视。那么怎样将这些一个字就能回答的问题扩张成让客户感到愉悦的话语呢？

> 请问在吗？

> 在

如上所示的对话，当客户询问时，客服人员用一个冷冰冰的"在"字来回答，很容易给客户留下难以接近的印象，打消客户的购物积极性。正确的回复应该是：

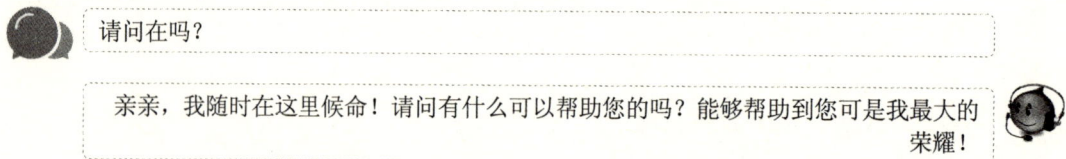

> 请问在吗？

> 亲亲，我随时在这里候命！请问有什么可以帮助您的吗？能够帮助到您可是我最大的荣耀！

这样的回复不仅礼貌回答了客户的问题，还表现了对服务客户这项工作的热情与努力，无疑增加了客户继续聊天的欲望。

同理，当客户咨询商品是否有货或是否包邮等问题时，也要采取类似的回答方式，努力给客户留下热情、礼貌的印象。例如：

> 请问这款商品白色的有货吗？

> 亲，这款宝贝是有货的，这可是我们家炙手可热的商品！

> 那可以包邮吗？

> 亲，真的很抱歉，我们店铺大促销，商品的利润是最低的了，没有办法再为您包邮了，真的很抱歉呢，请您多多理解！

这样的回复直接回答了客户的疑问，还强调了这款宝贝的销量与受欢迎程度，增加了客户的购买信心。但要注意，若不能满足客户的需求，一定要表达歉意，再说明原因。不要用"不行""不能"等词语拒客户于千里之外，让客户对你的服务态度感到不满。

2. 拒绝长时间无响应，冷漠迎客

很多时候，客服由于不在计算机旁或是心不在焉，不能第一时间查看客户的疑问，导致很长时间之后才回答客户的疑问。耐心的客户可能还在等待，但在竞争残酷的电子商务世界中，"不买东家买西家"的理念已深入许多买家的内心。由于长时间得不到回应，客户流失的可能性是很大的，同时还会让客户感到客服的冷漠与不负责任。因此，客服在回答客户的疑问时要讲究时效性，快速回答客户的疑问可以让客户感受到客服对自己的在意与重视。

客服长时间无响应的原因有很多：一是由于自身的原因，如客服开小差、离开计算机旁、心不在焉等；二是由于店铺分流的客观原因，如咨询人数过多，无法一一及时回应。除了督促客服自身的工作专注性之外，还可以从以下两方面原因入手解决这一问题。

（1）设置旺旺状态

客服的阿里旺旺有"我有空""忙碌中""离开""隐身"4个选项可供选择，如图3-4所示。客服在正常的工作状态下都要选择"我有空"的状态，但客服难免也有离开计算机的时候，如上卫生间、吃饭、开会等，此时就要将自己的旺旺设置成"忙碌中"或"离开"状态，避免客户因为得不到客服的回应而误会客服的服务态度。

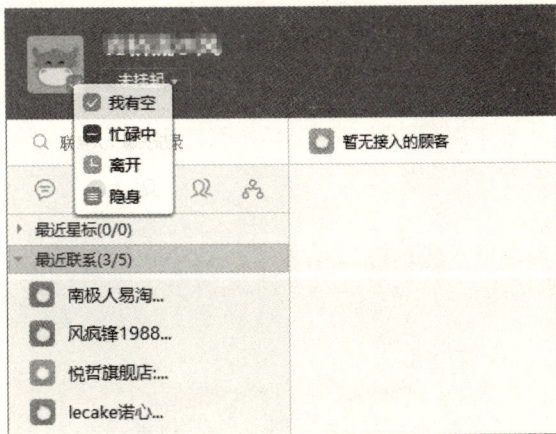

图3-4 | 客服阿里旺旺状态

（2）设置旺旺自动回复

有的时候客服无意间冷落了客户或许与客服是否离开计算机无关，更多是因为咨询量过大，客服实在太过忙碌，以至于无法一一快速回答客户的疑问。如"双十一""双十二"大促销期间，客服的最高咨询量达到了**458人次/分钟**。在面对这样的大促销之前，客服设置好让客户理解的自动回复或许能让客户对你的"冷落"有些许理解。在阿里旺旺主界面的右下角位置单击"设置"按钮，在打开的对话框中可以进行旺旺自动回复的设置。其具体操作如下。

设置旺旺自动回复

STEP 01 打开千牛登录界面后，输入正确的账号和密码，选中"记住密码"和"登录旺旺"复选框，然后单击 <u>登录</u> 按钮，如图3-5所示。

图3-5 | 登录千牛和旺旺

STEP 02 系统将自动打开卖家工作台的首页，并显示了一个浮动窗口。这里单击浮动窗口中的"接待中心"按钮，如图3-6所示。

图3-6 | 单击"接待中心"按钮

STEP 03 打开"接待中心"窗口,单击左下角的"更多"按钮☰,在弹出的菜单中选择"系统设置"命令,如图3-7所示。

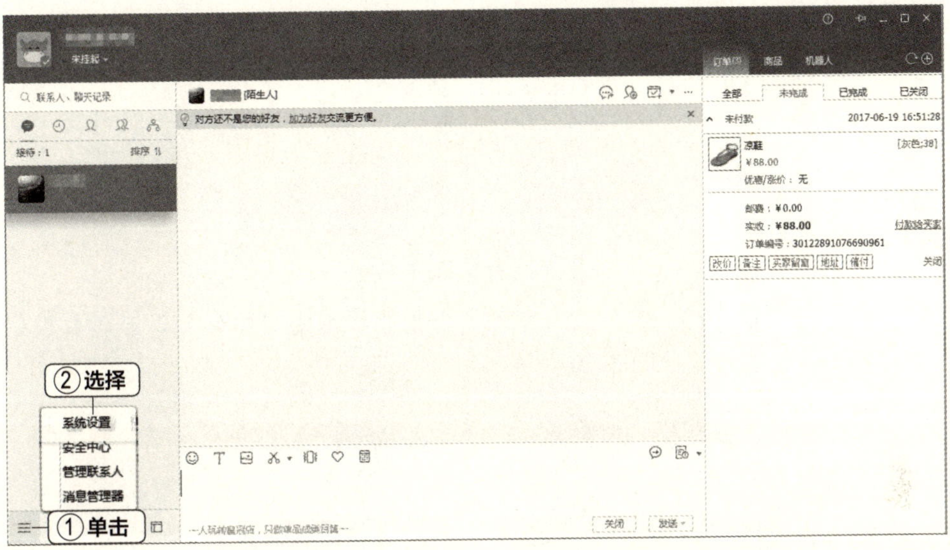

图3-7 | 选择"系统设置"命令

STEP 04 打开"系统设置"对话框,单击左侧列表中的 [客服设置] 按钮,在展开的列表中选择"自动回复设置"选项。在打开的界面中选择"设置自动回复"选项卡,在其中显示了不同状态下的回复设置。这里选中"当天第一次收到买家消息时自动回复"复选框,然后单击右侧的 [新增] 按钮,如图3-8所示。

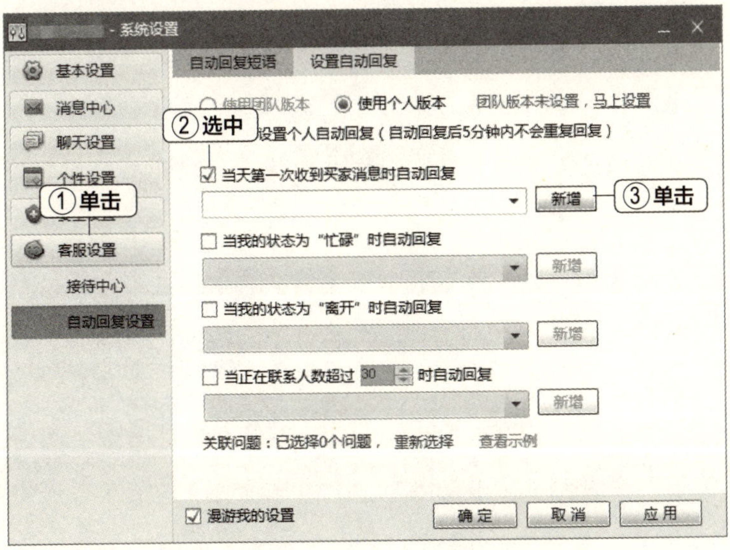

图3-8 | 新增"当天第一次收到买家消息时自动回复"

STEP 05 打开"新增自动回复"对话框,设置回复的字体为"微软雅黑",字号为

14，颜色为"红色"，然后在下方的文本框中输入需要回复的内容。将鼠标指针定位在"本店"前，单击"选择表情"按钮 ，在打开的列表框中选择一种表情，然后单击 按钮，如图3-9所示。

图3-9｜设置回复的内容

STEP 06 返回"系统设置"对话框，选中"当我的状态为'忙碌'时自动回复"复选框，单击右侧的 按钮，如图3-10所示。

图3-10｜选中"当我的状态为'忙碌'时自动回复"复选框

STEP 07 打开"新增自动回复"对话框，在其中输入忙碌状态时的自动回复内容。完成后单击 按钮，如图3-11所示。

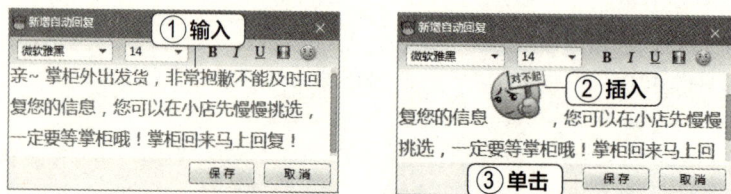

图3-11｜设置忙碌状态时的自动回复内容

STEP 08 返回"系统设置"对话框，使用相同的方法设置"当我的状态为'离开'时自动回复"和"当正在联系人数超过30时自动回复"的自动回复内容，如图3-12所示。

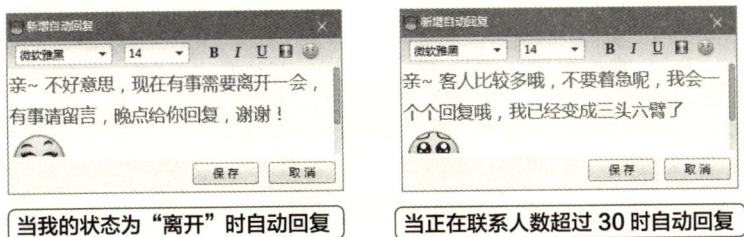

| 当我的状态为"离开"时自动回复 | 当正在联系人数超过 30 时自动回复 |

图3-12 | 设置其他内容

STEP 09 设置完成后返回"系统设置"对话框，单击 确定 按钮。当客户发送消息时，即会根据设置的状态回复对应的内容，如图3-13所示。

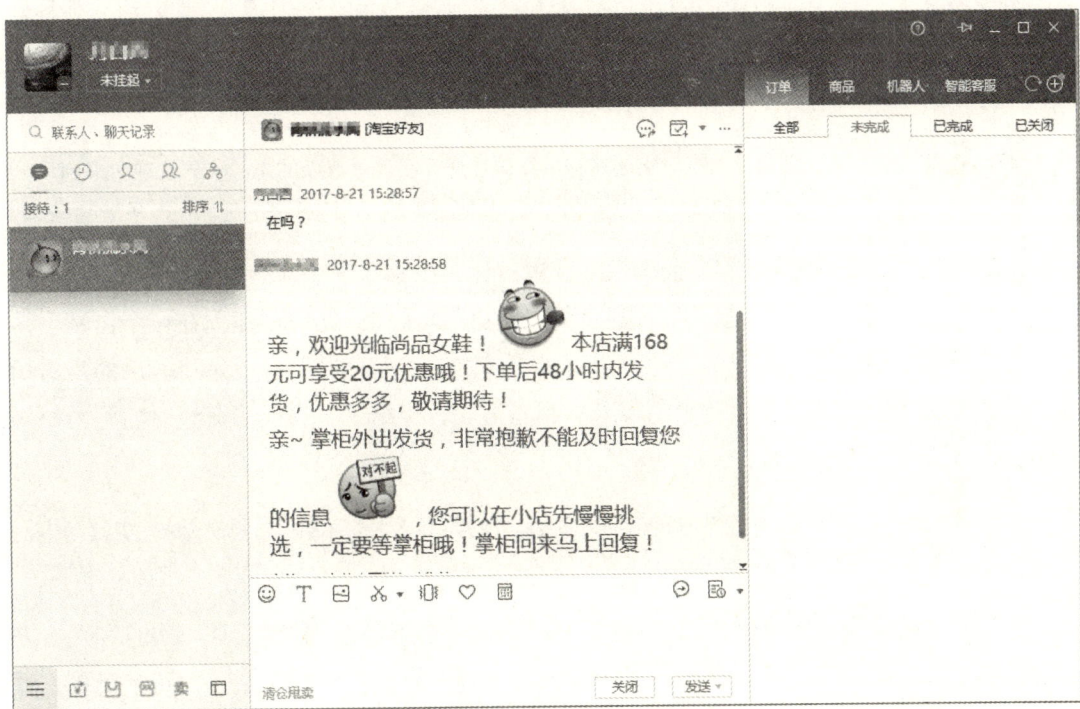

图3-13 | 查看设置后的效果

　　当然，在设置自动回复时，客服首先要说明不能立即回复客户的客观原因，给出最晚的回复时间，让客户明白其中的原因并降低客户对回复时间的期待值；也可以将客户咨询较多的问题一一罗列回答，也许客户想要咨询的问题就在其中。如下所示为一些常用的自动回复的内容模板。

> 亲，欢迎光临×××小店！由于现在的客户咨询量较大，橙橙对于不能立即回复您感到非常抱歉。希望您能仔细阅读商品详情页的信息，自助购物。如果您有非常要紧的问题需要询问，还请您等待橙橙5～10分钟。谢谢您的理解！

> 亲，现在是人工服务高峰期，咨询人数较多，烦请您自助购物。本店商品一律正品，绝无假冒。您拍下付款后，我们承诺 48 小时之内发货，满 168 元即享受包邮优惠。小店包邮选择中通、申通、韵达物流公司，您可以根据您所在地区的实际情况给我们留言备注。西藏、新疆、青海地区暂时不能提供包邮服务，敬请见谅！

3. 切忌过度热情做作，让客户感到交流的不适

客服在对客户表示欢迎时大多都明白要礼貌、热情，用亲切的言语与客户拉近距离，但很多客服为了博得客户的认可与好感，总爱说一些肉麻的话，结果适得其反，反而让客户感到交流不适。具体表现如下。

（1）过于亲昵，忙着套近乎，却忘记了自己工作的本质，反而会造成客户的疑虑

很多客服习惯在与客户谈话的开始阶段就忙着与客户套近乎，希望通过肉麻的昵称、反复强调"我们是朋友"等方式来加深客户对自己的印象与好感，但这种方式往往适得其反，客户面对这种热情过于高涨的客服会产生心理抵触感，不愿意继续交流。例如：

> 我的小亲亲，您亲爱的橙橙永远在这里守候着您。我最最尊敬的您，十分欢迎您来到小店。在购物之余您也可以和橙橙分享您的开心与烦恼，我们永远是最好的朋友！

（2）过于做作，把自己放在很卑微的位置，让客户感受到交谈的压力

"客户是上帝"的服务理念绝对没有错，但这份尊重与亲切需要建立在一个自然、易于接受的环境之中。一些客服为了让客户感受更多的"上帝优待"，故意将客户的身份抬高，可这样的招呼方式往往让新来的客人感到不适应，也给了客户很多交谈时的压力，导致交流无法正常进行。例如：

> 娘娘您可算来了，最近店里的活动可多了，优惠券什么的奴才这就给您呈上来。娘娘，您还有什么吩咐吗？

那么怎样的语言才显得既亲切又得体，易于被客户接受呢？其实招呼、欢迎客人，表达自己的热情，最核心的是要拿出自己的真诚。一句"您好，欢迎光临"，简单实在，诚心致意，这样的效果并不差；再搭配上旺旺的动态表情，很容易营造出一种良好的交谈气氛，同样能够使客户感受到客服的热情和亲切，增添对掌柜的好感。

3.2.2 礼貌

在与客户的交流过程中，客服要以饱满的热情拉近与客户之间的距离感，尽量保持一种友好的、朋友式的聊天氛围，但这种友好氛围绝不是和自己朋友那般肆意地开玩笑逗乐。这种友好必须建立在对客户的礼貌之上，客服应该明白什么话该说，什么话不能说。礼貌的言辞可以帮助网店树立良好的服务形象，提高客户对客服服务方面的体验值。如表3-1所示为客服礼貌用语，表3-2所示为客服服务禁语。

表3-1　客服礼貌用语

礼貌用语
请，您，谢谢，对不起
我很高兴……
感谢您……
很抱歉……
请您见谅
我十分理解您的感受
您对我们很重要
我会以最快的速度……

表3-2　客服服务禁语

服务禁语
我不知道……
不行……
我现在很忙……
这不是我的错
这是你的原因
你之前找的谁现在也找他吧
你应该理解我们
那我也不知道怎么办了
随便你

3.2.3　耐心

　　案例：有一位父亲是一个急性子，他有一个8岁的儿子。由于小朋友对这个新奇的世界充满了好奇，因此他经常会问爸爸很多问题，比如"为什么天空是蓝色的？""为什么我们总是先听到雷声再看到闪电？""为什么四季要交替？"……在爸爸的眼中，这些"无聊而幼稚"的问题毫无意义，于是每次都敷衍说他长大就明白了，从不耐心讲解这其中的科学道理。这样被拒绝的次数多了，孩子的问题也越来越少，到最后便不问了。待查觉到孩子的变化之后，这位父亲懊悔不已，常常自责由于缺乏耐心而扼杀了孩子的求知欲。

在客服的服务中，耐心的表现必不可少。客服和故事中的爸爸发挥着同等的作用，需要用自己的耐心去解决客户的疑问，否则客户便会像故事中的孩子一样，不再向客服咨询问题，而这种差劲的服务态度体验也会让客服人员彻底失去这位客户。

客户进店购买商品，便是有了购买需求，但很多客户对于初次接触的店铺都有着许多的疑问甚至质疑。我们将这类客户分为以下几种。

（1）客户是一个标准的"十万个为什么"

客户关于商品的疑问有很多，从面料、尺寸、做工、生产日期、生产流程到商品的发货时间、收货时间等都想要向客服进行确认。缺乏耐心的客服可能就会放弃这类客户，但这万万不可，客流量得来不易，客服可不能觉得客户很烦，反而需要耐心回答客户的疑问，解决客户的疑惑，这也正是客服的工作核心。例如：

> 这款曲奇饼真的是国外的零食吗？

> 是的呢，亲。这款曲奇饼来自于日本，原装进口零食，销量很好的，您可以在百度上查询这个品牌，很出名的呢！（附百度搜索链接）

> 那我怎么才能知道你们店卖的是原装的呢？

> 亲亲，您不用担心产品的品质的，我们的产品都是国外直接发货，这是我们店铺商品的合格检验报告和厂家发的票据。（附质检报告和证明）

> 哦哦，你们的生产日期会不会是很早的呢？

> 我们商品的生产日期都是今年4月之后的，这款曲奇饼干的保质期是两年的。

> 为什么×××店铺的产品和你们的一样，却便宜那么多呢？

> 为什么说是原装产品，还有中文标识呢？

专家指导

求安心理让客户在购买商品时更愿意确认完整的商品信息，所以客户有疑问是一件很正常的事，可有的客户的疑问却特别多，可能只买20块钱的商品，却耽误客服一天的时间来为他解答。面对这类客户，客服唯一的解决办法便是——回答，尽自己最大的能力去解答客户的疑问。或许客户会为你的耐心而感动，对你的服务加分。此时的客户自然会给你介绍更多的客源，再次购买你的商品的可能性也会更大。

（2）懵懂的客户

这类客户对自己的需求的认识不是那么清晰，在描述自己的需求时可能会比较零散或混乱，观点不是那么突出或是逻辑性不太强，回复间隔的时间过长。例如：

> 我想买一个很百搭的包。

> 亲，百搭的包可是很多的，您可以描述得更细致一点吗？比如颜色、款式，是单肩包还是挎包，或者手拿包、双肩包。

> 哦，我觉得都可以。

> 那我为您多推荐几款客户反馈还不错的包吧！（附多个连接）

> 亲，您看了觉得怎么样啊？

> （很长时间以后）亲，您还在吗？

> 嗯，在的，我都看了，可能我更喜欢挎包吧！

> 我刚才为您推荐的几款挎包中有没有您心仪的款式呢？

> 有是有，但也不是特别满意。

> 您方便把链接发给我吗？让我看看您喜欢哪种款式，再为您推荐类似的。

很多客户在购买商品时购买意识模糊，等待与引导是客服面对这类客户最好的解决办法。等待，一是等客户的表达与思考，二是等客户对自己所需要的商品的定位。等待正是表现客服耐心的时刻，这时客服应该给客户足够的时间去思考，不要急于打断客户。引导是将客户想要说的话或没有说出口的话通通表达出来，再将客户零散的需求综合在一起，自然就能听懂全部的意思了。否则，很容易自以为是地去理解，去发表意见，产生更加不好的效果。

（3）多疑的客户

这类客户往往对网店的产品有所怀疑，喜欢就网店的搭配、售价发表自己的观点，甚至带有挑衅和粗俗的话语，而这些观点是客服所无法接受的。例如：

> 你们店的化妆品怎么这么便宜？假货吧？

> 亲，您好！首先我们的产品是支持专柜验货的，您可以放心。之所以比其他网店便宜，是因为我们的进货渠道是直接从韩国工厂拿货，省去了很多中间环节的资金投入。

可我看你们的差评也不少啊，这怎么解释？

使用效果是因人而异的，的确有部分客户因为自己的肤质对我们出售的化妆品产生不适，但这都是自己敏感的肤质所造成，与我们的产品质量无关。当然，随着我们店铺发展得越来越好，也有不少同行恶意竞争，故意给我们差评，对此我们也很无奈。您可以看看我们的好评，都是网友真实的晒图和使用报告。

那我拍下付款倒是没问题，但要是过敏或者不适，我可是要退款的哦！

实在很抱歉，根据淘宝规定，化妆品类目是不支持七天无条件退款的，您拆封之后的化妆品我们是没有办法二次销售的。

在新产品的接受过程中，客户总会出现一些抵触心理。面对客户的质疑，千万不要丧失耐心，要以理服人，耐心解释，消除客户的疑惑与担心，说不定他就是你的忠实客户呢！客服切忌与客户发生争吵，应试着去理解客户的心情和情绪。一定要耐心把话听完，并且适时做出解释，这样才达到了服务的效果。

3.2.4 尊重

人与人能够保持长时间的接触、沟通，一定是在互相尊重的前提下。在客户与客服之间的交流中，互相尊重所带来的影响是巨大的。在与客户的谈话中，客服要做到尊重客户的提问、不能随意打断别人的谈话、尊重客户的选择，从多个方面入手，共同着力，改善客户的服务态度体验。

1. 尊重客户的提问

在熟悉产品的客服眼中，很多客户的提问或许十分"小儿科"。对于商品组成的面料材质、尺码标准、使用方法等，客服人员可以说是烂熟于心。有时候面对客户询问，熟悉这方面知识的客服很容易会显示出一种居高临下的高傲，并在内心默默抱怨客户怎么连这个都不知道，而这种内心的抱怨总会在不经意间流露于文字之中。例如：

纯棉衣物的洗涤要注意些什么呢？

手洗最佳。

没有其他的注意事项了吗？

棉质衣物应该是我们生活中经常接触的布料，洗涤注意事项应该不用我多说吧，为了避免褪色建议分开洗涤。

常见的布料洗涤我不可以多问一句吗？什么态度？！

客服因为经常接触这些知识，认为这些知识很简单，而且详情页里也写得很清楚，便会觉得客户问这些基本问题无异于浪费自己的时间。但所谓"术业有专攻"，客服熟悉的领域可能是客户所陌生的，他们需要通过咨询来确认自己对信息的掌握，所以客服要尊重客户的每一个提问，友好、耐心地回答。

2. 不能随意打断别人的谈话

在客户表达自己的想法或需求的过程中，或许客服已经能够从中领悟客户的意思，但切勿打断客户的谈话，或者概括客户的谈话要点，这些都是让客户极为反感的行为。诸如此类的还有任意地加入自己的观点做出评论或表态等行为，都是很不尊重对方的表现，在客服服务工作中一定要避免。例如：

> 你们家的衣服全是均码的吗？

> 我们的衣服没有分大小号，全是均码。

> 亲，如果过瘦或过胖都不能穿。

> 是厂家统一做的，以 M 码为标准的。

> 哦。

客服人员应清楚自己的工作职责，永远将话语权留给客户。客户问什么客服答什么，不要抢话。回答客户问题的时候，若看到聊天窗口中客户的头像下方有显示对方正在输入的黄色图标，最好等对方发送完最新的信息后再回答。

3. 尊重客户的选择

尊重客户还表现在客服对客户的选择表示支持、认可与鼓励。客服的工作职责是推荐商品，引导客户购买，绝不是干涉客户的选择。客服若是否定客户的选择，便会打击客户购买的积极性，让客户感到自己没有受到重视。例如：

> 我还挺喜欢粉色的这款。

> 您确定？

> 怎么了？

> 这款商品的评价可比不上我之前给您推荐的那款大红色的，亲，您可不要只比较两者的价格差异啊！

> 但我就喜欢粉色这款啊！

我们都有权利选择自己喜欢的东西，尤其是作为占有主导地位的消费者。客户有着他们自己的喜好憎恶，可能客户的选择不是你所推荐的，又或许客户选择的商品是价格最低的，但这些都不能成为客服否定客户选择的借口。

除了以上所谈到的提高客户服务体验值的一些方法之外，合理地使用阿里旺旺的表情，也能给远在他方的客户传递那份热情、礼貌、耐心与尊重。动态的表情能在客户与客服的交谈中增加谈话的趣味性，增添服务的生动性。常用的一些旺旺表情如表3-3所示。

表3-3　常用的旺旺表情

微笑	偷笑	爱慕	爱心	拜拜
加油	忧伤	安慰	亲亲	玫瑰
害羞	天使	鼓掌	花痴	对不起

3.3 客服专业性体验

客服的专业性是社会分工在电子商务世界中的体现。所谓客服的专业性，是指客服对自己所从事的行业较为精通，掌握的工作技能极为完善，达到了网店设置岗位所预期的要求，可以生产出让人满意的工作成果的能力。客服的专业性体现在很多方面，如对产品知识的专业性掌握、工作工具的熟练操作、灵活的产品销售能力等。这里着重介绍客服对商品知识的掌握，如图3-14所示。下面从商品的专业性知识掌握、商品的周边知识掌握以及同类产品的了解这3个方面进行介绍。

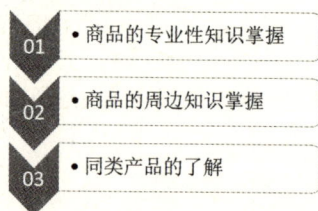

01 ● 商品的专业性知识掌握
02 ● 商品的周边知识掌握
03 ● 同类产品的了解

图3-14 客服专业性的主要体现

3.3.1 商品的专业性知识掌握

在与客户的沟通中，整个对话大部分都是围绕着商品本身进行的。在此过程中，客户很可能会提及几个关于产品信息的有深度、专业性的问题。客服对产品知识的熟悉是与客户交流谈判的基础，如果客服不能给予恰当的答复，甚至一问三不知，无疑是给客户的购买热情浇冷水。在购买过程中，客服越是对商品熟悉，客户对他就越是信赖。

1. 对产品质量的了解

产品质量指产品的适用性，即产品的使用价值。产品适合一定用途，并且能够满足人们某种需要所具备的特性，是产品吸引客户的最重要、最稳定的部分；产品的耐用性、安全性、独特性，是客户最为看重的。产品质量特征可概括为以下几个方面。

（1）产品性能

产品达到使用功能的要求，是产品性能的体现，也是产品质量的基本要求。如雨伞用于挡风遮雨，太阳伞用于遮阳，保温杯用于保温等。图3-15所示为一款遮阳伞关于遮阳功能的描述。

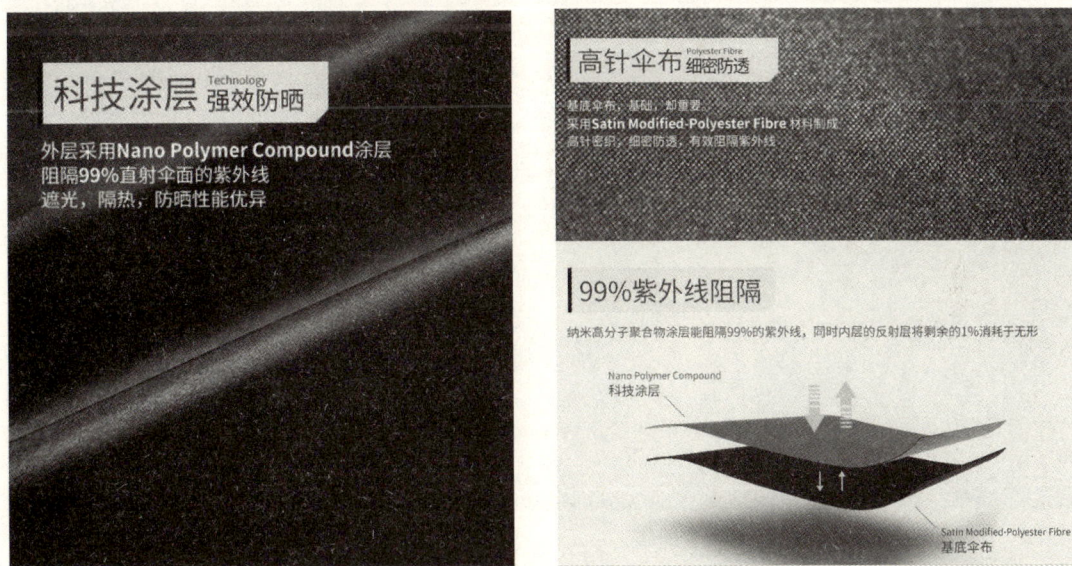

图3-15 | 一款遮阳伞关于遮阳功能的描述

客服人员要熟悉自己店铺所经营的所有产品的性能，并熟练为买家解惑。如下为买家对这款太阳伞的提问，客服应快速组织语言进行回答。例如：

> 这款太阳伞的遮阳效果好吗？

> 您好，亲！这款太阳伞采用的是双层防布，里层是伞布，用高密度的针线缝制，细密防透；外层是由高分子聚合物制作的涂层，能够阻挡99%的紫外线。剩余的1%也会消失于两层的反射之中。遮阳效果给力，一整天都不会觉得晒的！

> 这种涂层厚吗？会不会不透气？

> 亲亲，不会的哦！虽然有两层，但采用了轻便、透气性好的布料，在阻隔紫外线的同时，还能透过空气享受微风！我们家的这款太阳伞比别家的都要轻，只有195克哟～

（2）产品寿命

产品寿命是指产品在一定条件下，满足产品性能要求的工作时间限制，即产品正常情况下无故障使用的时间。如牛奶常温条件下的保质期一般为1年；生鲜产品-18℃条件下一般可存储1年，但常温条件下一般为3～5天。图3-16所示为一款LED灯关于产品寿命的说明。

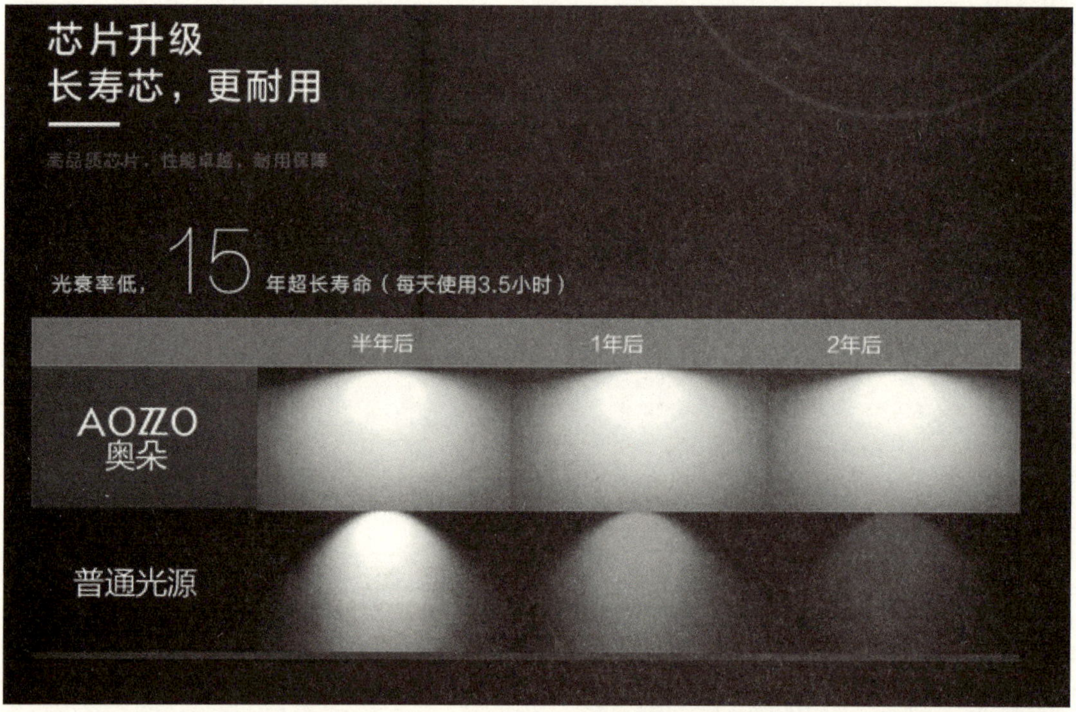

图3-16 | 一款LED灯关于产品寿命的说明

在买家询问关于产品的使用寿命时，客服人员可以这样回答："亲，这款LED灯采用最新的升级芯片作为电流载体发光，具有更长的寿命和耐用性。正常情况下一般可保持15年的发光寿命。"

（3）产品安全性

产品安全性是指产品在流通过程和使用过程中，保障人体健康和人身、财产安全免受伤害或损失的能力。图3-17所示为一款苏泊尔电磁炉关于安全性的说明。

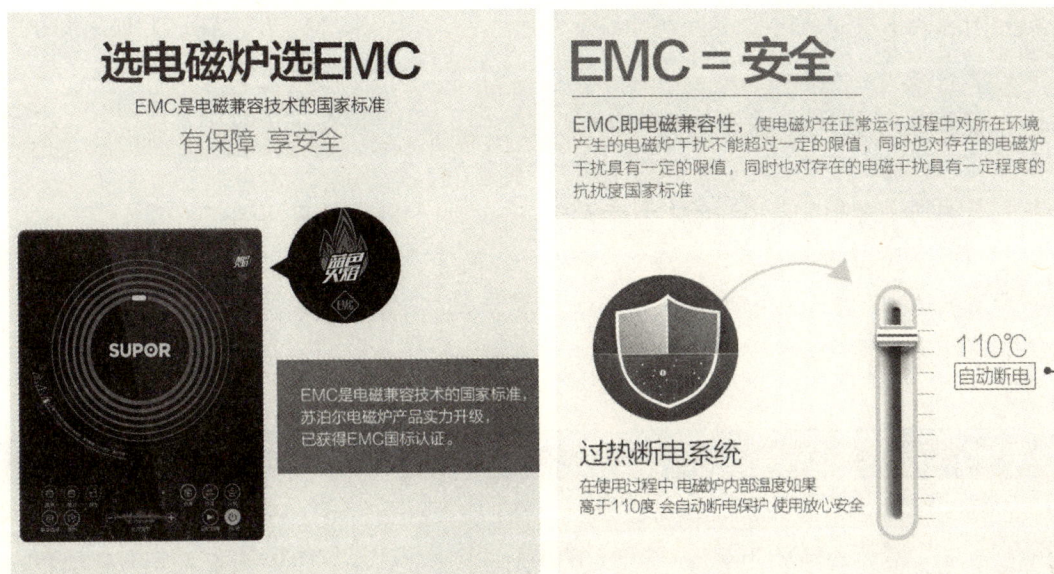

图3-17 | 一款苏泊尔电磁炉关于安全性的说明

在买家咨询相关问题时要注意表述清楚，如下所示。

这款电磁炉安全吗？

亲，请您放心，我们这款产品的安全指数很高的。采用国家标准的 EMC 电磁兼容技术，能够将电磁炉产生的干扰限制在一定范围内；同时当电磁炉内部温度高于 110℃ 时会自动断电，保护您的安全。

家里有小孩，会不会有什么意外？

亲，为了安全考虑，尽量不要放在小孩能够到的地方。小朋友操作时一定要有家长在旁边哦！也不要将微波炉放置在铁板、铁桌或不锈钢桌面上使用。做到这些基本可以避免发生意外！

2. 对产品尺寸的掌握

产品尺寸直接影响着客户对产品的使用感受，客服可以分别从产品的大小和体积规格上来把握产品的尺寸。具体是指产品的各个部位与人体相应部位的具体尺寸，如鞋码、衣服尺码、戒指尺码的选择；产品的体积规格与产品的容量、长度和重量相关，如箱子、杯子、家电用具等。

（1）产品的大小

① 服装尺寸。服装尺寸是以服装的袖长、胸围、腰围等尺码大小为依据进行设计的。目前最为常用的服装尺寸有4种型号，分别是国际码、中国码、欧洲码和美国码。

- **国际码**｜国际码是最传统的服装尺寸型号，以XS、S、M、L、XL、XXL来标识，分别表示加小号、小号、中号、大号、加大号、加加大号。
- **中国码**｜中国码按身高和胸围来标识，如常见的160/84A、170/92B等。
- **欧洲码**｜欧洲码以34～44的双数来标识服装尺寸。
- **美国码**｜美国码采用北美型号来标识，一般为1～11的数字，如B7等。

这4种尺码标识是可以互相转换的。客服不仅要清楚地知道尺码的大小差异，还要知道它们之间的转换，给客户更加明确的尺码大小。表3-4所示为4种衣服尺码标识的对照表。

表3-4　不同型号的服装尺码对照表

标准	尺码明细				
国际码	XS	S	M	L	XL
中国码（cm）	160～165/ 84～86	165～170/ 88～90	167～172/ 92～96	168～173/ 98～102	170～176/ 106～110
欧洲码	34	34～36	38～40	42	44
美国码	1～2	3～4	5～6	7～8	9～11
衣长（cm）	54	56	58	60	62
胸围	82	84	88	92	96
腰围	70	74	77	81	85
肩宽（cm）	37	37.8	39	40.5	41.5
袖长（cm）	15.3	16	16.7	17.4	18.1

以下为一则买家与客服关于衣服尺寸的对话：

在吗？身高165cm，体重55公斤，适合穿多大的？

亲，您平时穿多大尺码的衣服呢？这款衬衣是标准尺码的哦！

我给妈妈买的，她平时穿5码，和你们这款衣服标的尺码不一样啊！

亲，您妈妈穿的5码是美国码的尺码标准哦，我们店铺用的是中国码标准，5码对应M码。您妈妈的身高、体重也比较标准，M码应该很合适。

噢噢，这样啊！那我直接拍M码，谢谢啦！

不客气哟，亲！欢迎您的光临，期待您下次再来！

② 鞋子尺码。鞋子尺码是基于不同的脚长和脚宽来划分的，通常有国际码、中国码、英国码和美国码4种标识方法。

- **国际码**｜国际码以脚长的毫米数来标识，如225mm、230mm、235mm等常见的鞋码单位。
- **中国码**｜中国传统的鞋码标识与国际码相同，都是按照脚长来区分的。
- **英国码**｜英国鞋码与以上两种不同，是根据鞋楦的长度，采用英寸制进行标识，如3、4、5等。
- **美国码**｜美国码是在英国码的基础上演变而来的，每0.5码相差0.5cm。

表3-5所示为各种鞋码的对照表。

表3-5　各种鞋码的对照表

国际码	中国码（旧码）	英国码	美国码
220	35	2	5
225	36	3	5.5
230	36.5	3.5	6
235	37	4	6.5
240	37.5	4.5	7
245	38.5	5	7.5
250	39	5.5	8

表3-6所示为标准码、国际码和脚长所对应的尺码。

表3-6　标准码、国际码和脚长对应的尺码

标准码	34	35	36	37	38	39
国际码	220	225	230	235	240	245
脚长（mm）	215～220	220～225	225～23	230～235	235～240	240～245

③ 戒指尺寸。戒指大小以手寸为尺码标准，常用指圈号码（即多少号，如12、13）表示。需要注意的是，不同国家的戒指尺寸圈号对应表不同，如中国和美国同一圈号的戒指，大小完全不同。中国的主流戒指普遍采用港码进行标识，一般女士佩戴戒指的号数为10～15号，12号、13号居多；男士佩戴戒指的号数为17～22号，18～20号居多。表3-7所示为港码戒指手寸对照表。

表3-7　港码戒指手寸对照表

指圈号码	内圈直径（mm）	周长（mm）	说明
7	14.5	46	适合手指纤细的人佩戴或当尾戒
8	15.1	47.5	
9	15.3	48	
10	16.1	50.5	女士常见佩戴款号
11	16.6	52	
12	16.9	53	
13	17	53.5	
14	17.7	55.5	
15	18	56.5	女士大码 男士小码
16	18.2	57	
17	18.3	57.5	
18	18.5	58	男士常见佩戴款号
19	18.8	59	
20	19.4	61	
21	19.7	62	
22	20.2	63.5	
23	20.4	64	男士大码
24	21	66	

　　客服在为买家推荐戒指尺寸大小时，应遵循戒指佩戴不易滑落，稳稳戴在手指上的原则。但在不同的温度下应稍作调整：由于冬天较冷，手指比夏天稍细，以佩戴后可以左右旋转但不易脱落为宜；夏天则以佩戴后稍紧为宜。同时，还要告知买家准确测量佩戴戒指型号的方法，如图3-18所示。准确地测量戒指型号的方法是：选择一条较宽的纸带（若没有纸带，也可用线条代替），在需要佩戴戒指的手指部位上缠绕一圈；确保圈的大小适中后，在纸带环绕的交会处用笔标上记号；然后将纸条铺平，用尺子测量其长度，所得数据即为需购买戒指的周长。为了保证测量更加准确，可多次测量，每次测量误差不超过1mm，然后取其平均值。若测量的值介于两种尺寸之间，建议买家选择较大的戒码。

专家指导

　　测量手指根部周长后，对照港码戒指手寸对照表可以快速地知道手指对应的戒指圈号。不过，某些戒指厂商生产的戒指圈口尺寸的大小可能并不规范，存在一定的误差。此时客服人员要严格按照自己店铺的标准明确告知，帮助买家购买到合适的戒指。

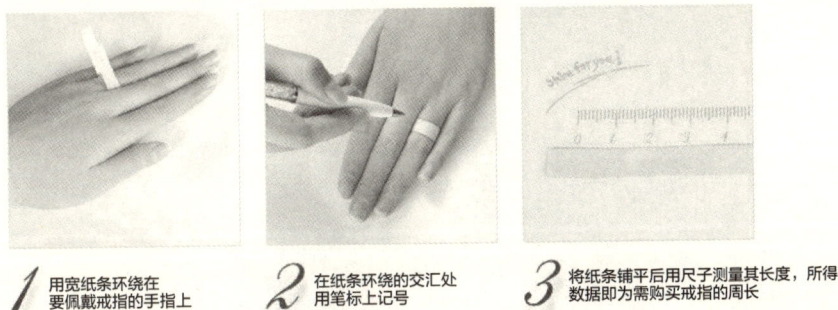

1 用宽纸条环绕在要佩戴戒指的手指上
2 在纸条环绕的交汇处用笔标上记号
3 将纸条铺平后用尺子测量其长度，所得数据即为需购买戒指的周长

图3-18｜准确测量配搭戒指型号的方法

（2）产品的体积规格

产品体积规格主要包括产品容量、产品长度和产品重量等3个方面，下面分别介绍。

- **产品容量**｜收纳箱和液体类产品常用容量单位来衡量其大小，常用单位为L（升）、ML（毫升）。客服在介绍这类产品的体积规格时，不仅要说明具体的数字，还要提供有利于买家参考的实物装载图，如图3-19所示。

图3-19｜产品容量

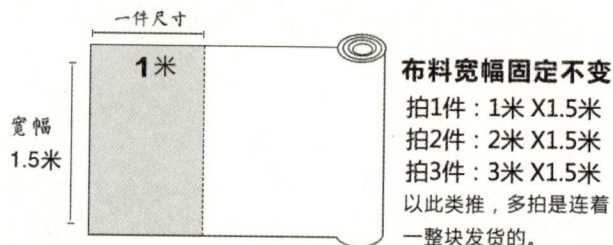

图3-19｜产品容量（续）

- **产品长度**｜布料、管材等产品需要使用长度单位来衡量，常用的单位有米（m）、厘米（cm）。客服在与买家沟通的过程中，应说明这里以长度计算的产品的计价方式与长度的关系，并告知买家如何计算要购买的产品的长度，如图3-20所示。

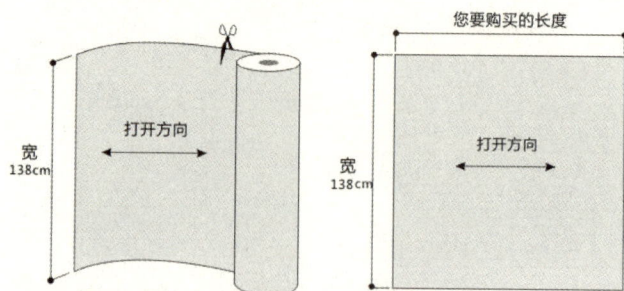

图3-20｜产品长度

- **产品重量**｜固体食品、茶叶等产品常用重量单位来衡量，常用单位有克（g）、千克（kg），如图3-21所示。

图3-21｜产品重量

3. 对产品注意事项的说明

对产品在使用过程中的特别说明，旨在让客户在使用过程中更大程度地发挥商品的使用价值，更多地享受产品所带来的使用价值体验。针对产品注意事项，客服可以从产品的使用禁忌和产品的保养两个方面来了解并掌握，以保证客户在产品使用过程中的安全性、持久性。

（1）产品使用禁忌

产品使用禁忌主要是指客户在使用产品的过程中需要规避的一些行为。这类不正确的使用行为一方面可能无法发挥产品本来的效果，另一方面还有可能引起不必要的危险。所以客服一定要了解产品的使用禁忌，如一些家用电器的使用说明。例如：

> 虽然你们说这款充电器安全系数很高，但在使用时难道没有什么需要注意的吗？

> 亲，我们的移动充电器有很高的安全保证，但您在使用时依然要注意到以下事项：
> （1）充电器尽量置于干燥环境下，以确保移动电源的使用寿命。
> （2）不要将移动电源放在温度过高或过低的地方。高温会缩短电子器件的寿命，毁坏移动电源，使某些塑料部件变形或熔化；在过冷的环境下工作时，会让移动电源形成潮气，毁坏电路板。
> （3）禁用烈性化学制品。不要用烈性化学制品、清洗剂或强力洗涤剂清洗移动电源。如需清除移动电源外观污渍，可用棉花蘸少量无水酒精擦洗。
> 希望这款产品能给您带来愉快的使用效果。

（2）产品保养

妥善保管并在使用过程中对产品进行必要的维护，可以在一定程度上延长产品的使用寿命，让产品的价值更加长久。客服应该在与买家沟通的过程中，选择适当的时机告诉买家产品保养的方法，以帮助买家进行产品的维护。这样不仅会让买家肯定你的专业技能，还会使买家更加信赖店铺。图3-22所示为羊绒洗护保养。

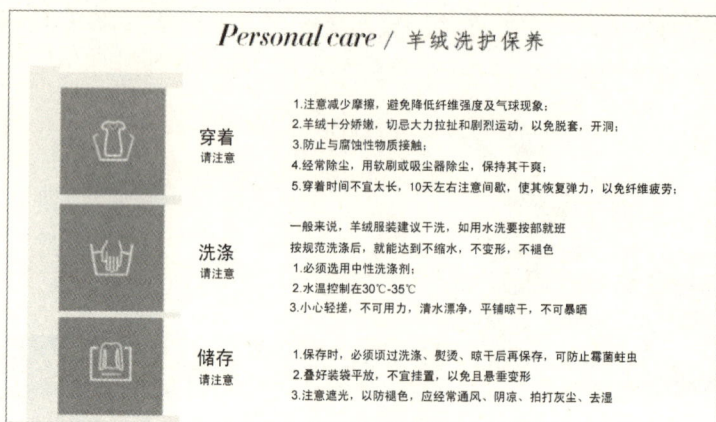

图3-22 | 羊绒洗护保养

3.3.2 商品的周边知识掌握

商品的周边知识是指这些知识与客户进行商品的了解和选择没有直接的关系，但能在一定程度上指导或影响客户选择，增加客户对商品的深度认识，从而加深客户对客服专业性的肯定。这里主要从产品的真伪辨别和产品的附加信息两个方面来探讨客服对商品周边信息的掌握。

1. 产品真伪的辨别

客户的求真心理往往使他们很纠结所购买的商品是否是真的，尤其是在真假难辨的淘宝市场。客服首先要掌握辨别自家商品真伪的办法，所谓口说无凭，不妨让客户按照这些辨别真伪的方法直接检验你的产品，往往比自己一个劲强调商品真伪来得方便得多。对产品真伪辨别知识的掌握，不仅可以增加客户对这类产品的认知，还能让你的专业性获得认可。如下为一则客服与买家的对话：

你们家的黄金项链是真的吗？

亲，您好！我们是×××的官方旗舰店，本店所有宝贝专柜都有出售，且价格全国统一。同时产品包装盒中还附有国家检测中心提供的检测证书，请您放心购买。

若您不放心，还可通过下面两种途径来验证真伪哦！
（1）登录发票通（www.fapiao.com），在"平台验证"中根据提示输入信息进行验证。
（2）登录国家税务总局（https://inv-veri.chinatax.gov.cn/），并根据提示输入信息进行发票验证。

2. 产品附加信息

产品附加信息是指产品生产销售中并没有的信息，但通过信息包装赋予了产品新的价值，如×××明星推荐产品、××同款产品等。这种方式其实利用了买家的求名心理，通过无形中树立的代言人，让买家在选购这类商品时不可避免地受到影响。其次，还可通过品牌价值的观点来为产品赋予一种精神价值，但此种方法仅适用于对品牌文化有一定认同的买家。

3.3.3 同类产品的了解

电子商务的快速发展使得这个市场的同质化现象越发的严重，很多时候，客服都会受到客户这样的质疑："为什么××家和你们家的款式是一样的，你们的价格却要贵一些？"面对这样的疑问，客服应该怎么回答呢？一味贬低和怀疑他人是万万不可的，客服需要熟悉自己的竞争对手。客服要让客户了解自己的产品，就需要对同类产品进行全方位的比较，突出自己的优势，明白自己的劣势，这样才能客观、公正地回答客户的疑问。

1. 质量的比较

产品质量是买家选购时最先考虑的因素之一，客服人员要全面认识产品，对产品的材质、规格、版型、用途、卖点等熟练掌握，并对同类产品的相关信息进行了解，找出自身与他们的区别，让买家更加清楚自家产品与其他产品对比的优势，这样才能留住买家。

> 我看好多家店铺都有这款衣服，为什么你们家要贵点呢？

> 亲，这款衣服是我们家最先出的爆款哦！由于销量高、上身效果好，受到很多买家的好评，但同时也冒出了很多仿款。我们家的衣服都是自家工厂定制的，原材料都是实打实的，质量、版型都是其他店无法比拟的。

> 嗯，那有哪些优势呢？

> 亲，您看，我们的衣服选材十分讲究。除了连接线以外，全部是用羊毛制作的，用料讲究；而且比较轻薄，呈现出十分饱满的视觉效果。其他仿版偷工减料，摸上去没有弹性，也不柔软糯滑。

> 其次，我们衣服的设计也是十分考究的。肩部采用塌肩设计，肩型圆润不硬朗，不仅提升您的女人味，还拉长了手臂线条。采用简约的无扣门襟，干净清爽；同色系的腰带不仅能够收敛宽松腰身，也是十分经典的装饰。

> 原来是这样啊！那我就可以放心地买啦！

客服人员将同类产品做出一个正确的分析和比较，能帮助客户快速地进行选择，销售起来也格外得心应手。

2. 货源的比较

在网上购物时，货源的比较也成为影响客户选择的因素之一。诸如"自家工厂制作""大厂定做""韩国亲自拿货""品牌直供"等货源字样，常常让消费者觉得更加可靠放心。为此客服除了了解自家产品的质量，还要了解产品的进货渠道和生产渠道。正规的货源渠道不仅对产品的质量有所保证，还能让消费者感受到店铺经营的正规化、流程化，可以更加放心地购买商品。那么客服如何向客户展示自己的货源渠道呢？最简单的方式便是以图说明。例如：

> 我看你们家的产品都是韩货，是正品吗？

> 亲，我们家在韩国有专门的代购人员哟！所有的商品都出自韩国，保证是正品！

> 那怎么你们家还比别的家便宜，不是应该更贵一点吗？

> 哈哈，亲，这是因为我们和韩国那边的商家合作很多年了，他们给了我们一些优惠，这才稍微便宜了一点！

> 噢噢，这样啊！

> 亲，您也可以看下我们的小票哦，都是在韩国亲自选购的，这可做不了假的！

3.4 合理选择体验

客户来到网店购买商品时，客服需要给客户足够多的选择权，让客户随意挑选和对比商品。客服可从产品的推荐和产品的搭配两个方面来让客户感受到选择商品的优质体验。

3.4.1 对产品的推荐

只有当客服对产品的相关知识非常了解后，才能够游刃有余地对产品进行推荐。在为客户推荐商品时，客服要注意从客户角度和商品角度两个方面进行推荐，从客户角度出发需要因人而异地推荐商品，从商品角度出发需要进行关联商品的推荐。

1. 因人而异地推荐商品

由于每一位客户在产品的需求和使用情况上各不相同，客服需要把握客户之间的差异性，分析客户的具体需求，有针对性地推荐商品。下面从商品的使用对象和客户的个性特点两个方面进行解读。

（1）商品的使用对象

由于商品使用对象的不同，消费者对商品的要求也不一样。例如，客户在网上购买一条围巾，如果使用的对象是购买者自己，那么客户对围巾的要求首选美观、保暖这两个功能；如果客户购买商品的目的在于赠送他人，那么产品的包装、品牌就变得非常重要了。

（2）客户的个性特点

淘宝网上出售的商品种类繁多，但即便是购买相同的商品，客户在购买商品时对商品的需求也是各不相同的，客服也要根据不同类目的需求差异来为客户推荐产品。例如，护肤彩妆类目对于客户的肤质、年龄、价位等是有需求区分的；家居家纺类目的客服会根据客户家具的风格进行产品推荐，这些正是客户差异性的表现。下面以淘宝网销量最高的女装产品进行分析，一一剖析客服应该注意客户哪一些个性特点。

首先，客户的惯性喜好是客户购买商品最重要的因素，也是客户的个性特点中最值得客服关注的方面。客服要根据客户的喜好特点缩小自己的推荐范围，以保证推荐产品的准确性。例如，客户明确地表达了自己喜欢粉红色的外套，那么客服在向客户推荐时就要推荐粉红色的外套，即便店铺里黑色外套是最畅销的产品，也不要再向客户推荐店铺的畅销品、主打商品等，而是要以客户的实际喜好作为推荐首选。

其次，年龄是制约客户选择的又一大因素之一，客服需要掌握客户的实际年龄范围再对其进行商品的推荐，使得推荐的商品与客户的实际年龄是相符的。例如，一个20岁的小姑娘中意一件适合40岁女士穿着的外套，客服可不能因为客户的喜爱，就强烈地向客户诉说产品的优势，竭尽全力地说服客户购买。要知道如果客户收到货品，发现商品的样式老气、过时，不但要退货，你的店铺也将会得到投诉。因此，客服需要明确说明产品的适龄人群，并向客户推荐真正适合他们年龄的产品。

最后，身高体重也是客服在为客户挑选产品时应该考虑的因素。这主要反映在服装领域上。如一个体重80kg的女士中意一款适合50kg女士穿着的裙子，客服首先得意识到客户对产品的把握是不恰当的，其次要用礼貌而婉转的方式告诉客户她并不适合这一款。

除了以上所谈的客户的个性差异特点之外，客服在为客户推荐商品时还有很多方面需要因人而异。例如，客户对产品的心理接受价位、客户的购买惯性等都会影响他们对商品的选择，所以客服在向客户推荐商品时一定要了解客户的需求，有针对性地为客户提供产品与服务。

2. 关联商品的推荐

关联商品是指与主力产品搭配的商品。它能够突出主力产品的特点，促进主力产品的销售；同时也迎合了客户在购买商品过程中图快省事的消费倾向，为客户的重复消费提供了便利。关联销售是一种店铺的常规营销手段，客服在销售过程中要注重向客户进行关联商品的推荐。

（1）必需品的推荐

在客户购买了主力产品后，客服要对这件产品进行长远性的分析，为主力产品搭配一些"以后肯定用得着"的商品，加深客户对主力产品必需品的搭配购买意识。一般来说，这类买家不会一次性购买多件关联商品，但如果有引起他们兴趣的东西，他们会放入购物车或者收藏夹中。观察一段时间之后，下次消费时说不定就成为主要购买产品了。发生关联购买的主要动机在于客户正好看中商品，又觉得有必要购买。例如，客户购买了一台打印机，那么墨水盒和打印纸就成为打印机的必需关联商品。

（2）省邮费的搭配

电子商务的发展给了快递公司新的生命力，通过快递运输的方式传送商品，是电子商务的一大特色所在，那么这期间必然会涉及一个购物额外费用——运输费用。很多店铺都会以"满×××包邮"为销售方案，鼓励客户尽可能多地购买商品。例如，客户在购买咖啡时，咖啡本身标价50元，可邮费就得收取12元，客户肯定会觉得不划算。可如果有客服的关联销售，让客户看到实用的过滤壶、漂亮的咖啡杯、增加咖啡口感的糖粉等商品，而购买这些商品刚好可以满足店铺的包邮条件，很多客户都会因此而动心的。

（3）互补型的推荐

关联营销对买家来说可以实现功能互补，如鞋子和配饰可以弥补衣服的单调，增添亮点。类似这样的互补型产品，客服就可以联系起来进行关联营销，从而更好地促进主力产品的销售。

总之，客服进行关联产品推荐时，不要想着简单地将自己想要销售的商品原封不动地灌输给客户，而是要根据不同的商品对客户进行有目的性、有针对性的推荐。

3.4.2 对产品的搭配

产品的单一出售早已不能满足店铺对客服工作能力的要求了，走下历史的舞台便成为了必然。客服人员对产品的了解从停留在单一产品的认识转变为对某一系列商品的认识，而这种能力直接运用在客服工作中，就表现为为客户合理地进行搭配，我们称为产品的搭配。产品的搭配有很多技巧，下面以色彩搭配、风格搭配和功效搭配为例进行讲解，但要记住的是，对产品的深入了解是搭配产品的前提和基础。

1. 色彩搭配

在五颜六色的现实世界中，我们所出售的产品都离不开这些绚丽多彩的颜色，所以客服要善于根据产品的颜色为客户进行搭配，让产品看起来更加和谐、自然。从专业角度来讲，每一种色彩都具有3个基本属性，即色相、明度和纯度。色相是每种色彩的相貌特征，是区分颜色的主要依据；明度是指颜色的深浅和明暗程度；纯度是指色彩的鲜艳程度。对客服而言，不需要从专业的角度了解色彩的概念，一般以肉眼所见的色彩深浅进行划分即可。下面以女装为例，将色彩的搭配分为浅色系搭配和暗色系搭配两类进行讲解。

（1）浅色系搭配

白色、锡白色、鹅黄色、淡粉色、果绿色、粉绿色、淡蓝色、淡紫色等为浅色系的代表颜色，往往给人一种清爽、活泼的感觉。客服要根据产品的颜色来搭配，如白色的外套，内搭的服饰最好是鲜艳的浅色系，这样才能使色彩更为和谐，不会让人觉得别扭。浅色系的搭配是减龄的必备。图3-23所示为浅色系搭配。

（2）深色系搭配

常见的深色系色彩主要有黑色、灰色等暗系色彩，厚重而神秘。深色系的搭配显得十分稳重，耐穿性、耐看性极强，十足百搭，如图3-24所示。客服在对深色系产品进行搭配时，往往要结合客户的风格而定。

图3-23 ｜ 浅色系搭配　　　　　图3-24 ｜ 深色系搭配

很多时候，客服会遇到一些客户因为不知道如何搭配产品的色彩，于是放弃了购买的情况，这时客服需要用自己掌握的色彩搭配技巧来说服客户。例如：

> 这顶粉色的帽子可真好看，可也太难搭配了吧，看来只得放弃了！

> 别呀，亲，一见钟情的帽子可很难再遇到了。这顶粉色的帽子我们卖得可好了，能搭配的衣服颜色也挺多的。

> 那应该怎么搭配呢？

> 这款粉色属于浅色系，您着装的整体风格趋于白色和粉色之间就可以了。为您提供几组我们店内模特的搭配，非常显年轻的。

> 原来可以根据颜色这样进行搭配呀，真好看！谢谢你，我这就下单！

对色彩搭配的掌握是客服销售很重要的环节，客服可以根据客户的需求进行搭配，让产品显得更加协调、美观。

2. 风格搭配

客服不仅要意识到色彩在搭配中的重要性，还要注意对产品的风格进行定位。将产品进行必要的定位后，再用与其风格相似的配搭物对该产品进行搭配，这就是我们所说的风格搭配。就女装风格而言有很多，如韩版风格、英伦风格、复古风格、可爱风格等都是常见的搭配风格。

（1）韩版风格

韩版风格的搭配会给人一种休闲、随性范儿。客服首先要了解韩版服饰大多是比较宽松、休闲的样式，适合身材中等的客户。图3-25所示的韩版风衣，增添了显瘦韩范感觉。

图3-25 韩版风格搭配

（2）复古风格

复古风格的搭配给人一种远离都市的喧嚣，畅享森林气息，大气而休闲的感觉。复古风格的服饰颜色较为暗淡，偏土地色系，版式也较大、较长。搭配起来并不难，如选一件高领宽松毛衣搭配背带连衣裙，一下就可以打造出复古气质造型，宽松显瘦，重拾记忆里的恬淡，如图3-26所示。

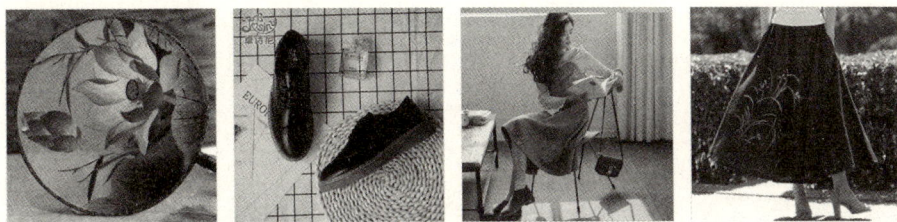

图3-26｜复古风格搭配

（3）可爱风格

可爱风格的搭配适合可爱的小女生，一般可采取6种搭配风格：①背带裤搭配白色T恤、白色衬衣和纯色的板鞋；②短袖上衣搭配小短裙，再配上高跟鞋或凉鞋；③可爱字母短袖搭配牛仔裤和板鞋；④格子衬衫搭配格子裙和相同色系的鞋子；⑤A字连衣裙，稍微有点蓬蓬的，有种公主的可爱感觉。图3-27所示为一些常见的可爱风格的服装。

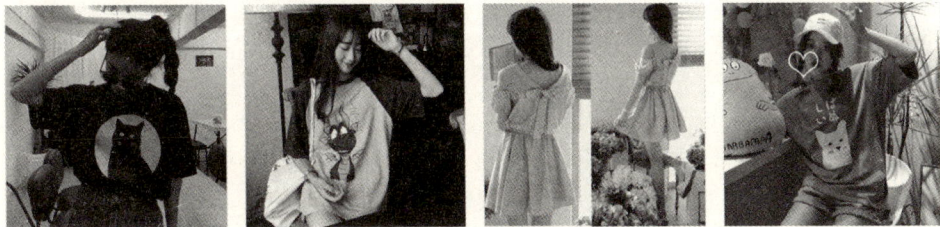

图3-27｜可爱风格搭配

（4）英伦风格

英伦风格的搭配很适合身材高挑、纤瘦的女孩。英伦风很酷，皮衣、皮裤、皮靴、皮包是必不可少的搭配；以黑白色系为主，给人一种简约感。图3-28所示的中长款毛呢外套搭配做旧牛仔长裤，完美诠释了宽松有型的欧美简约理念。

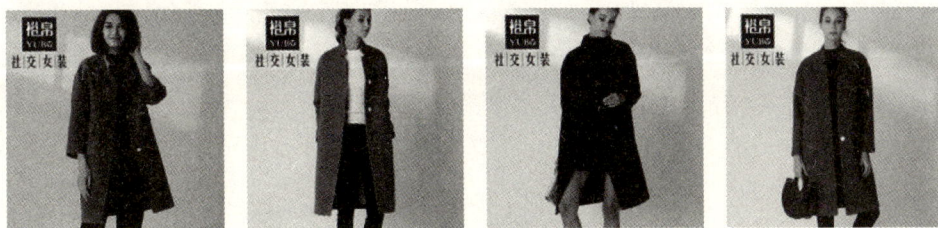

图3-28｜英伦风格搭配

客服在向客户推荐或搭配商品时，一定要明白客户的风格喜好是什么。如果客户喜欢英伦风，客服却不断推荐可爱风格的衣服，这会让客户退而却步。

3. 功效搭配

功效搭配主要是指客服在了解自己产品的同时，要对"如何让产品的作用发挥得更好"这一问题进行探究，搭配辅助性的产品，让主要产品的功效发挥得更快、更好。这就要求客服熟悉每一个商品的功效以及组合起来的功效发挥程度，结合产品的功效与特点搭配产品，吸引客户购买。为了达到最好的使用效果，客户自然愿意购买一点辅助产品促进使用效果的实现。功能搭配主要体现在化妆品领域和药品行业，图3-29所示为一款药妆产品的功效搭配。

图3-29 | 产品的功效搭配

3.5 价格优惠体验

客户在购买商品时，和客服讨论最多的就是商品的价格问题，如"能不能再便宜一点啊？""能不能抹零啊？""能不能重复使用优惠券啊？"……诸如此类的问题，残忍拒绝客户的要求可能会让买卖双方的关系变得有些尴尬。那么客服应该怎样做才能既保证自己的利益又不至于让客户尴尬呢？有3种对策可用来应对客户的讨价还价，分别是让客户享受抹零体验、优惠券使用体验以及赠品体验。

3.5.1 抹零体验

价格抹零是指针对客户的消费金额可能精确到了"角""分"的单位时，为了方便客户付款，抹去小额的零头费用的行为。客服在决定是否对客户的购买价格抹零时一定要视情况而定。首先客服要保证店铺有一定的利润空间，如果商品已经在做促销活动或亏本处理，原则上不建议进行价格抹零；如果商品的利润空间较大，而客户需要抹零的金额在0.5~1元，则可以答应客户的要求，让客户感受到客服处理问题的灵活性。例如：

> 我这个订单总价 200.12，但支付宝余额不足，需要往里面存钱，你看可以把 0.12 的零头去了吗？方便我待会儿存钱。

> 亲，原则上我们可是不能抹零的，但考虑到您存取钱的方便性，我们可以为您抹零。
> 欢迎您一直光顾小店。

> 好的，谢谢啦！

专家指导

有时候几毛几分钱的零头的确给客户的支付带来一定的困扰，不妨让一些利给客户，客户也会因此而感动的。

3.5.2 优惠券使用体验

店铺优惠券是由卖家设置的一种全店通用的优惠券，买家领取优惠券后可用于购买全店商品，并抵扣现金。优惠券可抵用的金额由卖家设置，最低3元，最高100元。有多种面额，如3元、5元、10元、15元、20元、30元、40元、50元、60元、80元和100元等。如图3-30所示为某网店的优惠券，优惠券的使用需要符合一定的消费条件。

先领券 更优惠

RMB **20** 满199使用 点击领取

RMB **50** 满399使用 点击领取

RMB **100** 满599使用 点击领取

图3-30 | 店铺优惠券

客服经常会遇到希望给予优惠的客户，此时即可用店铺优惠券的形式吸引客户。店铺优惠券的好处是，不会因为拒绝客户要求而让客户感到不舒服，并且还能让客户按照优惠券的使用条件，尽可能多地在店铺进行购买。但买家在使用优惠券的过程中，可能会产生以下疑虑，客服人员可参考下面的回复方式进行回答。

> 我的优惠券为什么使用不了呢？

> 亲，店铺优惠券只能在发放该券的卖家店铺使用，使用前需查看有效期和使用条件，否则是无法使用的哦！

> 为什么我购买了多个宝贝，满了 399 元，还是没有优惠 30 元呢？

> 亲，您需要先领取优惠券，并且购买多个宝贝时需要同时加入购物车进行一笔订单的购买，因为系统默认判断的是一笔订单的金额是否符合优惠券的使用规则哦。

> 商品优惠券、满减和店铺优惠券是否可以同时使用？

> 搭配套餐或单品宝，它们是单品优惠级别。若您买的是搭配套餐，则先算搭配，再算优惠券，最后算满减。至于优惠券，单品优惠券和店铺优惠券不可以同时使用，且一个订单只能使用一个单品优惠券哦。

3.5.3 赠品体验

用礼品缓解客户议价的尴尬不失为让客户享受价格优惠体验的好办法之一。网店经营过程中，礼品的准备是必不可少的。礼品的数量少、价格实惠，是在议价环节最好用的挡箭牌。客服在承诺赠送礼品时，要尽量保持神秘感，增加客户的好奇心和对礼品的期待值。如果客户知晓了你准备的礼品是什么，且对于客户来说这些礼品可能对他没什么作用，就很有可能发生客户直接拒绝你的礼品，要你直接降价的情况，这也让人比较为难。例如：

> 亲，这件外套就再便宜一点吧，我常来你们家购买东西呢。你要不便宜一点，我以后可不来啦！

> 亲，您也知道我们店的商品都是薄利多销的，价格上再优惠可真的很为难呢。您看我们为您准备几份小礼品怎么样呢？礼品可是很超值的。

> 那你们送什么呢？

> 嘻嘻，这是个秘密哟，您收到之后一定会喜欢的。

3.6 商品支付体验

客户选购完商品就进入了下单付款环节。对很多新手而言，网上付款可是一件令人头疼的事。为此就需要客服认真学习、掌握拍单付款环节的知识，为客户排忧解难。

3.6.1 确定客户信息

客户在拍下产品后，客服要及时与客户在阿里旺旺上取得联系，亲自向客户核实订单信息和收货信息，尽可能避免售后产生不必要的麻烦和纠纷。

在客户拍下了订单之后，客服可以通过淘宝后台查看客户的订单信息，并第一时间向客户确认订单的相关信息，包括商品的颜色、数量，以及订单的发货时间和发货途径等。

客户的收货地址、姓名、电话是客服核实信息的重中之重，要第一时间与客户进行核实。如果有客户写错地址，需要修改收货地址的情况，客服需要做好备忘，避免在售后环节出错。除此之外，客服还需要关注客户的个性化留言，有效避免错发、漏发等情况。例如：

> 亲，×××××××（客户填写的收货地址、收货人以及收货人联系方式），是您准确的订单信息，对吧？

> 哎呀，我把收货地址填错了！

> 那您给我一个正确的收货地址吧，我在订单里帮您备注就可以了。

3.6.2 通过支付宝付款

支付宝是由阿里巴巴集团创办的第三方网上支付平台，对于网上购物付款十分便捷，并且兼具存储、转账等银行卡功能，是网上购物的首选支付方式。

客户在确认订单信息后，单击 提交订单 按钮，系统会自动弹出支付宝付款页面。在"密码"文本框中输入支付宝密码，单击 确认付款 按钮后，此次付款就完成了。但如果客户的支付宝里面没有钱，就需要通过银行转账的方式把钱先转到支付宝中，方便完成付款。

支付宝付款也叫余额支付，使用余额支付订单时，一定要保证支付宝中的余额足够本次交易的金额。下面对开通的支付宝账户进行充值，充值成功后再进行支付，其具体操作如下。

STEP 01 进入"我的淘宝"网页后，将鼠标指针移至"我的支付宝"超链接上，然后在打开的列表中单击"充值"超链接，如图3-31所示。

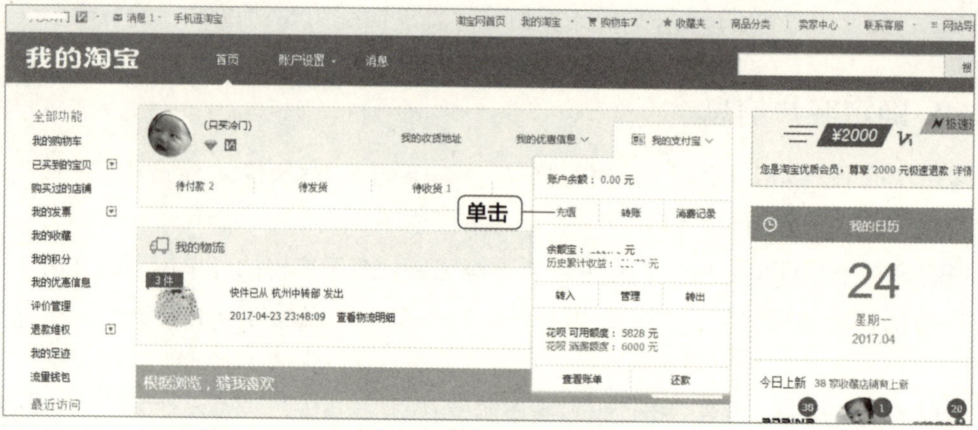

图3-31 | 单击"充值"超链接

STEP 02 在打开的"支付宝-充值"网页中可看到两种充值方式：一是充值到余额宝；二是充值到余额。这里选中"充值到余额"单选按钮，在下方的"储蓄卡"选项卡中默认选择注册账号时绑定的银行卡，确认无误后单击 下一步 按钮。若单击"选择其他"超链接，可以选择其他银行卡进行充值。这里选择绑定的银行卡进行充值，如图3-32所示。

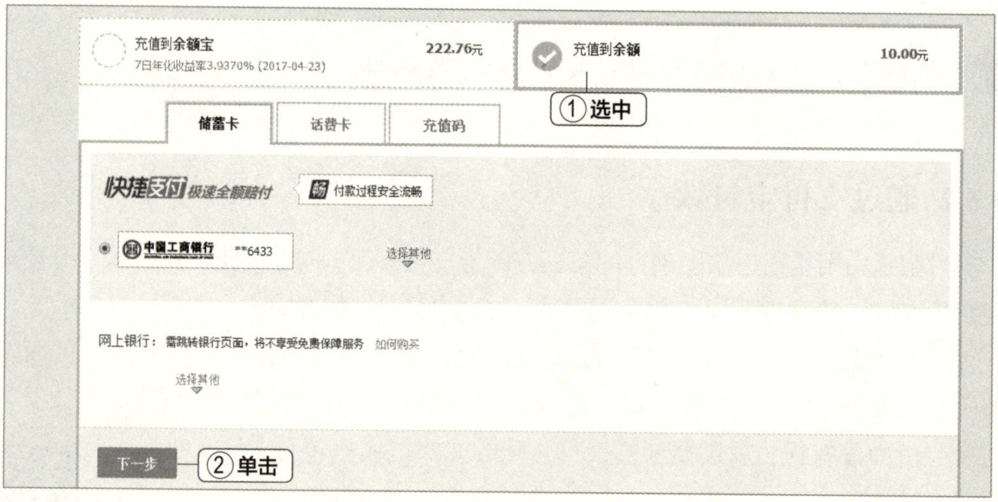

图3-32 | 充值到余额

专家指导

　　余额宝是支付宝提供的一种余额理财服务。买家把钱转入余额宝，即购买了由天弘基金提供的天弘余额宝货币市场基金，可以获得一定的收益。余额宝内的资金还能随时用于网购支付，灵活提取。余额宝付款的方法与余额付款类似，后面不再介绍。

STEP 03 在打开的网页中输入充值金额和支付宝支付密码，然后单击 确认充值 按钮，如图3-33所示。

图3-33｜输入充值金额和支付宝支付密码

STEP 04 稍后弹出图3-34所示的网页，提示已充值成功。

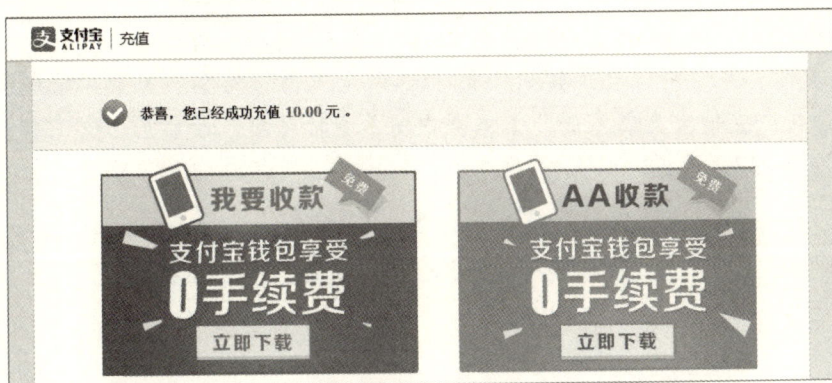

图3-34｜充值成功

STEP 05 返回淘宝网，从中选择好商品后，单击 立即购买 按钮，如图3-35所示。

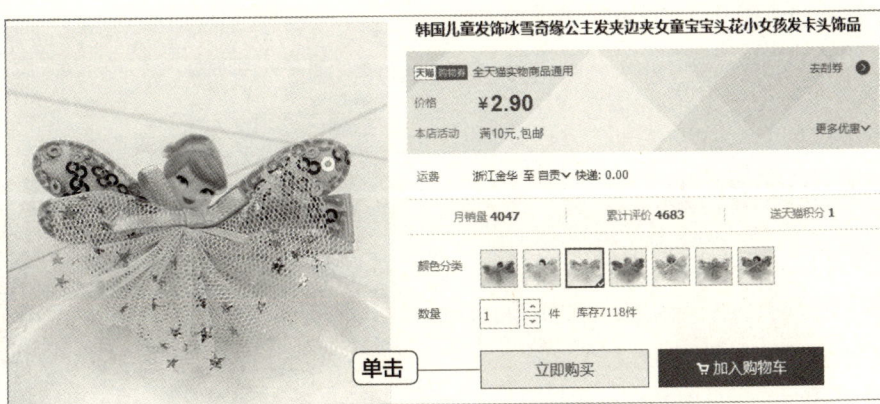

图3-35｜选择要购买的商品

STEP 06 在打开的"淘宝支付方式"网页中核对订单信息，确认无误后单击 提交订单 按钮，如图3-36所示。

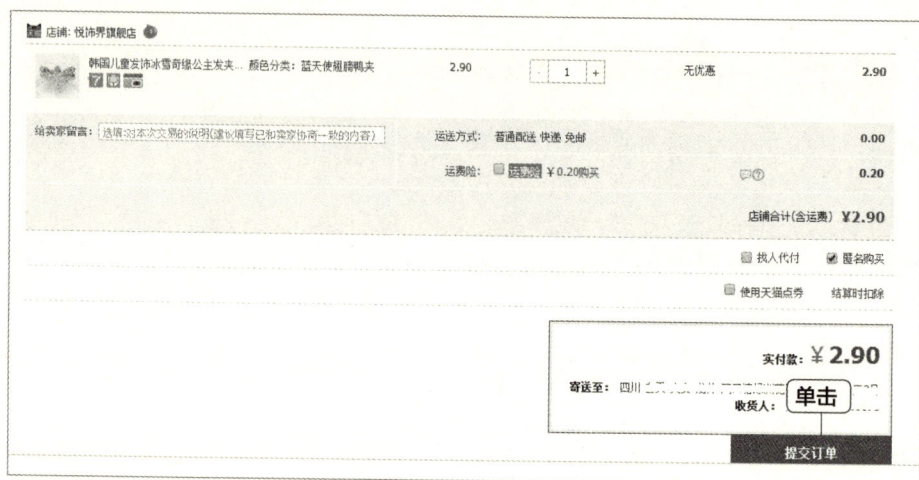

图3-36｜提交订单

STEP 07 此时，系统将自动跳转到"支付宝-网上支付"网页。选中"账户余额"单选按钮，然后在"支付宝支付密码"文本框中输入支付密码，最后单击 确认付款 按钮，则付款完成，如图3-37所示。

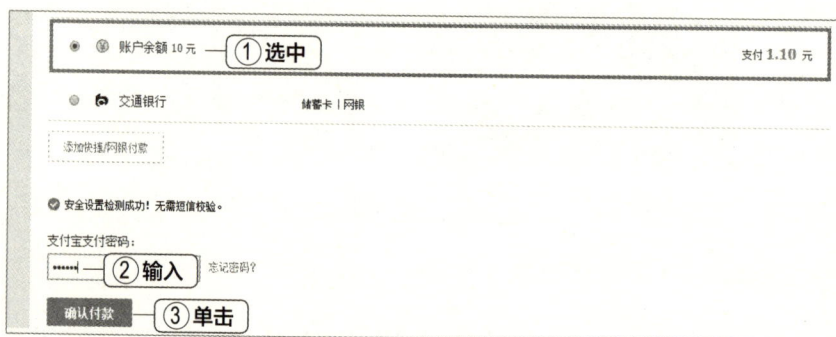

图3-37｜确认付款

3.6.3 通过网银付款

在淘宝网上，通过网银支付订单的操作要相对复杂一些。尤其是第一次使用网银支付时，还需要绑定支付的网银账号，其具体操作如下。

STEP 01 按照相同的方法提交订单后，在"支付宝-网上支付"网页中单击 添加快捷/网银付款 按钮，如图3-38所示。

通过网银付款

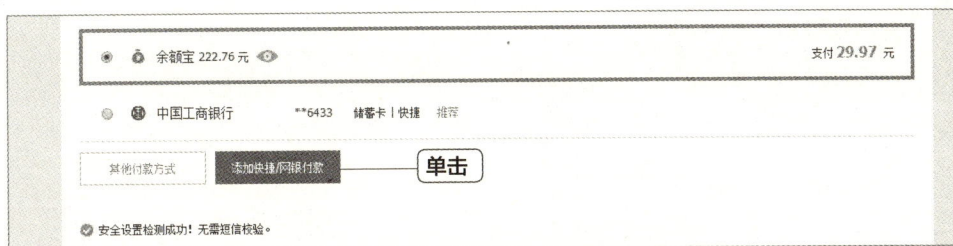

图3-38│单击"添加快捷/网银付款"按钮

STEP 02 在打开的提示对话框中输入已开通网上银行的银行卡卡号,然后单击 下一步 按钮,如图3-39所示。

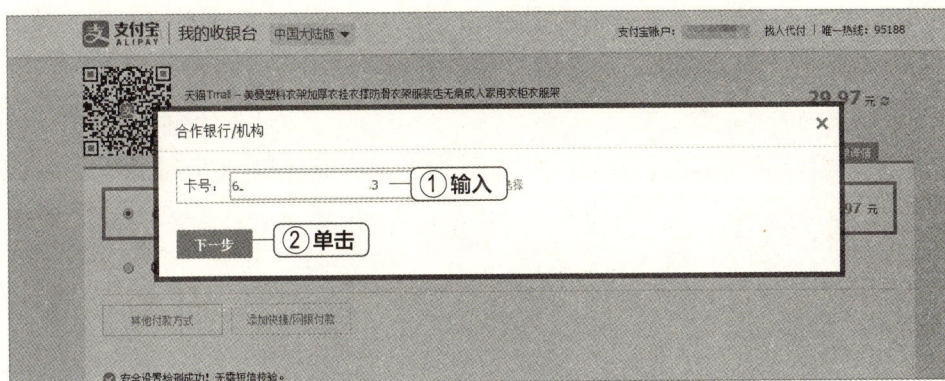

图3-39│输入已开通网上银行的银行卡卡号

STEP 03 在打开的提示对话框中选中"网上银行(需开通网银)"单选按钮,然后单击 下一步 按钮,如图3-40所示。

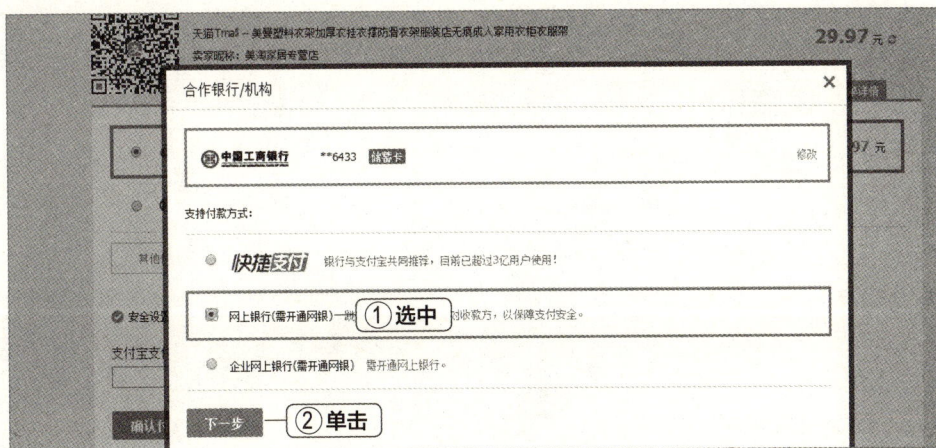

图3-40│选择网上银行

STEP 04 在打开的提示对话框中单击 登录到网上银行付款 按钮,如图3-41所示。

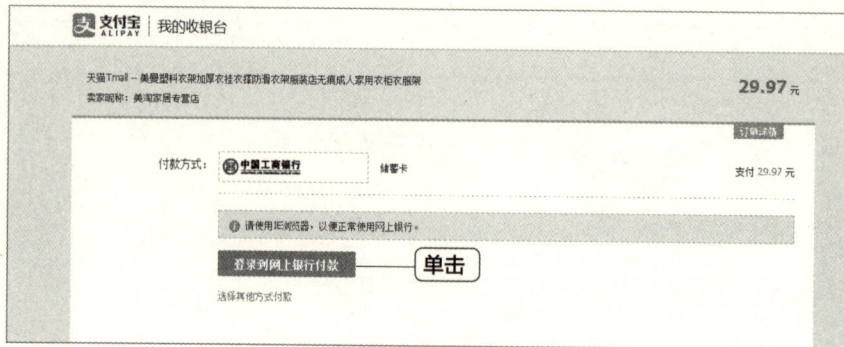

图3-41｜登录网上银行付款

STEP 05 此时，在IE浏览器中将自动显示工商银行的网银支付页面，在其中输入开户时预留的手机号码和卡（账）号后6位后，单击 下一步 按钮，如图3-42所示。

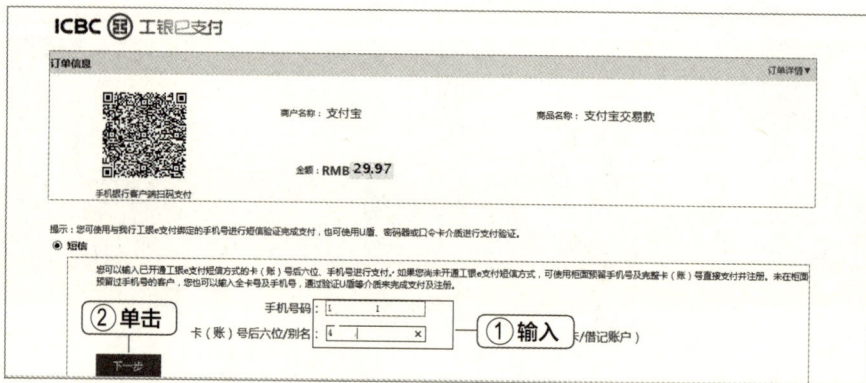

图3-42｜输入开户时预留的手机号码和卡（账）号后6位

STEP 06 在打开的网页中再次核对订单信息和支付信息，确认无误后在"短信验证码"文本框中输入手机上接收的短信验证码，在"验证码"文本框中输入右侧显示的验证码，然后单击 提交 按钮，即可成功支付订单，如图3-43所示。

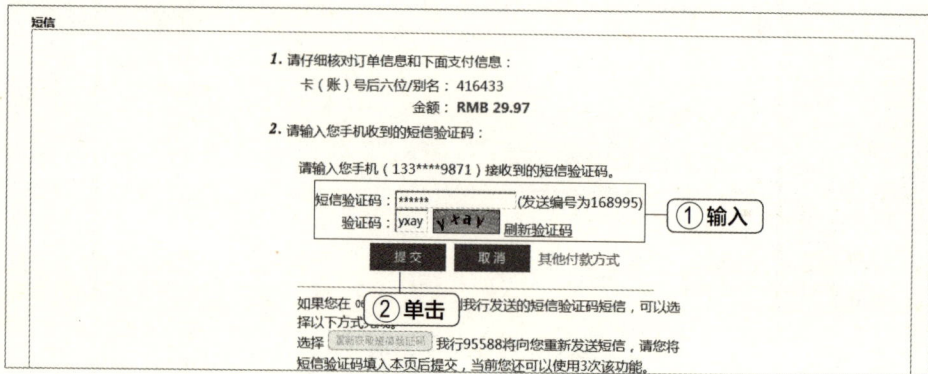

图3-43｜输入验证信息支付订单

专家指导

通过网银支付订单时，一定要注意支付环境的安全性。首先，用来申请网上银行的计算机所安装的浏览器必须达到128位加密，如果没达到要求，请及时升级浏览器。其次，首次进行网银支付时，会自动跳转至相关银行的网银支付页面，在该页面中系统会提示用户安装证书，此时用户一定要按照提示正确安装证书，否则很可能会出现支付失败的现象。

3.6.4 通过快捷支付付款

快捷支付是一种安全、轻松的付款方式，只需关联相应的银行卡，无需网银，付款时输入支付宝支付密码即可轻松完成付款。快捷支付是使用频率最高的一种支付方式，但要买家开通该功能才能使用。下面介绍快捷支付的开通方法，然后再介绍使用快捷支付方式支付订单的步骤，其具体操作如下。

通过快捷支付付款

STEP 01 在"我的淘宝"网页中单击"我的支付宝"超链接，进入"我的支付宝"网页，在右侧"其他账户"栏中单击"银行卡"对应的"管理"超链接，如图3-44所示。

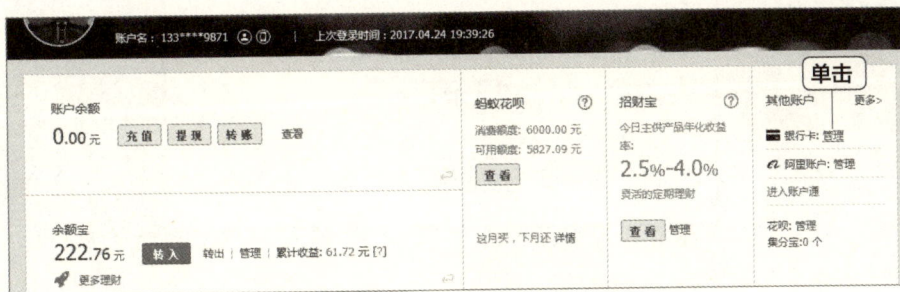

图3-44｜单击"管理"超链接

STEP 02 在打开的网页中单击"添加银行卡"按钮➕，如图3-45所示。

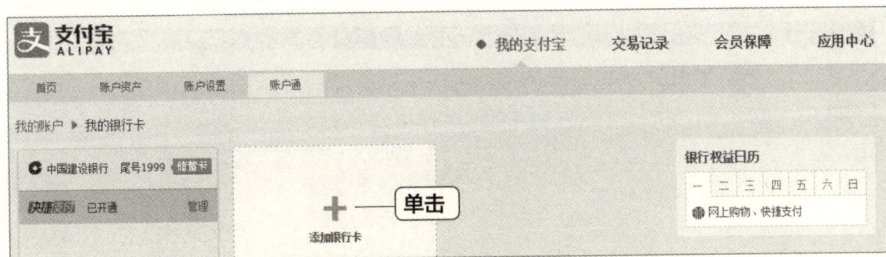

图3-45｜单击"添加银行卡"按钮

STEP 03 打开"添加银行卡"页面，分别输入想要绑定的银行卡卡号和在开卡时预留的手机号码，然后单击 同意协议并确定 按钮，如图3-46所示。

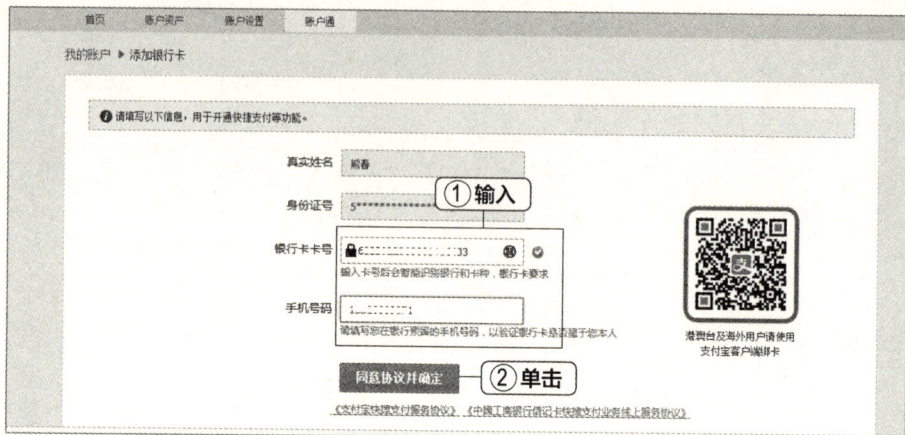

图3-46｜输入绑定的银行卡卡号和手机号码

STEP 04 在打开的提示对话框中输入手机上收到的校验码，然后单击 确认 按钮，如图3-47所示。

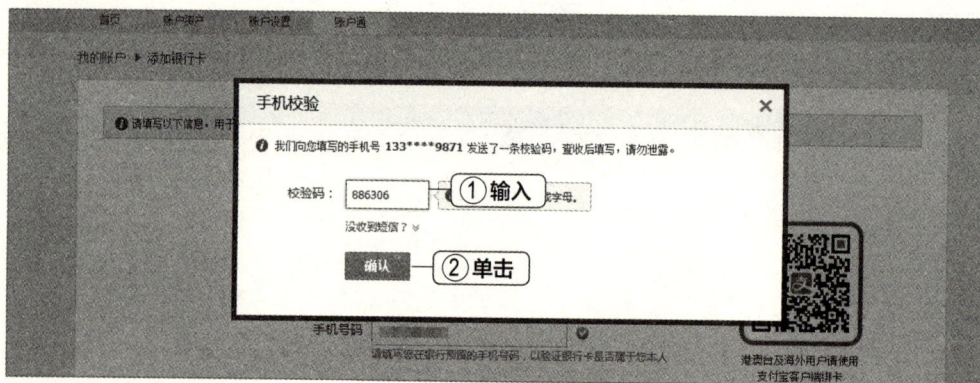

图3-47｜手机校验

STEP 05 稍后弹出图3-48所示的网页，提示银行卡添加成功，已开通快捷支付。

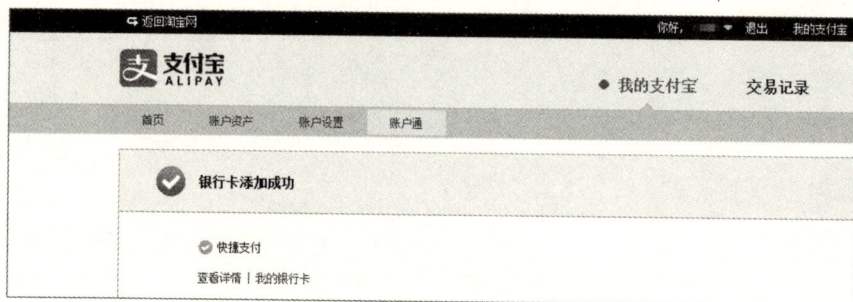

图3-48｜成功开通快捷支付

STEP 06 单击网页左上角的"返回淘宝网"超链接，然后在淘宝网中选好商品后提交订单。此时，在支付页面中将显示快捷支付方式，只需在输入支付宝支付密码后单击 确认付款 按钮（见图3-49），稍后就会显示付款成功信息。

图3-49｜通过快捷支付方式付款

3.6.5 余额宝支付

余额宝支付订单的方式与余额支付十分相似，首先都要对账户进行充值，然后才能支付。对于余额宝的充值方法就不再赘述，可参考余额充值来操作。余额宝支付订单的方法很简单，在淘宝网中选好所购商品，并提交订单后，在打开的"支付宝-网上支付"网页中选中"余额宝"单选按钮，然后输入支付宝支付密码，最后单击 确认付款 按钮，即可成功付款，如图3-50所示。

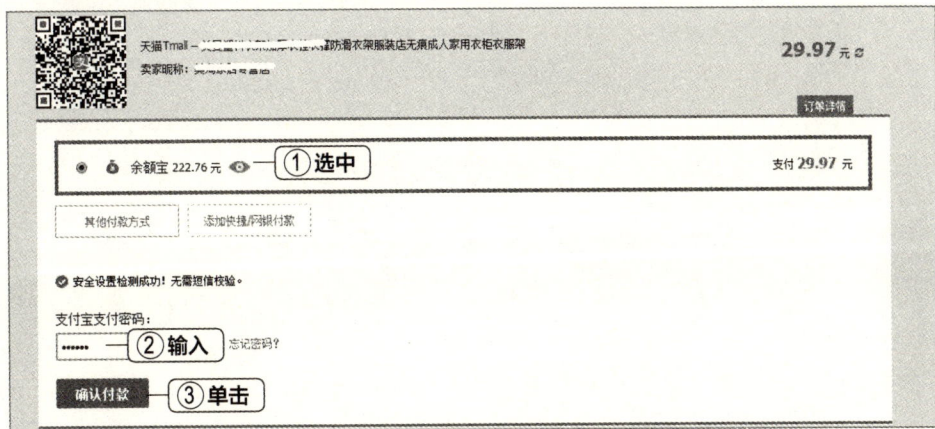

图3-50｜余额宝支付

3.6.6 花呗分期购

花呗是蚂蚁金服推出的一款消费信贷产品，为用户提供了一种全新的网购模式——先消费，后付款。蚂蚁花呗根据买家的网购综合情况，提供500~50000元不等的消费额度。用户在消费时可以预支信用额度，本月买，确认收货后的次月9日或10日再还款。花呗分期则是由蚂蚁花呗联合天猫、淘宝卖家共同推出的一种赊购服务，买家可以选购支持花呗分期的商品，选择分期期数，在确认收货后的账单日形成当期账单，在还款日前进行还款即可。图3-51所示为一款可以使用花呗分期购的产品。

图3-51 | 花呗分期购

使用花呗分期需要有一定的前提条件，主要包括以下3点。

- 卖家支持分期。
- 买家拥有分期资质。
- 商品支持分期且单件最终售价不小于600元。

花呗分期的操作方法很简单，只需选择分期的时间，然后单击 分期购买 按钮，在打开的页面中核对订单信息无误后，单击 提交分期订单 按钮即可。

专家指导

分期购是需要一定条件的，不是所有的用户都能体验分期购服务。如果无法进行分期购操作，很有可能便是用户没有分期购的资格。此时，可以先登录淘宝账户，然后在宝贝详细页面中查看自己是否有分期购的资格。

本章小结

本章对电子商务客服行业的售前体验，包括售前流程、服务态度体验、客服专业性体验、合理选择体验、价格优惠体验以及商品支付体验等知识进行了介绍，现将本章的重点内容总结如下。

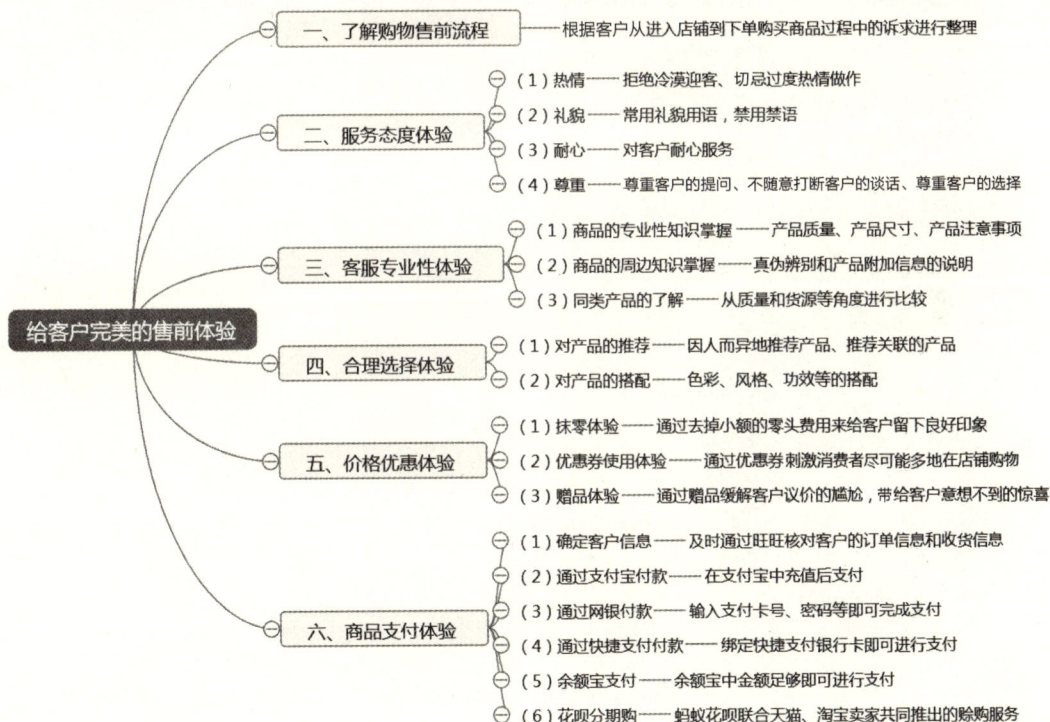

给客户完美的售前体验

- **一、了解购物售前流程** —— 根据客户从进入店铺到下单购买商品过程中的诉求进行整理

- **二、服务态度体验**
  - （1）热情 —— 拒绝冷漠迎客、切忌过度热情做作
  - （2）礼貌 —— 常用礼貌用语，禁用禁语
  - （3）耐心 —— 对客户耐心服务
  - （4）尊重 —— 尊重客户的提问、不随意打断客户的谈话、尊重客户的选择

- **三、客服专业性体验**
  - （1）商品的专业性知识掌握 —— 产品质量、产品尺寸、产品注意事项
  - （2）商品的周边知识掌握 —— 真伪辨别和产品附加信息的说明
  - （3）同类产品的了解 —— 从质量和货源等角度进行比较

- **四、合理选择体验**
  - （1）对产品的推荐 —— 因人而异地推荐产品、推荐关联的产品
  - （2）对产品的搭配 —— 色彩、风格、功效等的搭配

- **五、价格优惠体验**
  - （1）抹零体验 —— 通过去掉小额的零头费用来给客户留下良好印象
  - （2）优惠券使用体验 —— 通过优惠券刺激消费者尽可能多地在店铺购物
  - （3）赠品体验 —— 通过赠品缓解客户议价的尴尬，带给客户意想不到的惊喜

- **六、商品支付体验**
  - （1）确定客户信息 —— 及时通过旺旺核对客户的订单信息和收货信息
  - （2）通过支付宝付款 —— 在支付宝中充值后支付
  - （3）通过网银付款 —— 输入支付卡号、密码等即可完成支付
  - （4）通过快捷支付付款 —— 绑定快捷支付银行卡即可进行支付
  - （5）余额宝支付 —— 余额宝中金额足够即可进行支付
  - （6）花呗分期购 —— 蚂蚁花呗联合天猫、淘宝卖家共同推出的赊购服务

课后练习

（1）图3-52所示为客服推荐产品的案例，分析售前客服的用语是否妥当？应用了文中讲的哪些方法和技巧？

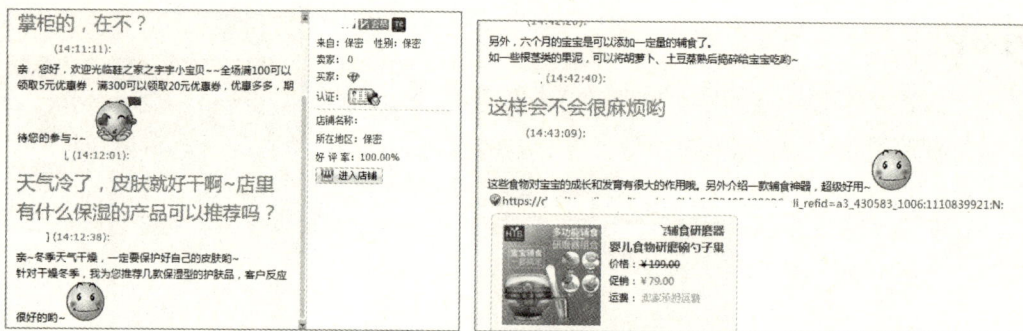

图3-52 | 客服推荐产品案例

（2）图3-53所示为一则客服与买家的对话，从对话中判断客服的处理方法是否恰当？若不恰当，其原因是什么？应该怎样改进？

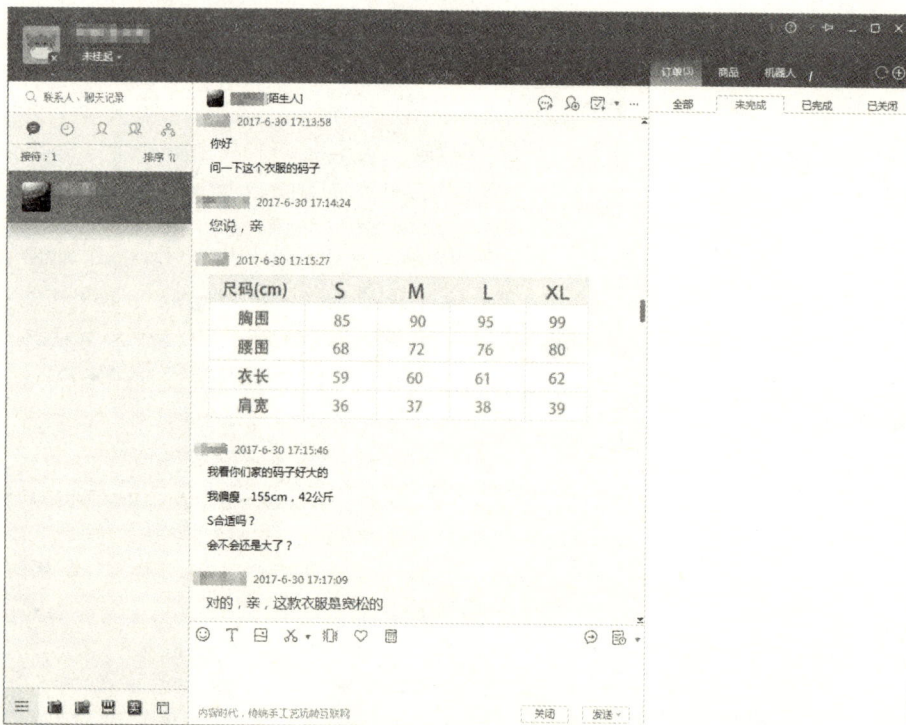

图3-53 | 客服与买家的对话

第4章

给客户满意的售中、售后体验

　　客服工作分为售前、售中和售后3个部分。在上一章我们学习了客服提供给客户完美的售前体验的工作流程，接下来就进入了客服提供给客户满意的售中、售后体验的工作环节。客服的售中、售后工作既是客服工作中的重点，也是难点，需要客服在不断的实践中积累更多的经验。

　　本章的内容立足于客户的售中、售后体验，从不同方面进行讲解。全面掌握客服的售中、售后工作流程，有助于客服留下客户的五星好评。

案例导入

案例一

小芸在一家书店买了3本辅导书，收到后发现有一本书的书脊处脱胶了，而且内页里还有一点墨迹。她马上找到这家书店的售后客服，并要求换货。客服听了小芸的要求后，先道歉安抚了小芸的情绪，并让她拍摄了有问题的那本书。看到照片与小芸描述的情况一致，客服人员再次致以歉意，并向小芸详细说明了换货流程和换货地址，并承诺承担换货的来回运费。小芸按照客服的指示提交了换货申请并将商品寄回卖家处，随后客服再次表示了歉意，并赠送小芸一张20元的优惠券和一本笔记本，同时向她保证重新寄回的辅导书质量没有问题。虽然小芸购物时收到的商品有瑕疵，但在书店售后客服的快速反应与真诚服务下，小芸对书店的印象还是十分认可的，最后还是给了一个好评。

案例二

小红在淘宝的一家卖衣服的店铺购买了一件毛衣。因为不急着穿，她也没有催促，直到10天后才收到。打开后发现毛衣有一点小瑕疵，线头比较多，但因不影响正常使用，小红并未联系卖家反馈商品情况，而是正常确认收货，并如实写出了评价"物流挺慢的，两周才收到，而且线头好多，就这样吧！"并给予了差评。看到小红给出的评价后，客服多次不分时间、场合地打电话，要求小红修改评价，但小红不同意。后来卖家恼羞成怒，在小红的评价下进行回复，污蔑小红是恶意差评师，并泄露了她的手机号码和姓名，导致小红之后无法正常购物，且影响了她的日常生活。小红对卖家进行了投诉并将卖家告上了法庭，卖家最终被扣分并赔偿小红。

买家在店铺购买商品并成功下单后，客服服务的工作重心就转向了售中和售后。在售中，客服人员一定要保证商品及时发货、做好商品的包装和检查，确保买家能够在第一时间收到商品；售后，还要及时跟踪物流，并且对买家反馈的问题和评价及时进行回应，避免引起中、差评或投诉。从上面的两则案例可以看出，客服和卖家的不同处理方式导致了不同的结果，这说明售中、售后服务是相当重要的。打包、发货、物流、投诉及维权处理、正常换货和退货、退款纠纷处理、售后维修和中差评处理等问题是客户售中、售后体验中的重要内容，本章将对这些知识进行详细介绍，帮助客服人员做好服务工作。

4.1 做好售中服务体验

从买家进店拍下产品开始，会出现多个订单节点，也就是我们常说的订单状态。订单状态分为等待买家付款、买家已付款、卖家已发货、交易成功4个环节，每一环节都需要客服去做相应的工作。而售中服务的内容主要是从买家已付款后开始的，主要包括订单确认及核实、装配商品并打包、发货并跟踪物流、提醒买家及时收货等4个方面。

4.1.1 订单确认及核实

买家在进店拍下商品并成功付款后，下一个环节就是等待卖家发货。在网店交易过程中，有不少订单是因为买家地址错误或是商品拍错，才导致退换货情况的发生。因此，在发货前与买家确认订单详情是非常重要的。

案例：小媛刚刚搞定了一名难缠的客户。这位客户想送朋友礼物，但又有诸多条件，实在难以应付。看着客户下单、付款，小媛心里松了好大一口气。随后，她便向同事吹嘘自己怎么应对、处理了客户的各种刁难，好不得意！然而没想到，一周后这位客户又找到了小媛，质问她：怎么还没收到产品就已经签收了？小媛这才再次找到订单和客户核对信息，发现原来客户这次填写的地址是其朋友的，而客户不小心写错了一位电话号码，导致快递人员将产品送给了别人。即便是这样，买家还是一个劲地责问小媛为什么工作不能做到位，与他及时核对订单信息。虽然这的确是由于买家不小心填错了信息导致的，但小媛一时疏忽，没有及时发现这个问题，双方都有责任。最后经过协商，双方各负一半的责任，小媛也因此被记过。

售中客服与买家确认订单信息的方法很简单，直接在千牛中与买家交流即可。若有需要修改的信息，可直接在千牛中进行操作。完成后再次进行确认，无误后即可进行后续的操作。下面以在千牛中与客户确认地址为例进行讲解，其具体操作如下。

订单确认及核实

STEP 01 买家付款后，在千牛右侧的"订单"选项卡中单击 地址 按钮，在打开的列表框中即可看到买家填写的地址。单击 发送地址 按钮，买家地址将自动添加到消息发送区域。按Enter键或单击 发送 按钮，即可发送给买家，如图4-1所示。

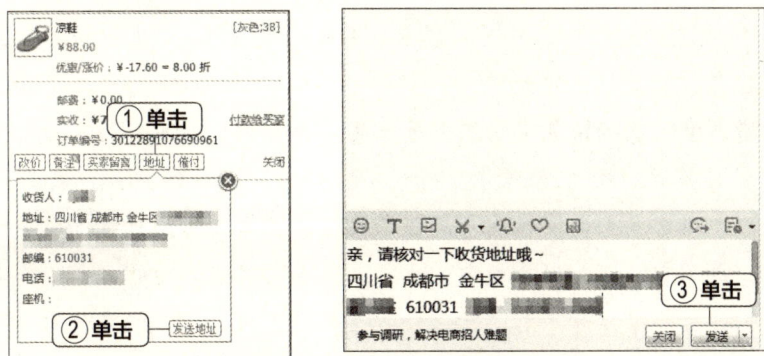

图4-1 | 发送买家订单信息

STEP 02 此时买家即可收到确认地址的消息。待买家回复无误后，即可准备发货，如

图4-2所示。

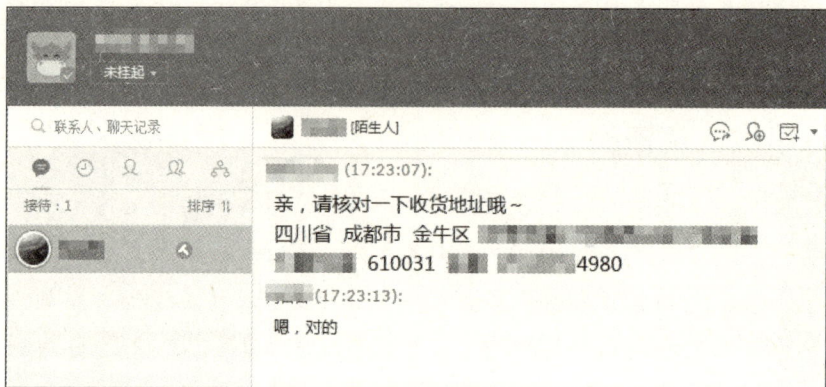

图4-2 | 买家确认

4.1.2 联系物流公司

快递是联系卖家和买家的纽带，淘宝开店离不开快递的支持，所以物流十分关键。物流的安全、速度的快慢是买家非常关注的问题，也是卖家要特别注意的问题。那么作为卖家如何选择适合自己的物流公司呢？

- **了解自己所在区域有哪些快递**｜一般来说，申通快递、顺丰速运、EMS（中国邮政）、圆通快递、宅急送、天天快递、中通速递、韵达快递等，都是淘宝的几家主流快递。

- **选择安全性高的快递**｜在商品运输环节，最让买卖双方为难的就是快递的掉件和损坏，所以网店在挑选物流公司时最好选择具有一定规模、网点分布较广的公司。这类快递公司发展较为完善，可以避免很多后顾之忧。

- **选择费用合理的快递**｜本着节约为本的原则，节约物流环节的支出费用。"三通一达"价格相差不大，价位中等；其次，EMS价格较高，顺丰价格最高。全峰、天天、优速等快递价格比较便宜。

- **选择发货速度较快的快递**｜在网上进行购物的客户，通常对物流的速度快慢非常在意。物流速度快，会非常容易赢得买家的好感，留住客户，将新客户培养成老客户；反之，则容易引起买家的不满甚至投诉。物流公司的时效体现在取件和配送两个方面。就目前来说，顺丰速度最快，大多采用航空运输的方式。其实，就航空运输货物的速度而言，顺丰和"三通一达"相差不大，但其价格较高，所以在买家不要求的情况下，淘宝发件最好不使用顺丰。

- **选择服务质量较好的快递**｜客户在购物的整个环节都应享受优质的服务，物流也不例外。所以，网店在选择物流公司时要偏向于对快递员工作监管较为完善的公司，选择具备服务行业精神、遵守服务行业准则的快递公司。质量好的快递服务，会给买家带来舒适的服务体验，从而增加买家对网店的好感度。

根据以上内容选择1~2家经常合作的快递公司，并根据买家的实际需要进行考虑。若买家处于较为偏远的地区或买家指定某一家快递公司，应在不损害买家利益的前提下与买家共同协商，确定最终发货的快递公司。

确认好快递公司后，客服人员即可致电通知快递公司前来取件，向快递人员说明取件的内容，包括产品名称、重量、是否容易破损、变质等，方便快递人员判断取货应该使用的工具、携带的面单数量、是否需要包装等。

同时，为了保证商品及时到达买家手中，对加急件应该明确告知快递人员，并在快件上加以备注。为了保证商品的安全，对贵重物品可以选择EMS，并进行保价，从而保障货主的利益。在选择其他快递服务时，要有购买保险的意识，同时需要了解理赔服务。此外，还可对物品进行保护性包装，在包装箱上标注"易碎""轻放"等字样，叮嘱快递公司注意保护等。

专家指导

保价是快递的一项增值服务，若快递丢失、损坏将得到保价范围内的赔偿；若没有保价，赔偿的费用较低，往往只赔偿几倍的快递费用。因此，贵重货品建议保价。

4.1.3 打包商品

商品打包是指将商品包装后交给取件的快递人员。打包的重点是商品包装。商品包装不仅方便物流运输，同时也是对商品在物流运输过程中的一种保护。商品包装一般需要根据实际情况而定，不同类型的商品，其包装要求也不一样。客服人员在打包商品时，要先了解商品打包的原则，并掌握常见的商品包装的材料和方法，以提高物流质量，增加买家的好感度。

1. 商品打包的原则

不易拆封、无损商品、礼貌提示是商品打包的基本原则，下面分别进行介绍。

（1）不易拆封原则

为了减少商品在运输过程中因碰撞、甩撞引起损毁的情况，商品的打包需要使用硬质、抗撕裂、抗戳穿的外包装，如纸箱、文件封、包装胶袋等。使用了这样的材质作为外包装之后，需要用胶带对其进行密封。在密封过程中，客服要将胶带缠于箱子的所有开口位置，这样能避免商品在运输途中落出箱外，也能预防一些素质较低的快递员私自拆封。商品的密封包装如图4-3所示。

图4-3 | 商品的密封包装

（2）无损商品原则

商品在运输过程中的损耗性极大，尤其是一些易碎商品，客服在对商品进行包装时就要预防商品在运输途中被损坏。客服需要学习内包装的包裹方法，在包装盒内放置一些具有缓冲效能的填充物，如珍珠棉、泡沫、纸卡等，让商品在包装盒内能够基本保持固定，如图4-4所示。

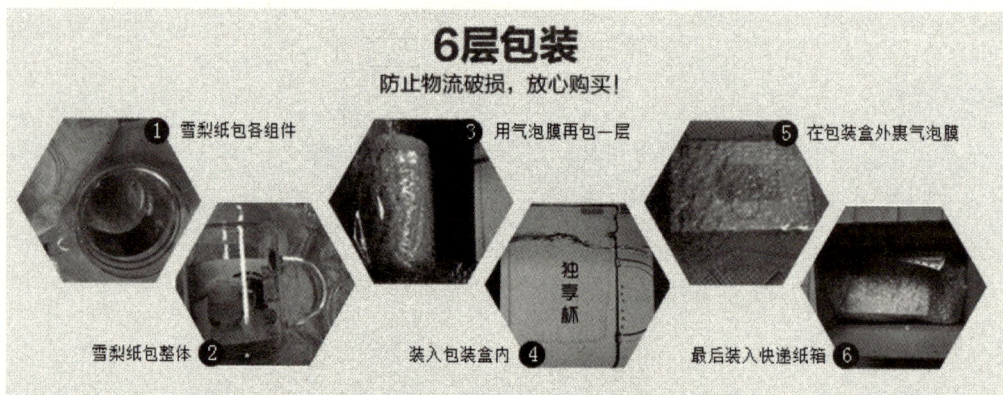

图4-4 | 商品的内包装

（3）礼貌提示原则

快递工作是一个环节紧接着下一个环节的，客服若是想对运输这件商品的所有快递员的工作进行追踪是不可能的，那么如何将网店的要求传递给他们呢？在外包装上贴上一些轻松、礼貌的温馨提示贴纸，如"加急""易碎品""辛苦您了"这些话语，不仅可以让快递员感受到网店的诚意，还能将网店的需要第一时间传递给负责商品运输的快递员，如图4-5所示。

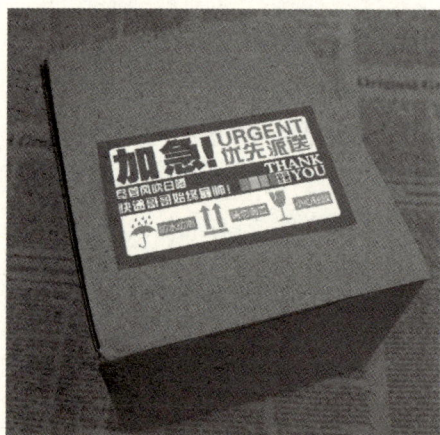

图4-5 | 礼貌提示

2. 包装的几种形式

商品包装是商品的一部分，反映着商品的综合品质。商品包装一般分为内包装、中层包装、外包装3个层次。

- **内包装** ｜ 内包装即直接包装商品的包装材料，主要有OPP自封袋、PE自封袋和热收缩膜等。一般商品厂家已经进行了商品的内包装，如图4-6所示。

图4-6 ｜ 内包装

- **中层包装** ｜ 中层包装通常指商品与外包装盒之间的填充材料，主要用于保护商品，防止运输过程中的商品损坏。报纸、纸板、气泡膜、珍珠棉、海绵等都可以用作中层包装。在选择中层包装材料时，可根据实际情况进行选择，灵活使用各种填充材料，如包装水果的网格棉。此外，珍珠棉和报纸等也可用于其他小件商品的包装或作为填充材料使用，如图4-7所示。

图4-7 ｜ 中层包装

- **外包装** ｜ 即商品最外层的包装，通常以包装袋、编织袋、复合气泡袋、包装盒、包装箱、包装纸等为主，如图4-8所示。

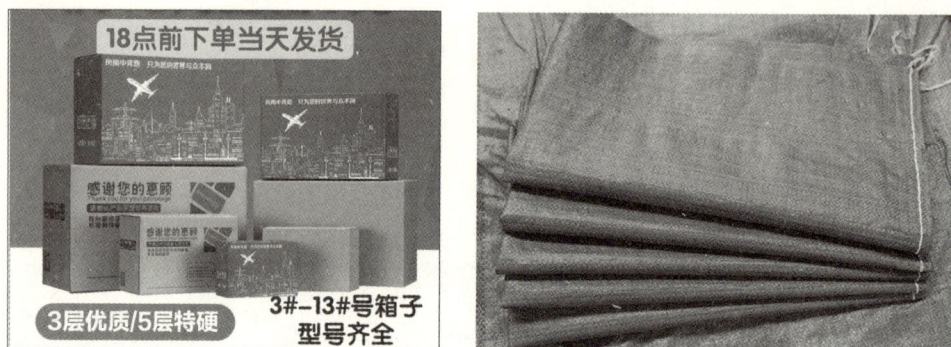

图4-8 | 外包装

专家指导

在包装商品时，有心的卖家可使用个性包装，或在包装箱上做一些贴心小提示。这样不仅可以迎合目标消费群，还可以提醒快递员注意寄送，并趁机宣传一下自己的店铺。

3. 不同类型商品的包装技巧

不同的商品，其包装方式也不相同，客服人员在包装时要根据具体的商品来选择对应的包装方式。下面列举一些常用类型的商品，对其包装技巧进行简单的介绍。

- **服饰类商品** | 服饰类的商品在包装时一般需要折叠，多用包装袋进行包装。为了防止商品起皱，可用一些小别针来固定服饰，或使用硬纸板来支撑；为了防水，还可在服饰外包装一层塑料膜，如图4-9所示。

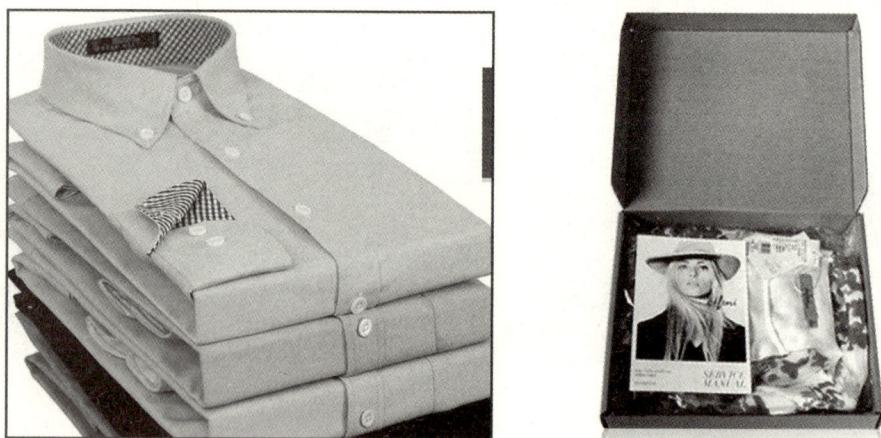

图4-9 | 服饰类商品的包装

- **首饰类商品** | 首饰类商品一般直接用大小合适的首饰盒进行包装；如果是易碎、易刮花的首饰，还可以使用一些保护材料对首饰单独进行包裹，如图4-10所示。

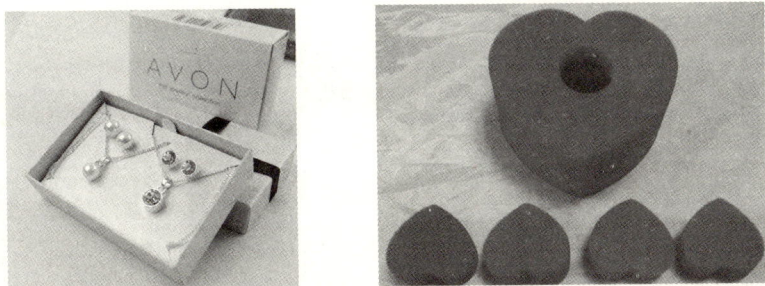

图4-10｜首饰类商品的包装

- **液体类商品**｜化妆品、酒水等液体类商品都属于易碎品，要注意防震和防漏，必须严格检查商品的包装质量。在包装这类商品时，可使用塑料袋或胶带封住瓶口以防止液体泄漏，用气泡膜包裹液体瓶子或在瓶子与外包装之间进行填充，如图4-11所示。

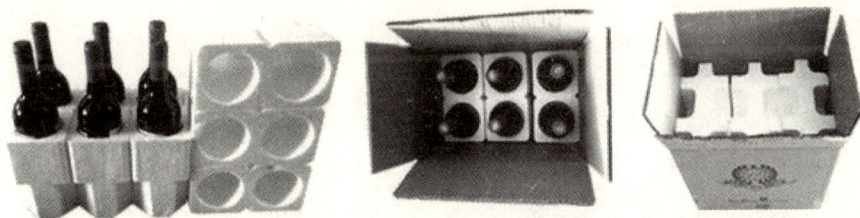

图4-11｜液体类商品的包装

- **数码类商品**｜数码产品一般价格比较昂贵，因此一定要注意包装安全。一般需要使用气泡膜、珍珠棉、海绵等对商品进行包裹，同时还需使用抗压性较好的包装盒进行包装，避免运输过程中被挤压损坏。建议对数码商品进行保价，并提醒买家验货后再确认签收，如图4-12所示。

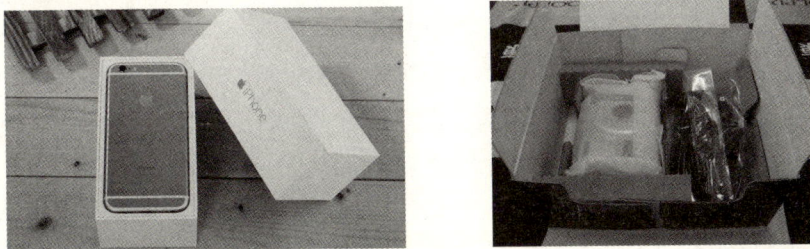

图4-12｜数码类商品的包装

- **食品类商品**｜食品类的包装必须注意包装材料的安全，即包装袋和包装盒必须清洁、干净、无毒。部分食品保质期较短，对温度的要求也较高，包装这类商品时要注意包装的密封性，也可抽真空后再进行包装。对这类食品在收到订单后应尽快发货，尽量减少物流时间，如图4-13所示。

图4-13｜食品类商品的包装

• **书籍类商品**｜书籍类商品的防震、防压性都比较好，主要需注意防水、防潮的处理。一般可使用包装袋或气泡袋进行封装，再使用牛皮纸或纸箱进行打包，如图4-14所示。

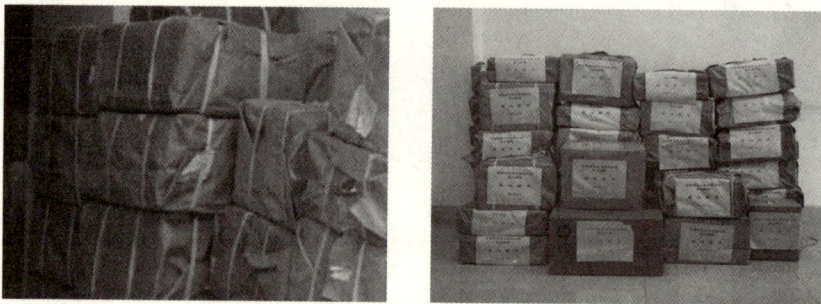

图4-14｜书籍类商品的包装

• **特殊商品的包装**｜对于某些特殊的商品，如海鲜、植物、肉类、水果、奶类产品及医药、化学等产品，需要为其保鲜。此外，这类产品对包装和运输的环境要求十分苛刻。这些产品一般会交予专业的快递人员进行包装，以保证产品的使用价值。一般情况下，会采用可保持产品于指定温度范围内的冷冻材料来进行包装。如果产品需冷藏于0℃～16℃，会使用啫喱状冷冻剂；若需冷冻产品，会使用干冰。同时，还会使用防漏塑料袋和塑料包装箱等重新加固，保证产品运输的安全。

4.1.4 及时发货并跟踪物流

联系好物流公司并打包好商品后，待快递人员取货成功，即意味着产品已进入物流运输阶段。此时客服人员要在淘宝后台中设置商品发货，告知买家商品已经正常发货。如果卖家迟迟不发货或延迟发货，将承担相应的损失。淘宝要求，买家付款后，卖家要在72小时内完成发货；特殊情况下，如"双十一"期间，卖家需要告知客户延时发货。否则，淘宝会认为卖家妨碍买家高效购物的权益，对卖家处以扣3分的处罚，并向买家赔偿商品实际交易金额的5%（最高不超过30元）。在淘宝网后台中设置发货的具体操作如下。

及时发货并跟踪物流

STEP 01 在"卖家中心"页面中单击"已卖出的宝贝"超链接，如图4-15所示。

图4-15 | 单击"已卖出的宝贝"超链接

STEP 02 在打开的"已卖出的宝贝"页面中，可查看所有的订单。在交易状态为"买家已付款"的订单中单击 发货 按钮，如图4-16所示。

图4-16 | 单击"发货"按钮

STEP 03 打开"发货"页面，确认收货信息及交易详情、发货/退货信息无误后，在"第三步 选择物流服务"栏中选择一种发货方式，这里选择"自己联系物流"选项卡，在上面输入运单号，并选择快递公司，然后单击 发货 按钮即可，如图4-17所示。

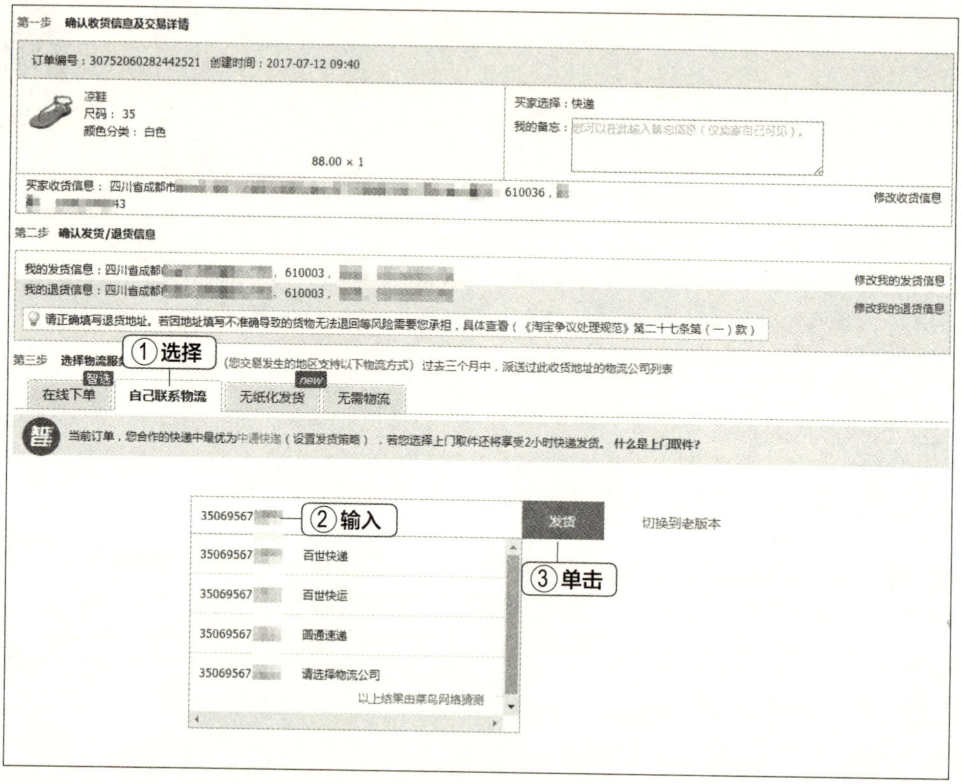

图4-17 | 选择物流公司并发货

STEP 04 此时将显示"恭喜您，操作成功"的信息，提示卖家已成功发货，如图4-18所示。

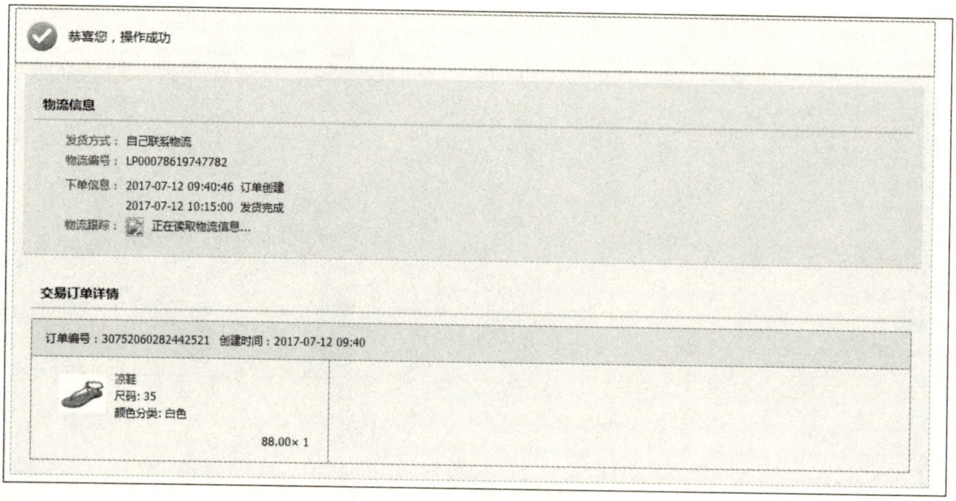

图4-18 | 发货成功

STEP 05 返回"已卖出的宝贝"页面，可以看到订单的交易状态已变为"卖家已发货"，如图4-19所示。

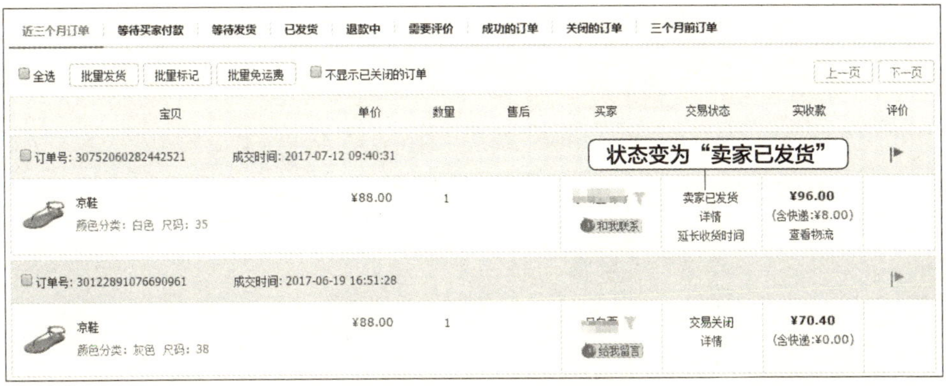

图4-19│状态发生改变

专家指导

淘宝提供了"在线下单""自己联系物流""无纸化发货"和"无需物流"4种发货方式。若店家不想自己劳心费力地选择物流，可选择"在线下单"方式，通过大数据运算和分析为自己推荐时效、服务等综合指标最优的快递公司。若店铺有自己熟悉的物流公司，也可选择自己联系物流，避免在线下单的等待时间过长，以节约时间成本。若不想手写面单，可选择无纸化发货方式获取实时单号，然后在包裹上标识揽件码即可。若所售商品为虚拟产品，如话费、游戏点卡等产品，可选择"无需物流"方式进行发货。

STEP 06 发货成功后，还要及时跟踪物流，保证商品物流进度正常。打开"已卖出的宝贝"页面，在需要查看物流信息的订单中单击"详情"超链接，如图4-20所示。

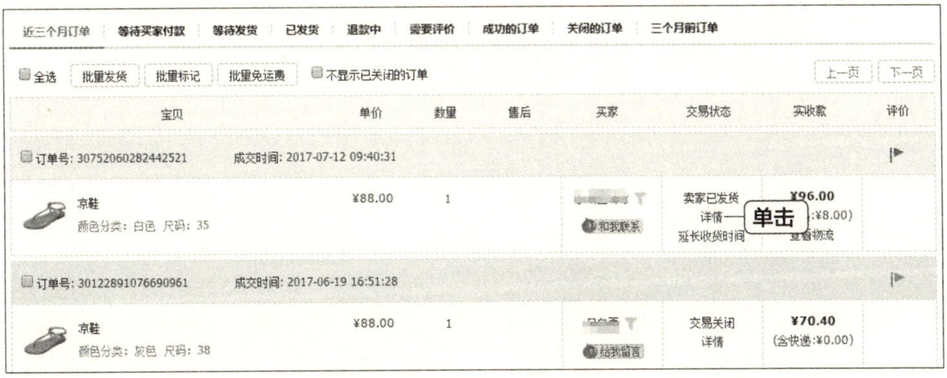

图4-20│单击"详情"超链接

STEP 07 打开"交易详情"页面，选择"收货和物流信息"选项卡，在其中即可查看当前订单的物流信息，如图4-21所示。

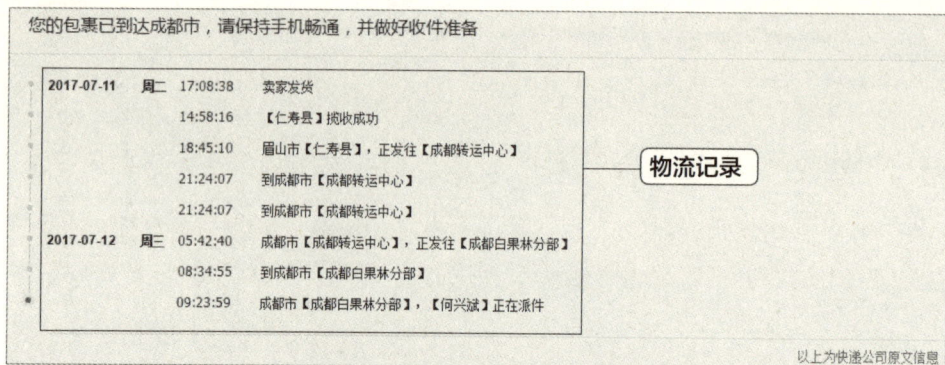

您的包裹已到达成都市，请保持手机畅通，并做好收件准备

2017-07-11	周二	17:08:38	卖家发货
		14:58:16	【仁寿县】揽收成功
		18:45:10	眉山市【仁寿县】，正发往【成都转运中心】
		21:24:07	到成都市【成都转运中心】
		21:24:07	到成都市【成都转运中心】
2017-07-12	周三	05:42:40	成都市【成都转运中心】，正发往【成都白果林分部】
		08:34:55	到成都市【成都白果林分部】
		09:23:59	成都市【成都白果林分部】，【何兴斌】正在派件

物流记录

以上为快递公司原文信息

图4-21 | 查看当前订单的物流信息

STEP 08 知悉物流进度后，即可回复买家，如：

- "亲，宝贝已经到达您所在城市，现在正在进行派送哦！"
- "亲，宝贝已经在路上了，请耐心等待，不日将会送到您手中。"
- "亲，宝贝物流一切正常，2天内应该可以收到噢！"

4.1.5 短信及时通知发货、配送、签收

客服完成了商品的发货后，不能忽略对订单的跟踪。物流信息有3个重要环节，分别是订单发货信息、订单配送信息以及订单签收信息。客服需要将这3个环节的信息及时告知客户，那么客服应该选择什么信息传送方式呢？移动电话是大家普遍使用的，在接收信息的便捷性与时效性上都是具有优势的，客服可以选择以短信的方式告知客户商品的物流信息，如图4-22所示。

图4-22 | 短信及时通知

4.2 做好信息反馈

客户的信息反馈环节是商品服务管理环节最为关键的步骤。客户收到商品，绝不意味

着客服服务的停止。客户购买商品必然有自己的体验，收到的商品是否完整？商品使用是否正常？对于商品是否满意？这些问题都是客服应该主动询问的。

4.2.1 主动询问客户商品使用情况

主动，不仅可以让客户感受到网店服务的专业，还能让客户感受到自己独一无二的"上帝"地位。客户在收到商品后，必然会开始使用商品。在客户收到商品的一个星期之内，客服可以通过阿里旺旺以轻松、愉快的聊天氛围主动询问客户的商品使用情况。例如：

> 亲，衷心感谢您对小店的支持，上次您在我们店购买的豆浆机用起来怎么样啊？

> 主人，主人，您还没告诉我上次购买的坚果好吃吗？

> 亲，您的宝贝已经显示签收啦，请您仔细检查商品是否完整，商品使用是否方便，如果有任何问题您可以告诉小猫咪哟～

主动询问客户商品的使用情况，可以让客户感受到网店对自己的在意，即便商品存在一些小瑕疵、小问题，因为客服的主动沟通，客户的愤怒感也会降低很多，甚至会因此而忽略商品所存在的小问题。

4.2.2 及时反馈信息并做出调整

市场是卖家选择出售商品类型的最主要因素，而客户则是卖家调整经营模式最重要的依据。在搜集客户的意见之后，有则改之，无则加勉，根据客户的需要调整自己的商品，满足客户的需要，才能良性、持续发展。来看一个实例，其反映了某品牌加绒打底裤商品的改善情况。客服从客户的反馈信息中得知了自家产品客观上存在影响客户使用的瑕疵，便及时向卖家反馈；卖家立刻联系工厂改进生产工艺，改善店铺的商品，促进了商品的销量，如图4-23所示。

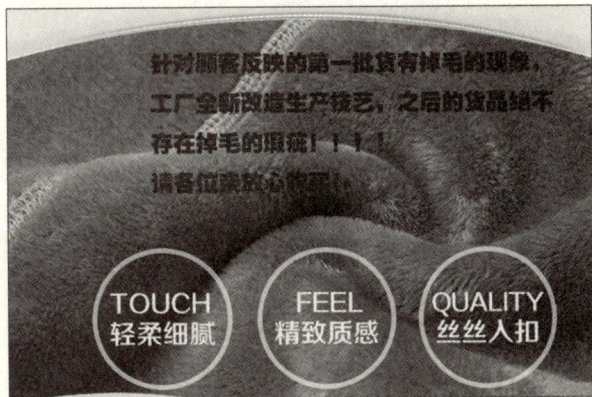

图4-23 | 及时反馈客户信息

客服可以对客户的建议进行系统的记录，如表4-1所示。

表4-1　客户建议记录表

客户ID	购买时间	购买商品	反馈建议

4.3　普通售后问题处理

普通售后处理是指在正常交易下，客户由于某些主客观原因，对商品或服务表示不满，但愿意用沟通、协调的方式去解决售后问题。普通售后处理是售后客服每天最频繁的工作内容，也是售后客服的主要工作之一。下面我们就来了解一下普通售后问题的具体处理方法。

4.3.1　正常换货、退货

正常退换货是指客户在收到商品后，由于商品质量、发错商品、7天无理由退换货等原因，要求店铺在不低于原价格的基础上退换商品。退换分为同款退换和不同款退换。一般来说，正常退换货的相关信息在商品详情页必须有所说明，尤其是运费方面的说明，如图4-24所示。

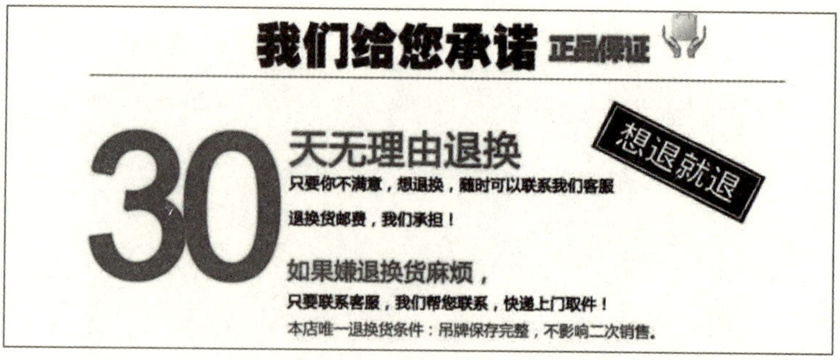

图4-24｜正常退换货的相关信息

1. 换货

如果售后客服遇到发错货、产品质量问题、7天无理由退换货等原因导致的换货问题，可根据客户的要求先查明原因，符合换货条件的则立即给客户换货。与此同时，一定要备注跟进。如：

我要的是蓝色的，怎么给我发成紫色的呀？

亲，真是抱歉！您先拍个照片给我看一下。如果发错的话，我这边马上安排今天帮您把蓝色发出来。您先把紫色退回来，可以吗？麻烦您了！

好的，我先拍个照。

从上述对话可以看出，造成换货的原因是卖家发错货。此时需要先确认商品是否发错，确认发错后应先表达歉意，然后根据买家的需要进行换货。

在吗？今天收到货了。我还是觉得这条黑色的牛仔裤和我的衣服不太配，给我换成蓝色的吧！

好的，亲。请保证包装、吊牌完好，没有清洗噢！同时写清楚您旺旺 ID、联系方式、换货原因，然后寄到××××××××。我们为您的宝贝投付了运费险，但需要您先行垫付运费！拒收货到付款噢，谢谢！

从上述对话可以看出，换货的原因是买家想要另一种颜色的。这种情况下，应该同意换货，并说明换货的条件。

2. 退货

退货是卖家经常会遇到的一类令人比较头疼的问题，退货原因也是五花八门。合理而及时地处理和跟进，通常有20%的退货可以避免。当售后客服遇到退货客户时，应根据客户的要求先查明原因，及时为客户解决，尽量挽留或者引导客户取消退货。与此同时，一定要备注跟进。如：

这什么质量啊！才穿了 2 天就破了，赶紧给我退了！

亲，麻烦您提供下照片，方便我核实哦！可能是由于缝制时不太精细。您看这样行吗？您自己缝制或去当地裁缝师那里缝制，我这边给您做下补偿。

嗯，等下。

从上面的对话可以看出，由于所购商品质量出现问题，买家要求退货。客服在处理时，先要求买家提供证据，再给出处理的方案。这个方案的目的是为了给客户提供一种其他的处理方法，引导买家取消退货。若买家同意，则这个订单会正常完成；若买家不同意，仍旧坚持退货，也一定要满足买家的要求。

4.3.2 退款

淘宝为卖家提供了退款处理办法。现将退款问题归纳为5类，并对每一类问题给出相应的处理办法和后续建议，如表4-2所示。

表4-2　退款原因和处理方法总结

常见问题	售后客服处理办法	后续跟进
货物破损、少件等问题	（1）联系买家提供实物照片，确认商品情况 （2）向物流公司核实是谁签收的包裹 （3）如果非本人签收，且没有买家授权，建议客服直接给买家退款，并联系物流公司协商索赔，避免与买家之间产生误会	（1）发货前严格检查产品质量 （2）选择服务品质高，尤其是对签收操作严格规范的物流公司 （3）提前约定送货过程中商品破损、丢件等损失由谁承担
质量问题	（1）联系买家提供实物图片，确认问题是否属实 （2）核实进货时商品质量是否合格 （3）如果确认商品问题或无法说明商品是否合格，可直接与买家协商解决，如退货、退款	（1）重新选择优质的进货来源 （2）进货后保留好相关的进货凭证
描述不符	（1）核实商品详情页的描述是否有歧义或者容易让买家误解信息 （2）核实是否发错商品 （3）如果描述有误或者发错商品，可以与买家协商解决，如换货、退货、退款等，避免买家产生误会	（1）确保商品描述内容要通俗易懂，不让人产生歧义 （2）确保发出的每一件商品与买家购买的商品一致
收到假货	（1）核实进货时的供应商是否具备相应资质 （2）如无法确认商家资质，可直接联系买家协商解决	（1）选择有品牌经营权的供应商 （2）进货后保留好相关的进货凭证或商品授权书
退运费	（1）核实发货单上填写的运费是否少于订单中买家所支付的运费 （2）如果有误，将超出部分的金额退还给买家	邮费模板要及时更新，如果有特殊情况，应及时在旺旺中通知买家

当售后客服遇到退货、退款客户时，应该根据客户要求先查明原因，掌握买家的实际意图，找到问题，解决问题。对于可退可换的客户，联系沟通后可将退款转化为换货，以减少退款率。如：

这颜色怎么没有图片上亮😊？我要退货、退款。

亲亲，我们是专门请摄影师拍摄的，有时会因为计算机显示器的亮度调节不同导致出现色差，我们已经把色差降到最低了噢。如果亲确实不喜欢，我可以帮您换一件，但是提醒您一下噢，所有的网上商品由于拍摄、显示器等原因都避免不了会有色差的哦！

4.3.3 售后维修

如果买家所购商品属于三包类商品，卖家在保修期内应该为买家提供售后服务，如换货（15天之内）或维修等。提出售后维修的客户一般会咨询4个方面的内容，如图4-25所示。此时，客服应根据客户遇到的情况进行解答，且必须核实情况再做处理。

01 咨询维修站点　　**02** 咨询维修时长　　**03** 维修后寄出产品　　**04** 维修后出现问题

图4-25 | 客户咨询的内容

以下为售后维修的案例：

> 这表突然不走了，可以修吗？

> 亲，对于您的手表坏了，我们表示非常遗憾。您方便告知所在地吗？我看看您那边有没有维修点。

> 我在重庆。

> 亲，抱歉噢！重庆没有我们的维修点噢！

> 那怎么办呢？

> 亲不要担心，既然您那边没有维修站点，就只有先寄回来，然后我这边安排专业的维修师傅帮您瞧瞧。

> 寄回来可以，但是要花多久呢？

> 亲，重庆到我们这一般 3 ～ 5 天，维修的时间要看您表的损坏程度，一般情况下不超过半个月。

> 好吧。

4.4 纠纷处理技巧

所谓纠纷，是指买卖双方就具体的某事/某物产生了误会或者一方刻意隐瞒事实，导致双方协商无果的情形。对于客服人员来说，一旦与买家发生纠纷，就比较难以与买家沟通，处理起来也比较麻烦。此时，客服人员不仅需要熟悉淘宝售后的规则，还要与客户斗智斗勇，尽自己最大的努力去化解店铺的危机。

4.4.1 纠纷产生的原因

客户在购买商品的过程中，与网店产生纠纷的原因主要有以下几种情形，如图4-26所示。

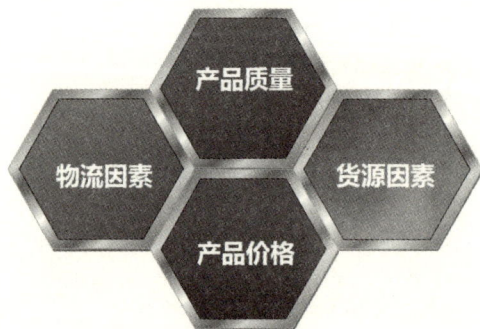

图4-26｜产生纠纷的原因

1．产品质量

产品质量是客户衡量商品使用价值的标准。所谓的产品质量，具体是指产品本身规定或潜在要求的特征和特性的总和。在这里，因产品质量引起的纠纷统称为质量因素，并分为外观质量、使用质量和客户心理预期3个方面。下面分别讲解。

（1）外观质量

产品的外观质量是指产品在外形方面满足消费者需要的性能，主要表现为产品的光洁程度、造型、颜色等各个方面，客户在收到产品后能够通过肉眼进行感官识别。我们在这里将商品的外观质量分为产品缝制质量、产品局部瑕疵和产品颜色偏差3个方面。

① 产品缝制质量。产品的缝制质量大多集中于服装类目。客户在收到商品后，会对商品的缝制质量进行检查，包括服装缝制线路是否顺直，拼缝是否平服，服饰是否存在脱线、缝制断裂的情况。当然，客户也会对服装辅料、装饰物的质地和质量进行检查，如拉链是否滑爽、纽扣是否牢固、四合扣是否松紧适宜等。产品的这些缝制质量直接反映了服装在制作过程的细致或粗劣，粗劣的产品很容易导致客户对产品质量的投诉。例如：

你们店卖的都是什么破质量的衣服！！穿一次就破了两个洞！我必须要投诉你们！骗子！！

② 产品局部瑕疵。产品的局部瑕疵是指产品在功能和性能上并不影响客户的使用，但在产品的外观上有一定的伤痕、污迹、破损、毛边等情况。产品的局部瑕疵是网店和客户争议较多的焦点之一。例如，购买的衣服上有污迹、购买的电器有并不重要的零件的缺损等情况，很多时候，在产品制作的过程中，制作者认为只要不影响商品的正常使用即可，这就与客户的需要形成了矛盾。例如：

我在你们家买的 iPad 背面有划痕！！这样的商品我肯定不会要的，你快解决好，否则我一定投诉你！

亲亲，有划痕的确是抱歉了，可我们用 iPad 都会买可爱的套子对吗？套子遮住就看不到啦，不会影响您对商品的使用。

你这是什么话，明明就是你们商品的瑕疵！我要投诉你们！

③ 产品颜色偏差。产品的颜色偏差是指客户收到的商品与店铺所呈现、客服所介绍、自己所预期的颜色不一样，没有满足客户对商品外观色彩的要求。照片与实物的色彩偏差是引起纠纷的主要因素之一，很多网店不注重产品颜色的介绍，错误或简略地介绍商品的色彩，让客户产生错误的预期，而当客户收到和自己理想的色彩差异太大的产品时，会对整个产品都产生一种抵触感，从而引起不必要的纠纷。

专家指导

商品的外观因素因为产品制作工艺的不够精细与客户的需求不同，自然不可避免，但在面对因外观质量因素造成的纠纷时，还是需要客户在收到商品后于规定的时间之内拍照说明情况，客服要区分照片的真伪以及商品是否是人为造成的损坏。

（2）使用质量

商品的使用质量即产品在使用过程中表现出来的质量，它直接影响客户对产品的使用情况；而客户对产品的使用情况则又包括产品的使用便捷性、产品的耐用性、产品的可靠性、产品的功效性等几个方面。客户始终坚信高使用质量的产品应该是使用方便、可信度高、使用效果好的产品。

① 产品的使用便捷性。便捷性是指产品使用的方便程度。产品的质量对其使用的方便程度有很大影响，甚至会制约产品实际功能的发挥。例如，客户在网上购买了一块手机

备用电池，在商品质量没有问题的前提下，电池可正常待机3天，但客户发现购买的这块电池只能待机两天。虽然客户仍然可以享受商品所带来的使用价值，但这个使用价值因为产品的质量问题被限制了，制约了产品本应发挥的功效和作用，引起了客户在使用过程中的不方便。

② 产品的耐用性。产品的质量决定着产品的使用时间，也就是通常所说的产品耐用性。一般而言，耐用的产品意味着在其使用寿命期限内的功效是稳定的。客户在网上选购商品时对于产品的耐用性是极为看重的，这也是他们衡量产品质量的标准。例如，在网上购买节能灯，那么节能灯使用时间的长短就会让客户十分重视。若是客服承诺自己所出售的节能灯能使用半年，但客户只使用了1个月就坏掉了，那么客户就会对产品的质量产生怀疑。

③ 产品的可靠性。产品的可靠性是指产品功效在规定期限内的稳定性。产品的生产日期、产品的质量检测报告等都属于产品质量可靠性的一部分证据。假设客户在网上购买了一大堆零食，可收到货品后发现全是过期或临期产品，那么这些商品的质量便是不可靠的，直接影响了客户对产品使用的信任。

④ 产品的功效性。产品的功效性是指产品性能（或功能）在使用过程中是否得到了证实或被发挥的程度。例如，以美白著称的化妆品是否真的有美白的效果，以保温著称的水杯是否真正有保温的功效。这些产品的功效性也是消费者最容易感知的一项质量维度，若是客户在使用了产品之后，感觉其并未达到预期的效果，那么客户自然会认为这是产品质量不过关的原因。

专家指导

面对客户因为产品质量而引起的纠纷，客服要尽可能满足客户的需要，倾听客户的抱怨和意见；在客户购买阶段要降低客户对产品质量的心理预期；在纠纷发生之后，要让客户以图为证；在为客户解释的时候要为自己留有余地，尽可能不用"一定""肯定"等确认性的词语。

（3）客户心理预期

网上购物最显著的一个特点便是客户在选购商品时无法通过五官感受来衡量商品的质量，只能通过卖家所提供的产品信息、图片信息、买家秀来建立自己对商品的期待值。我们将客户对产品的这份期待值称为客户的心理预期。客户为什么觉得这件衣服的质量不好？一是客户肯定有对比，可能会对比店铺其他产品的质量或是对比同款产品的质量；二是客户对产品的期望值太高，或许客户通过浏览网店详情页，认为自己所购买的产品是零瑕疵、零污迹、耐用性极佳的一款产品，可实际收到的货品远远低于客户的心理预期，给客户造成巨大的心理落差，就很容易因为产品的质量引起纠纷。正所谓"期望越小，失望也就越小”，客服在引导客户购物的过程中，除了客观地介绍、销售自己的产品，还有一项重要的职责——适度降低客户的心理预期。

适度降低客户的心理预期，可以给店铺规避一定的责任带来必要的帮助。客服在引导客户购物的过程中，应适时地给客户一些温馨提示，如“温馨提示：因测量方式不同，会有1～3cm的误差，相关数据仅作参考，以收到的实物为准！”“因拍摄光线不同，商品会有一定的色差，介意者慎拍”“产品使用时间以正常使用为参照，实际使用时间因人而异”等。这些提示不仅能让客户感受到客服的诚实，还能让客户对商品的瑕疵有一定的心理承受力。这样一来，即便是客户收到的商品存在一些问题，客服在处理类似的纠纷时也能化被动为主动，以理服人，赢得客户的信赖，如图4-27所示。

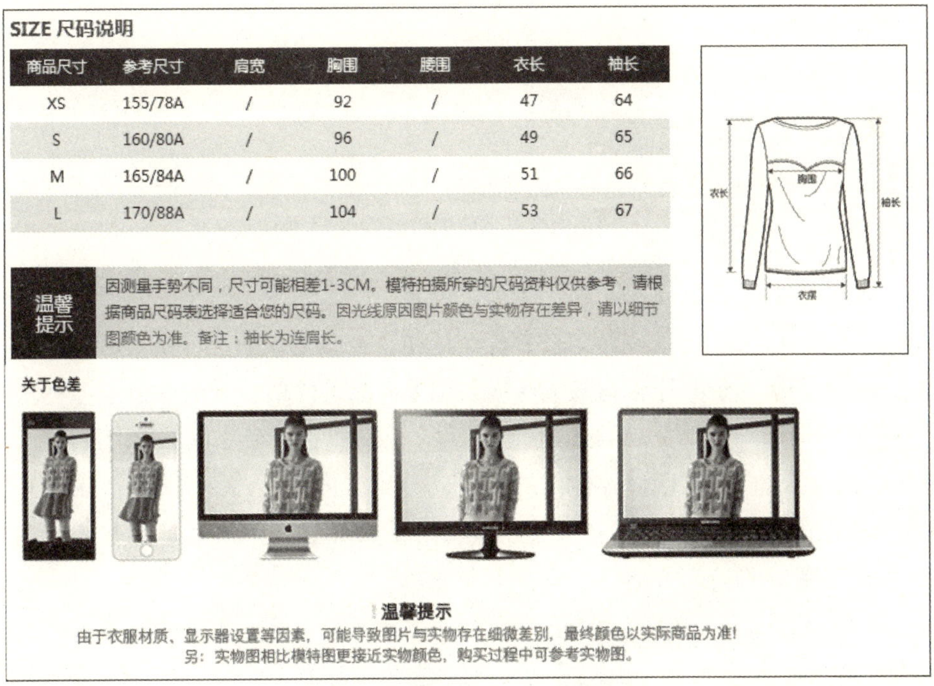
SIZE 尺码说明

商品尺寸	参考尺寸	肩宽	胸围	腰围	衣长	袖长
XS	155/78A	/	92	/	47	64
S	160/80A	/	96	/	49	65
M	165/84A	/	100	/	51	66
L	170/88A	/	104	/	53	67

图4-27 | 降低客户的心理预期

专家指导

客服需要诚实地向客户反映商品存在的瑕疵和缺点，也可向客户说明一些买家经验性的反馈信息；学会说一些降低客户期望值的温馨提示话术，提高客户对产品缺点的接受能力；不随意向客户承诺，为自己处理纠纷留有后路。

2．产品价格

价格是客户在整个购物过程中较为关注的内容。如果客户刚买的商品突然降价，而且降价的幅度还不小，他们肯定会觉得被坑了，觉得客服不够诚信，甚至会因此而投诉。

其实商品的价格变动是很正常的事。就像商店里也常常有打折的活动一样，网店的商品价格也有浮动变化，尤其是在一些特殊节日期间，更会推出一些优惠来促进商品的销售，如国庆节、春节、"双十一购物狂欢节"等节日，如图4-28所示。客户购买商品是有时间差异的，有的客户购买商品时正好在商品的低价打折期间，有的则是在商品处于高价位的时候进行购买。那么客服如何在工作中减少客户因为商品的价格变化而产生的纠纷呢？

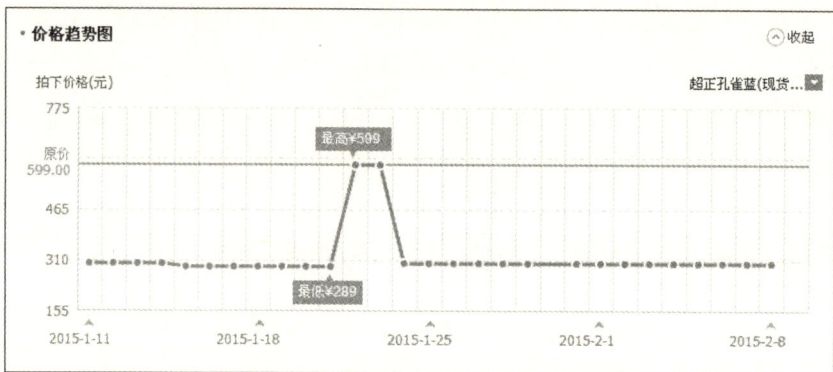

图4-28｜商品的价格变化

如实相告是客服工作素质中诚信的体现。当客户咨询商品、有意愿进行购买时，如果店铺的商品价格有较大的变动或者店铺有什么活动，客服需要如实告知客户，让客户选择购买时间，提前预防因价格原因造成的纠纷。如果商品的价格差异时间很短，且客户无法接受，客服需要通过赠送小礼品的方式进行补偿。虽然商品价格的上涨跌落都是正常的，但客服要学会站在客户的角度体谅他们的心情，千万不能说："亲，降价很正常的，我们的商品涨价了也没有让您付差价啊！"这样的话语无疑是火上浇油。

3．物流因素

当售前客服将商品成功地销售给客户，客户拍单付款之后，商品便进入了物流环节。具体表现为由售后部门确定订单、打包装箱、通知物流确认发货，再由物流公司进行运输。在这个环节中，对物流公司的操作方式网店是不能控制的，所以很多纠纷也由物流因素而起。下面主要讲解物流因素中纠纷率最高的3种情况，主要包括发货延迟、物流速度过慢和货品有破损。

（1）发货延迟

发货延迟主要是指卖家在客户付款后未按约定的发货时间发货，主要涉及网店的售后环节。发货延迟常常导致客户退款，损失店铺的交易额。发货延迟的原因有很多，库存问题、与售前的工作交接问题、售后遗漏问题等都可能是发货延迟的原因。

① 库存问题。库存问题主要是货源的缺货、断货，也就是网店暂时性的"无货可发"导致了发货延迟。售前客服在向客户销售商品时，要留意商品的库存，及时与仓库工作人员取得联系，确认是否可以按期发货；如若不能按期发货，要请求客户的谅解。

② 与售前的工作交接问题。在大中型网店中，售前和售后的工作分工是非常明确的，售后在处理待发货订单时需要与售前客服交接信息。可以直接联系售前客服或从售前客服的备注信息中获取货品应该发出的时间，并对较为急迫的订单优先发货；同时要注意售前客服承诺的发货时间，尽最大努力按时发货，避免纠纷。

③ 售后遗漏问题。随着网店订单数量的增多，售后客服的工作量明显增加，在逐一对待发货订单进行打包发货时，难免偶尔遗漏一些订单。随着网店管理软件的丰富，有不少专门排查订单的软件可以防止因为客服的遗漏所导致的发货延迟，客服不妨试试看。

（2）物流速度过慢

快递物流和网络购物密不可分，相辅相成。网络购物的迅速发展给快递带来了旺盛的生命力，但同时也意味着更大的挑战在等待着它们。特别是电商促销期以及节假日，对快递公司造成很大的压力。由于现阶段的快递公司尚处在发展阶段，制度不完备、规范不科学、管理不严格，在运输货物的过程中很容易出现诸如"速度慢""服务差"等问题。而淘宝店铺和快递公司是彼此独立的个体，淘宝店铺并不能决定快递运输的快慢，而客户对快递速度的不满只能找店铺进行发泄，于是很多店铺吃了不少快递速度的"哑巴亏"。

那么客服如何将因物流速度过慢所造成的纠纷降至最低呢？我们需要从两个方面着手。

第一，着手于买家方面。买家在购买商品时就会询问客服关于使用什么快递公司、几天能收到货品等问题，客服在回答时要尽量比标准时间多说1~2天，同时切忌"肯定""应该"等词语。现在的快递基本上在全国范围内是3~4天到货，偏远一点的地方要4~5天，同城的基本上是今天发货明天到。之所以将到货的时间说长一点，一是可以给买家一个心理准备，二是即使快递晚到，自己也不至于太被动，三是如果快递提前到还会给买家大大的惊喜。客服要给自己留出最大的余地，不至于因为快递的不积极导致自身面临危机。

第二，着手于物流公司方面。卖家要与物流公司通过较为积极的对话，制定一份双方认可的问题解决方案，包括快递延迟到达怎么办、出现问题后怎么解决等。本着平等合作的原则，首先要达成口头上的协议，当然，形成书面文字协议更好，这样出了问题就能按照协议上的规定来解决。此外，客服也要善于维护与快递员之间的关系，让快递员对你的店铺产生好感，自然在工作时会优先处理你家的快递。除此之外，客服还可以在快递的包装上贴上一些小提示，督促快递公司尽快送货。

（3）货品有破损

买家经常反映的另一个问题便是在收到货品之后，商品有破损。商品的破损有可能和发货时网店的检查不严有关，即商品本身就有破损；还可能是快递员在派送货品的过程中对货品造成了损害。作为最终收到货品的第三方，客户并不清楚到底是快递的过错还是商品本身存在着破损，而卖家与物流公司也很难证明是哪一方的责任，此时客户便会找到卖家进行投诉或维权。

面对责任划分不清的货品破损因素，客服在货品发出时要对客户与物流公司进行说明与交代。首先，一定要提醒客户务必亲自检验货品后再签收。在收货时如对货品有异议，如外包装损坏、浸湿等，要有承运人的书面签字确认。不过，随着快递业务的增加以及速递易等存放快递的专业存储箱的出现，很多货品都没来得及让客户亲自验收，这也是导致纠纷的一大原因。其次，客服在发出商品时要对商品进行检查；在寄送物品时包装要规范，符合各寄送部门的规定，注明寄送货物的名称、规格；在将商品交给物流公司时要让快递员检查货品，确认货品的完整性，最好能够以文字的形式记录下来。

4．货源因素

客户通过网络平台购物，最终是要购买到自己所喜爱的商品，但倘若客户在付款购买之后得知卖家方面的货源出了问题，未能及时发货或根本不能发货，难免会激起心中的不满。我们把因这样的原因引起的纠纷概括为货源因素。网店常见的货源问题主要包括缺货和断货两个方面。

（1）缺货

当买家拍下订单完成付款，客服还满心欢喜地沉浸于销售的成功时，却突然被仓库告知库存不足，缺货！这无论对客服还是客户都是一件不愉快的事，如果客服人员不向客户进行解释和道歉，很可能会引起客户的不满，导致交易纠纷。商品缺货是因为商品生产跟不上销售量，导致暂时性的库存不足，但可以通过再生产补足库存量。这需要对再生产完成的时间有一个预估，并且将预估的时间如实向客户反映。若客户无法接受等待的时间，则需要为客户进行换货或者退款处理。

（2）断货

断货的情况与缺货相比较为特殊，具体是指商品在售卖的过程中不再进行生产，卖完即止。断货的情况在网店的清仓活动中表现得尤为明显，由于网店在清仓活动中客流量大、销售量大，售前客服与工厂仓库未及时取得联系或产品数量的更新不及时，没有及时下架缺货商品，导致在客户拍下商品后才发现货品断货的情况。客服在面对因为断货产生的纠纷时，一定要及时向客户道歉并说明情况，及时退款、换货，降低客户购物的不舒适的心理。

4.4.2 处理纠纷的流程

处理客户纠纷是技巧性比较强的工作，需要长时间的经验积累，尤其是对交易纠纷的处理，能够最大限度地锻炼售后客服的心理承受能力和应变能力。售后客服在处理与买家之间的纠纷时，应坚持有理、有节、有情的原则，然后按如下流程来处理，如图4-29所示。

图4-29 | 处理纠纷的流程

1．倾听

当客户收到自己期盼已久的宝贝，却发现宝贝和自己的心理预期相差甚远时，难免心里会觉得不舒服，自然会找到客服抱怨对商品的不满意。这时客服首先要充分理解客户的心情，耐心倾听客户的抱怨，给予客户发泄的机会。

当客户发泄时，不要急着去辩解，所有的解释在客户愤怒的时候都是无力的，甚至会激化与客户之间的矛盾，引起不必要的争执。作为网店的客服人员，要做一个耐心的倾听者，站在客户的立场上听他把话讲完，肯定并认同客户的感受。客服最好的应对方式便是：闭口不言、仔细聆听。当然，不要让客户觉得你在敷衍他，要保持情感上的交流，认真听取客户的话，把客户遇到的问题判断清楚。

耐心倾听了客户的抱怨之后，无论纠纷的原因是什么，首先应道歉，让客户知道你已经了解了他的问题。道歉并不意味着你做错了什么，客户的对错并不重要，重要的是我们应该如何解决问题而不是让问题蔓延。

2．分析

售后客服认真倾听客户的抱怨之后，需要对客户所抱怨的内容进行分析、归纳，然后找出客户抱怨的原因。一般客户抱怨最多的原因主要有4个方面，如图4-30所示。

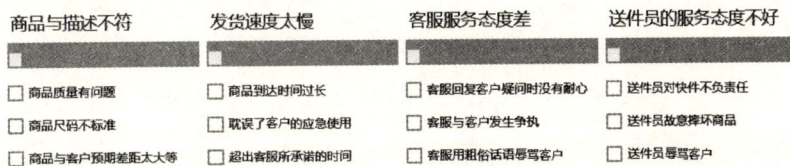

图4-30 | 客户抱怨最多的原因

客户抱怨的原因是多种多样的，有的抱怨只针对上面所提出的一两个方面，有的则涉及多个方面。客服要弄清楚客户抱怨的中心点是什么？客户到底急需解决的问题是什么？

客服要理解客户在不满意的情绪驱使下，对客服、网店都会产生很强的抵触感，认为自己是"受害者"，把网店和商品都要数落个遍。

例如，有位客户这样抱怨自己的购物经历："你们这是什么打印机啊，用了两次就坏了，根本没有办法继续打印！第一次使用的时候就很卡纸，之后就没法使用了。之前的客服态度也差，对人爱理不理。发货慢死了，催了几次才发货。快递也不给力，送了五六天才收到。"这位客户抱怨的可真不少，对商品的质量不满、对客服服务态度不满、对仓库发货速度不满、对快递运输速度不满，那么客服首先要解决客户的哪些不满呢？客户的抱怨是从打印机无法使用开始的，这一触点引发了对整个购物过程的不满。由此可以看出，客户最不能接受的便是商品本身的质量问题。那么客服在为客户解决问题时，首先就要保证商品的正常使用，而对于客户的其他抱怨与不满则可以在之后的工作中进行弥补。

3．解决

当客服了解了客户抱怨的真实原因后，就要竭尽全力为客户解决问题，这也是处理纠纷的关键步骤。在解决客户的抱怨时，首先要安抚客户的情绪，创造一个和谐的对话环境；然后对客户所提出的问题进行相应的解释，请求客户的理解；最后向客户提出解决方案，努力与客户达成共识。

售后客服在解决问题之前，要针对客户所描述的情况进行分析，做好责任认定，针对不同的责任提出不同的解决方法。

（1）店铺的责任

由于店铺或客服在销售商品或服务环节的疏忽而造成客户精神、财产损失的，店铺应该承担主要责任，让纠纷得到妥善解决。解决纠纷的方法为：首先主动承担责任，诚挚地道歉，然后主动退换货，并承担来回运费；然后给予客户一定的补偿，如赠送优惠券、升级VIP等。

（2）物流公司的责任

物流公司的工作任务，就是将客户在网店购买的商品运送到客户手中，但由于快递在运输过程中是无法被买卖双方所监管的，因此在物流途中所出现的意外也会影响客户的购买体验，如快递运输过程中的掉件、商品受损、快递员服务态度恶劣等。

当客户向客服抱怨这些问题时，客服要帮助客户主动联系物流公司，弄清楚快件在运输过程中出现的问题，并要求快递公司进行赔偿，向客户赔礼道歉。

（3）客户方的责任

在商品交易过程中，不可避免地会因为客户的操作不当、客户恶意损坏、客户心理期望值过高等原因而引起交易纠纷。在面对上述几种情况时，售后客服应从店铺的利益出发，让客户承担纠纷中的主要责任，不能一味地忍让和纵容。

4．记录

售后客服在与客户就纠纷事宜达成一致后，要对情况进行记录，总结客户抱怨的原因、纠纷的严重性、纠纷解决方案等。这些情况记录不仅可以为客服积累一些处理纠纷案例的经验，还可以帮助网店各个部门根据客户抱怨来自省，检查自己的工作是否到位，还有哪些不足等，督促网店做得更好。

客服在记录买家抱怨与解决方案时可以参考下表来执行，如表4-3所示。

表4-3　记录客户纠纷处理表

买家昵称	处理时间	购买商品	抱怨原因	责任认定	处理方案	客户满意度

5．跟踪

一名金牌客服，除了能顺利解决纠纷并提出客户所认可的解决方案外，还需要对纠纷处理进行跟踪调查。

- **告知客户纠纷处理的进度**｜为客户采取什么样的补救措施，现在进行到了哪一步，都应该及时告诉客户，让他了解你的工作，了解你为他所付出的努力。当客户认为所提出的解决方案得到了落实，卖家也十分重视的时候，客户才会放心。
- **了解客户对纠纷处理的满意度**｜在解决了与客户的交易纠纷之后，还应该进一步询问客户对此次解决方案是否满意？客户对执行方案的速度是否满意？通过这些弥补性的行为，让客户感受到店铺的诚心和责任心，用自己的实际行动去感动客户，让客户忘却此次不愉快的购物之旅。

4.4.3　严重退款纠纷

严重退款纠纷，就是买家在申请退款之后发现卖家不同意退款，遂要求淘宝介入的情况。当淘宝介入之后，无论怎样判决，都会产生退款纠纷。严重的退款纠纷将涉及店铺的纠纷退款率和相关的淘宝处罚问题。下面是买家要求淘宝介入的图片，如图4-31所示。

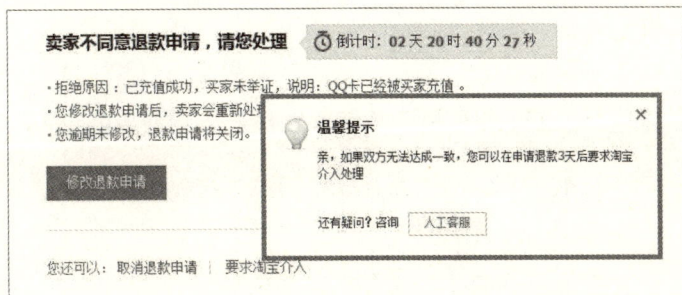

图4-31｜严重退款纠纷

严重退款纠纷会影响店铺的纠纷退款率，从而导致店铺全部商品单一维度搜索默认不展示、直通车暂停14天、消费者保证金翻倍等情况。

根据淘宝集市所发布的营销活动招商要求，规定"近一个月人工介入退款成功笔数占店铺交易笔数不得超过0.1%，或笔数不得超过6笔（数码类卖家不得超过4笔）"。

淘宝会限制好评率、店铺评分、退款率以及纠纷退款率等低于淘宝指定标准的店铺参加营销活动，且给予全店商品单一维度搜索默认不展示的处理。

根据淘宝的硬性规定，卖家自淘宝检查时起前一个月内纠纷退款率需要达到淘宝规定的数据，否则将被采取暂停淘宝直通车软件服务14天的处理。

专家指导

淘宝介入核实商品是否存在问题时，将对描述不符的一方进行处罚。若核实卖家未履行承诺，将给予卖家违背承诺的处罚。如未履行7天退货服务，将给予店铺违背承诺扣4分的处罚。

4.4.4 未收到货物纠纷

由于快递的运输时间受到多方面因素的影响，而且卖家无法控制，所以由此产生的物流纠纷也很多。那么遇到买家提出的未收到货的纠纷，作为卖家该如何处理呢？

此时，就需要通过物流跟踪信息来判断货物风险到底是属于买家还是卖家。淘宝争议处理规范明确说明：卖家按照约定发货后，收货人有收货的义务。收货人可以本人签收商品或委托他人代为签收商品；被委托人的签收视为收货人本人签收。也就是说，货物风险转移的关键在于收货人是否签收。

具体来说，货物在收货人或者得到收货人授权的签收人、签收地签收之前，货物风险由卖家承担，在此之前货物产生了任何风险，由卖家负责向承运的物流公司进行索赔；而货物一旦被收货人或者得到收货人授权的签收人、签收地签收，货物风险将转移至收货人。

1．买家未签收

虽然物流跟踪信息上显示买家已签收，但是买家却说自己并未签收过商品。此时，就需要提供签收底单来进行判断。以下所示为客服人员与未收到货的买家的对话场景示例。

> 我看物流信息显示，我已经签收了商品。怎么回事呀？我根本没有签收呀！

> 亲，请稍等。我帮您核实一下。

> 亲，抱歉久等了 🎙️！我这边已经与为您派件的物流公司核实过了，您的快递签收单上的签收人显示是门卫，并非您本人。这个是授权第三方签收物流红章证明

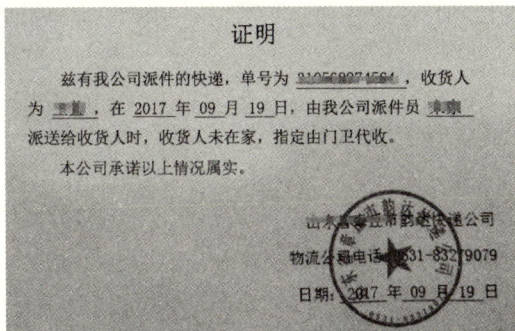

从对话中可以看出，该货物非买家本人签收，而是由买家授权的第三方签收，并且卖家提供了授权第三方签收物流红章证明，所以货物风险就要由买家承担。

2．买家签收后发现少货

有的客户在签收后没有打开包装查看货物，待回到家拆开包裹后才发现货物少件。遇到这样的情况，售后客服应该第一时间和派件的物流公司取得联系，首先确认签收人与买家订单上的收货人是否一致，然后再要求当地物流公司提供买家本人签收底单。

如下所示为客服人员与收到少件包裹的买家的对话场景示例。

> 在不在，我明明买的两件，怎么只有一件呢？

> 亲，我们发货都有专人安排的，您再仔细看看。

> 我签收了之后回家一看，数量根本就不对，我看了好几次了，你们也太坑了！

> 亲，您签收前有验货吗？如果有验货的话，您可以当场拒签，拒签后我可以联系物流公司索赔。现在您签收了，我们无法确定当时的情况，没有办法同意您退款的申请哦。

> 明明就少发了，怎么还说是我的问题，那我只有申请淘宝客服介入了！

从对话中可知，该货物由买家本人签收。通常在签收之前都要对商品进行验货，而买家并未验货。一旦发现货物少件，卖家提供买家本人签收的底单后，货物风险就要由买家承担，所以买家申请客服介入也是没用的。

▌4.4.5 货不对板纠纷

货不对板纠纷主要分为商品与描述不符、销售假货、赠品纠纷3种情况，下面通过案例来分析各种纠纷的处理方法。

1．商品与描述不符

关于描述不符，淘宝网有着明确的规定："描述不符是指买家收到的商品或经淘宝官方抽检的商品与达成交易时卖家对商品的描述不相符，卖家未对商品瑕疵、保质期、附带品等必须说明的信息进行披露，妨害买家权益的行为。"具体包括以下几种情形。

- 卖家对商品材质、成分等信息的描述与买家收到的商品严重不符，或导致买家无法正常使用的。
- 卖家未对商品瑕疵等信息进行披露或对商品的描述与买家收到的商品不相符，且影响买家正常使用的。
- 卖家未对商品瑕疵等信息进行披露或对商品的描述与买家收到的商品不相符，但未对买家正常使用造成实质性影响的。
- 经核实，商品存在质量问题或与网上描述不符的，作退货、退款处理。

如下所示为客服人员与由于商品描述不符而申请退款的买家的对话场景示例。

你们家的被子怎么回事？我明明买的是羽绒被，怎么给我发的是棉被！

亲～我们的商品都是严格按照实物进行描述的，都是羽绒的噢！

是啊，你们宝贝描述里说的是羽绒，但是发给我的是棉被。羽绒和棉的手感和材质都不同。

亲，您说我们发的不是羽绒被，那要提供相应的凭证噢！不能您说是棉被就是棉被吧。

那我只好申请淘宝介入了。这个就是我在被子中取出的填充物，明显是棉，不是羽绒！

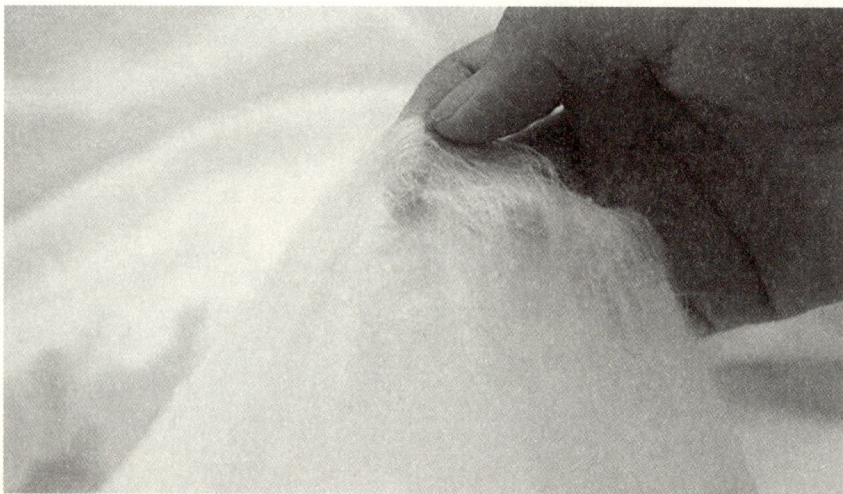

从上述的对话中可知，买家直接申请了淘宝介入。淘宝介入后根据商品的进货凭证

（品牌授权凭证和进货发票）与买家反馈材质不符的凭证，判断责任方。若证实商品确实存在棉被充当羽绒被的情况，根据淘宝规则进行处理：交易支持退货、退款，卖家承担来回运费，并且给予卖家描述不符12分一般违规扣分的处理。

> **专家指导**
>
> 如果卖家所售商品为闲置商品，买家收到的商品与卖家在发布时的描述不符，或者卖家没有如实披露商品的瑕疵异常或历史维修情况，交易做退货、退款处理，运费由卖家承担。

2．销售假货

淘宝平台是严令禁止销售假货的，一旦买家提起纠纷，卖家不仅要全额退款，而且还将面临平台处罚的危险。因此，卖家千万不要冒险销售假货。

3．赠品纠纷

部分卖家可能会很困惑，为什么买家还会因为赠品问题而与自己发生纠纷呢？实际上，从买家的角度来看，部分买家可能会认为虽然赠品是免费的，但"羊毛出在羊身上"；也有部分买家认为，他们的付款金额里面有一部分是赠品费用，因而对赠品可能会有所期待和要求。所以，卖家遇到赠品纠纷也就不难解释了。

那么作为卖家，我们该如何尽力避免赠品纠纷呢？可以从以下几方面入手。

• 卖家挑选赠品时要慎重，质量太差会影响客户满意度，甚至可能引起纠纷。

• 保证赠品库存数量，严格按照订单约定进行发货；若无法按约定发放赠品，发货前应与买家沟通，征求买家意见。

• 卖家应在宝贝详情页里提示买家，赠品属额外礼物，请不要因赠品引起纠纷；若介意，提示买家勿拍等。这个提示一般可以在一定程度上降低买家因赠品而引起纠纷的概率。

• 如果买家因为赠品而引起纠纷，卖家需提供发货前与买家协商的沟通记录，提供详情页有关赠品的说明等信息，第一时间安抚买家情绪，同时引导买家取消纠纷。

4.4.6 严重投诉与维权

严重的投诉与维权，是指商品存在的争议较大，而买卖双方的争议点依然集中在发货、换货、退款、补差价等问题上。但这些问题，双方各执一词，再加上售后客服与客户的交流不顺畅，导致客户出现诸多不满，从而申请淘宝介入。一旦投诉、维权成立，店铺将会面临严重的处罚。

店铺处罚的标准会因客户提出的投诉原因而不同，具体内容如下。

• **恶意骚扰维权** | 恶意骚扰是指卖家在交易中或交易后采取恶劣手段骚扰买家，妨害

买家购买权益的行为。对此买家可发起恶意骚扰维权，维权一经成立，店铺每次扣12分；情节严重的，视为严重违规行为，店铺每次扣48分。

- **违背承诺维权** | 违背承诺是指卖家拒绝向买家提供其所承诺的各项服务，包括交易违反支付宝交易流程、拒绝使用信用卡付款、未按成交价格进行交易以及一切卖家做出承诺却没有做到的情况等。若买家投诉卖家有违背承诺行为，淘宝核实成立，将对店铺按每次扣4分、6分、12分不等的标准进行处罚。
- **延迟发货维权** | 延迟发货是指卖家在买家付款后未在规定时间内发货，或定制、预售及其他特殊情形等另约定发货时间的商品，店铺未在约定时间内发货，妨害买家购买权益的行为。卖家的发货时间以快递公司系统内记录的时间为准。如果出现延迟发货的情况，商家需向买家支付该商品实际成交金额的30%（金额最高不超过500元）作为违约金，该违约金将以天猫积分形式支付。

售后客服在处理严重投诉与维权时，一定要注意对时间的把握，所有的投诉必须在3个工作日内让客户撤销维权，严格执行半小时跟进制度。此外，售后客服还应了解淘宝网受理争议的范围，以免店铺遭受处罚，最大限度地减少店铺的损失，如表4-4所示。

表4-4　淘宝网处理争议范围参考表

争议类型	产生争议的原因	后续跟进
售中争议	未收到商品	在付款后、确认收货前或在淘宝系统提示的超时打款的时限内，提出退款申请
	商品与描述不符	
	商品存在质量问题	
	商品表面不一致	
售后争议	假冒商品	在交易成功后的90天内提出退款申请
	描述不符	在交易成功后的15天内提出退款申请
	享受"三包规定"保障的商品产生的保障范围内的争议	在交易成功后的90天内提出售后申请
	虚拟物品未收到货	在交易成功后的15天内提出退款申请；虚拟物品的使用期限短于该期限的，买家应该在虚拟物品的使用期限内提出申请

4.5　中差评处理技巧

一般情况下，好评率越高的商品越多人购买，而一旦出现了中差评，则会使很多买家望而却步。因此，卖家应不断提高自身素质，对商品的质量、销售、发货和服务等进行完善。虽然无法保证能让每一位客户都满意，但可以尽量地避免或减少中差评出现的概率。

淘宝规定：若评价方做出的评价为中评或差评，在做出评价后的30天内有一次修改或删除评价的机会。若出现了中差评，卖家应尽量在有效时间内采取措施进行处理，减少中差评对店铺的影响。

▌4.5.1 引起中差评的原因

如果店铺中出现了中差评，卖家应该理性对待，找出买家给予中差评的原因并解决问题。买家给予中差评的原因一般有以下几点。

- **买卖双方误会**｜误会是产生中差评最普遍的原因，其症结主要是买卖双方在购物时有言语上的误会，如表达不准确、双方交谈不愉快等都可能造成买家购买商品后给予店铺中差评。
- **对商品的期望过高**｜很多买家收到货物后，觉得实物与想象中差别太大，没有预期的效果，但又怕麻烦就不想与卖家协商退换，于是给予卖家中差评。
- **服务不满意**｜对店铺的产品、服务等不满意，或产品、服务等质量存在问题，觉得心里气愤，给予中差评。
- **恶意竞争**｜现在网店的竞争非常激烈，有些网店为了打击竞争对手，会故意对竞争对手卖得好的产品进行恶意中差评。
- **职业差评师**｜现在网上有一种专门以给网店差评为手段来索要店铺钱财的人，这些人叫作职业差评师。他们为了牟取利益，人为地找一些因素，列一大堆不合理的问题，并对卖家给予中差评。

▌4.5.2 中差评对网店的影响

中差评对网店的影响是非常大的，特别是对于等级不高的网店来说（如2钻以下的网店），中差评可能给网店带来致命性的打击，主要包括以下4个方面的内容。

- **严重影响转化率**｜评价是买家挑选宝贝时的一大考虑因素。如果某个热销宝贝中出现了几个中差评，会严重影响买家的购买欲望，使本来打算购买宝贝的买家放弃购物行为，导致宝贝转化率下降，进而直接使产品销量下降，给店铺带来损失。
- **影响宝贝搜索排名**｜宝贝好评率的高低对宝贝的自然搜索排名有很大的影响。一般来说，中差评越多，好评率越低，搜索排名越靠后，这就使卖家在其他同类商品竞争中处于劣势。
- **影响活动**｜淘宝中的很多活动，如聚划算、淘金币、天天特价等都对宝贝的好评率有一定的要求，低于这个要求的宝贝是无法报名参加相应活动的。而活动是宣传、推广店铺和宝贝的重要途径，不仅可以引进大量的流量，提高店铺产品的销量，对网店的形象等也起到了一定的宣传作用。若无法参加这些活动，店铺发展将受到限制。图4-32所示为活动"淘宝女鞋2017"的要求。

对店铺的要求			
你的资质	资质名称	活动要求	操作
符合	未因虚假交易被限制参加营销活动	你的店铺未因虚假交易被限制参加营销活动；	查看
符合	未因出售假冒商品被限制参加日常营销活动	店铺未因出售假冒商品被限制参加营销活动；	查看
符合	未因活动中扰乱市场秩序被限制参加营销活动	您的店铺在活动中，不得存在利用非正当手段扰乱市场秩序的行为，包含但不仅限于虚构交易、虚构购物车数量、虚构收藏数量等行为。；	查看
符合	物流服务	店铺物流需在4.6分以上；	查看
符合	近30天店铺纠纷退款	近30天内的纠纷退款率不超过店铺所在主营类目的纠纷退款率均值的5倍；或近30天的店铺纠纷退款笔数<3笔。；	查看
符合	廉正调查	要求店铺未涉及廉正调查；	-
符合	服务态度	店铺服务态度需在4.6分以上；	查看
符合	要求店铺具有一定综合竞争力	要求店铺具有一定的综合竞争力；	-
符合	未因严重违规行为被限制参加营销活动	店铺未因严重违规行为被限制参加营销活动；	查看
符合	未因一般违规行为被限制参加营销活动	店铺未因一般违规行为被限制参加营销活动；	查看
符合	描述相符	店铺描述相符需在4.6分以上；	查看
符合	不在搜索全店屏蔽处罚期	不在搜索全店屏蔽处罚期；	查看

图4-32 | 活动"淘宝女鞋2017"的要求

- **资源浪费** | 网店的竞争越来越激烈，推广成本也越来越高。为了使自己的宝贝让买家看到，店铺还要花巨额成本来引入流量，这些流量吸引来的买家如果因为宝贝的中差评而流失，将成为店铺的巨大损失。如某个宝贝的利润是50元，一个中差评导致宝贝滞销10个，那么店铺的损失就是50×10=500元。更何况，宝贝利润和导致滞销的宝贝数量远不止这个数。

因此，如果店铺出现了中差评，一定要根据对方给出中差评的目的、动机来进行及时处理。

4.5.3 致电客户修改中差评的技巧

当店铺不幸遇上了中差评，客服需要致电客户，请求客户修改评价。作为网店的客服人员，首先要树立售后服务理念，而不是把自己当成是处理中差评的团队。若让客户修改中差评，什么起着至关重要的作用呢？是好的态度，还是用钱来息事宁人呢？

其实客户是否愿意修改中差评很大程度上取决于客服有没有让客户感觉到网店对他的重视，如果客户感受到自己被重视，接下来修改评价只是水到渠成的事情。

其次，客服需要掌握给客户打电话时的技巧。打电话前初步了解买家的情况，购物情况从收货信息就能看得出来，然后再开始打电话。致电环节主要分4个步骤，包括确认环节、道歉环节、解决环节和收尾环节。

1. 确认环节

客服致电环节的第一步就是要确认信息，避免打错电话。换句话说，客服需要对客户的身份、产品的信息、评价的信息进行确认。此外，还要在通话刚开始的时候进行自我介绍，避免被客户认为是骚扰电话的嫌疑。

（1）确认身份

当电话接通之后，客服需要等待客户先说话，确认客户的性别，然后就可以与客户开始对话。例如："您好，请问您是×××先生/小姐吗？"

（2）自我介绍

一个小小的基础客服和客服经理分别给客户致电，客户的感受是截然不同的，职位越高的客服联系客户，客户越会觉得自己受到重视，所以在自我介绍环节，客服要学会包装自己。例如："您好，我是×××网店的客服经理，我叫×××。"

（3）确认产品

当双方都清楚了对方的身份，客服便可以逐渐切入正题，向客户确认是否购买了自己网店的某一商品，简单明了地确认客户的购买信息。例如："您好，我想了解一下，您是否在××月××日在我们××店铺购买过××品牌××颜色的×××产品？"

（4）确认评价

当客服得到了客户购买产品的肯定信息之后，客服就需要切入正题，直接说明来意，避免拖拖沓沓让客户觉得烦躁。例如："你好，我看到您给了我们一个×评，我想了解一下具体的情况是怎样的。"

2. 道歉环节

客户确认了你的来意，必然会讲明自己给出中差评的原因。不管是什么原因，客服都要通过电话向客户道歉，声音中要透露出自己的诚挚，这也是电话沟通最重要的环节。

（1）理解

客户在抱怨的时候，客服要对客户所烦恼的问题表示理解，话语中要透露出自己的感同身受，语速不要过快，语调抑扬顿挫，语句有轻重之分，并在对方说话时适度重复对方所抱怨的问题，让对方认为你不仅在认真倾听，还在认真地进行记录。例如："我非常理解您的感受，我也觉得很气人，如果是我碰到这样的情况，我也会很生气的。"

（2）歉意

给客户道歉是客服必须要做的，不管客服觉得是谁的责任，在通话过程中都要尽量让自己的语气听起来友好。例如："给您在购物途中带来不便真的十分抱歉，我代表网店全体工作人员向您致以歉意。"

3. 解决环节

帮助买家分析原因，告知买家出现这样的情况主要是什么原因造成的。客服可以参照上一节讲到的客户中差评原因进行分析，并结合具体的中差评原因给予有针对性的解决办法，并强调客户的评价对于店铺的重要性；但在这个环节，依然少不了表达歉意。例如：

"不管怎么说，我觉得都是我们这边没有做好，网上买东西本来就是买个开心，这次让您不开心了，我真诚地向您道歉！真的挺对不起您的。"

"因为您的中差评对我们小店来说还是有一点小小的影响的，如果您觉得××××，还有就是我的服务还不错的话，请您帮我把评价的等级提升一下。"

当客户同意修改中差评后，客服需要指导客户的修改过程，一是让客户感受到自己的一对一贴心服务，二是让客户立即解决评价的修改，否则稍不留意就会忘记。例如：

- **方便**｜那我这边直接指导您怎么修改，很简单的，只要一分钟就好了。
- **不方便**｜那您几点钟方便？等一下我用简单的几句话把修改的流程发送给您，以免到时候您找起来麻烦。或者您看8点左右我给您再来个电话，我直接指导一下您，这样您更容易一点。

4. 收尾环节

无论客户是否答应修改中差评，客服都要表示感谢，并对麻烦客户帮忙修改中差评感到抱歉与打扰。例如："真的很感谢您对我们工作的支持，打扰您了！我们一定把工作做得更好。"

4.5.4 把解释变成宣传的机会

做网店遇到差评是难免的事，客服除了引导买家发表好评，对中差评也可以做出更多解释，特别是对同行竞争和恶意差评师引起的中差评，在向淘宝官方申诉的同时，还能通过在评价下方解释，将其转变为宣传店铺的机会。

淘宝网规定在双方互评48小时之后，卖家可以对买家所做出的评价做出解释。在面对执意不更改差评的客户，尤其是恶意差评师和恶性同行竞争时，客服只能通过对差评进行解释来证明自己的"清白无辜"；当然这也是宣传店铺的机会，在很大程度上可以让店铺转危为安。客服的解释如图4-33所示。

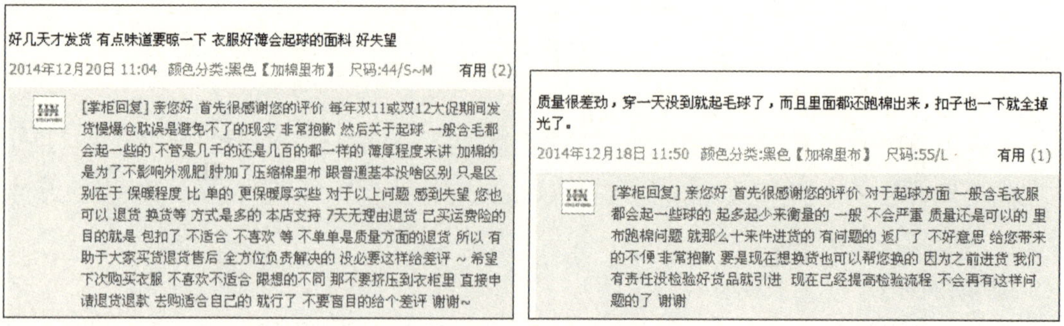

图4-33｜把解释变成宣传的机会

客服在解释差评的过程中主要突出以下几个方面：对客户给出差评的原因有针对性地

做出解释；注意解释的字数和语气，字数越多，态度越诚恳，越能说明自己对客户所提及的问题是积极、耐心、有诚意去解决的；给出承诺很重要，说明店铺对商品质量的保证、服务的态度及原则、售后问题解决的决心等，让之后的客户放心购买。

本章小结

本章对售中、售后服务的相关知识进行了介绍，如订单确认及核实、打包商品并发货、客户信息反馈、普通售后问题处理、纠纷处理和中差评处理等知识，现将本章的重点内容总结如下。

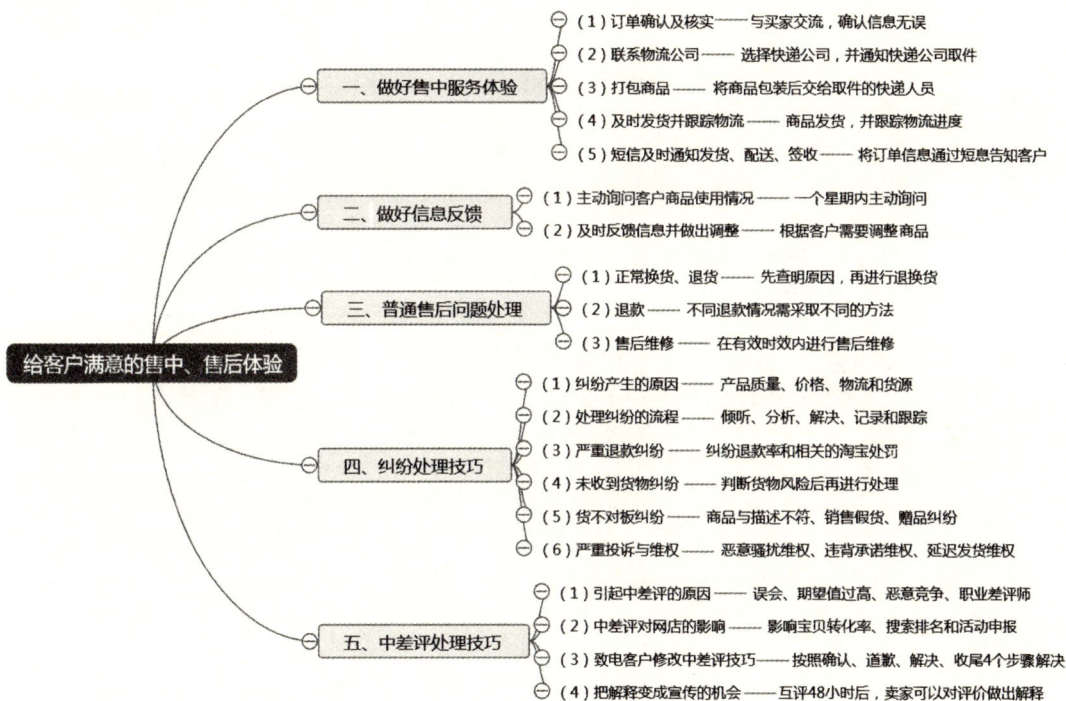

给客户满意的售中、售后体验

一、做好售中服务体验
- （1）订单确认及核实——与买家交流，确认信息无误
- （2）联系物流公司——选择快递公司，并通知快递公司取件
- （3）打包商品——将商品包装后交给取件的快递人员
- （4）及时发货并跟踪物流——商品发货，并跟踪物流进度
- （5）短信及时通知发货、配送、签收——将订单信息通过短信告知客户

二、做好信息反馈
- （1）主动询问客户商品使用情况——一个星期内主动询问
- （2）及时反馈信息并做出调整——根据客户需要调整商品

三、普通售后问题处理
- （1）正常换货、退货——先查明原因，再进行退换货
- （2）退款——不同退款情况需采取不同的方法
- （3）售后维修——在有效时效内进行售后维修

四、纠纷处理技巧
- （1）纠纷产生的原因——产品质量、价格、物流和货源
- （2）处理纠纷的流程——倾听、分析、解决、记录和跟踪
- （3）严重退款纠纷——纠纷退款率和相关的淘宝处罚
- （4）未收到货物纠纷——判断货物风险后再进行处理
- （5）货不对板纠纷——商品与描述不符、销售假货、赠品纠纷
- （6）严重投诉与维权——恶意骚扰维权、违背承诺维权、延迟发货维权

五、中差评处理技巧
- （1）引起中差评的原因——误会、期望值过高、恶意竞争、职业差评师
- （2）中差评对网店的影响——影响宝贝转化率、搜索排名和活动申报
- （3）致电客户修改中差评技巧——按照确认、道歉、解决、收尾4个步骤解决
- （4）把解释变成宣传的机会——互评48小时后，卖家可以对评价做出解释

课后练习

（1）图4-34所示为一则客服与买家确认订单信息的案例，分析客服确认操作是否正确。

（2）若你所在店铺遭遇了买家的中差评，并且通过与买家交流后，买家不退换货，执意要你补偿，你怎么处理？

（3）面对同行竞争，要怎么回应同行的中差评？试举例进行说明，如下为两则示例。

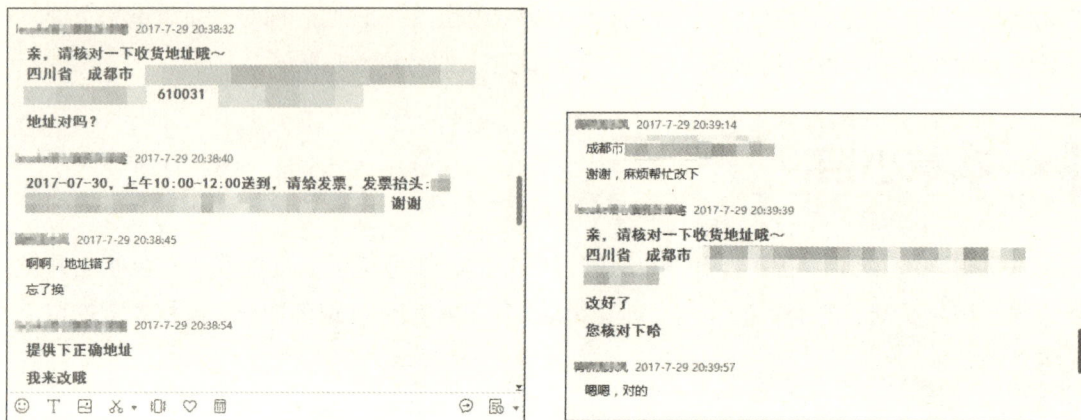

图4-34 | 客服与买家确认订单信息案例

"亲们，就是这个买家，请大家一定要记住他。他买了我们的宝贝，什么反应都没有就直接给了差评。对于我们这边的联系也毫无反应，经过我们跟淘宝官方的联系核实，判定此人为同行，看到我们宝贝卖得好就来恶意竞争，真是太可耻了！本店本着全心全意为消费者服务的理念经营，遇到这种同行着实让我们很伤心，不过官方已经对该买家进行警告处理了，请大家放心购买。"

"这位买家一声不吭就给了个差评，对客服的询问也不管不顾，说不是恶意差评我都不信。这款宝贝这么多的好评难道都是假的吗？嫉妒我们宝贝销量好就搞这种小动作，同行竞争也太令人寒心了！本店一直致力于全心全意为客户服务，提供最佳的宝贝和服务。相信各位亲都是明事理的，一定不会被这种恶意差评蒙蔽。"

第5章
读懂这些数据

　　客服的工作质量是参差不齐的，那么客服工作要以怎样的方式进行检验呢？数据始终是诚实的，它能提供科学化的考核标准，我们需要用数据来衡量客服的工作优劣。

　　在这一章，我们将学习询单转化率、客单价、旺旺响应速度、商品退款率这4项客服工作的检验指标，以及如何改善这些指标的切实可行的方法，让客服的工作更上一层楼。

案例导入

　　"鞋之家之小宇宇"网店自开业以来业绩平平，除了节假日的促销活动能稍微提升一下网店的销量外，平时网店的销量可谓屈指可数，最近更是呈现出了可怕的下滑趋势。为了止住网店销量不断下滑的趋势，店长小明还特意请教了自己的一位好友。这名好友是一位资深的店家，开淘宝网店已经六年了。好友问他："你是如何来判断网店销量的呢？"小明说："就是看平时成交的订单量呀？难道不是这样吗？"好友说："作为店长，你不能仅仅只查看订单量这单个方面的数据，还应该查看客服工作所反映的数据，如询单转化率、客单价、客服响应时间、客户退款率等，这些数据对网店销量也是有直接影响的。"小明说："这些数据这么重要呀？我从来都没有注意过呢。"好友说："是的，只有读懂了这些数据，才能改变网店当前的销售状况。"小明说："那么，这些重要数据在哪里可以查看呢？"好友说："你可以通过'卖家中心'的子账号管理功能查看客服的聊天记录，也可以用专门的绩效监控软件'赤兔'来查看。"小明说："那我现在就赶紧去认识一下这些被我忽略了的数据信息。"

　　作为一名客服人员，除了能够耐心解答客户提出的各种疑问并读懂客户的需求外，更重要的是将自己的服务转化为店铺的实际盈利，而这些盈利是通过各种销售数据表现出来的。所以，客服数据的监控是衡量客服工作是否称职的重要指标。本章将对客服数据进行了解，包括询单转化率、客单价、旺旺响应速度和商品退款率等，并着重介绍改善这些数据的方法。

5.1　询单转化率

　　转化率最开始运用于市场调查，是指访问者当中，有多少比例的人进行了该调查内容中的动作行为。延伸到电子商务领域对客服工作的考核中，便有了询单转化率的概念。询单转化率是指客户进入网店后，通过咨询客服后完成的商品交易情况，即经过咨询客服下单成交的客户数与询问的总客户数的比例。计算公式为：询单转化率=咨询付款人数/咨询人数。例如，有100个客户向某位客服咨询商品的相关信息，其中有40个客户下单购买，那么这位客服的询单转化率就为40%。这里所说的咨询总人数是指除去了小广告、恶意骚扰等内容，真正咨询商品本身的聊天人数。

　　客户进入店铺后，会通过两类途径来下单购买商品：一类客户选择直接下单购买；而另一类客户需要咨询客服，确认了疑惑信息后才进行购买。前者订单的转化情况被称为静默转化率，与网店推广和店铺的页面详情有很大关系；后者则与店铺的询单转化率相关，而店铺的询单转化率与客服的工作有着莫大的关系。询单转化率主要反映的是客服的专业能力。买家既然选择了咨询，就说明他已经产生了购买意向，只要有正确的引导，成交的概率就能达到90%。询单转化率越高，说明客服能力越强。本节主要对客服的询单转化率进行讲解，并介绍用数据来衡量客服的工作能力以及提升客服询单转化率的方法。

一般客服的询单转化率要达到60%左右才算合格。影响询单转化率的因素有很多，客服可以从坚定客户购买意愿和紧跟客户完成付款这两个方面着手，提高询单转化率。

5.1.1 坚定客户的购买意愿

客户主动向客服咨询，说明买家已经产生了购买意向，只要有正确的引导，成交的概率很大，可为什么很多客户在咨询客服的过程中反而动摇了他的购买意愿，最后放弃购买呢？作为客服人员，最苦恼的莫过于客户购买意志的不坚定，时不时拒绝客服的推荐。而对于询单转化率而言，客户的拒绝，往往是拉低转化率的罪魁祸首。作为一名优秀的客服，引导客户坚定购买信心是提升转化率的工作使命，那么我们就从客户的拒绝着手，对这些拒绝理由一一应对，说服客户买下商品。动摇客户购买决心的原因如图5-1所示。

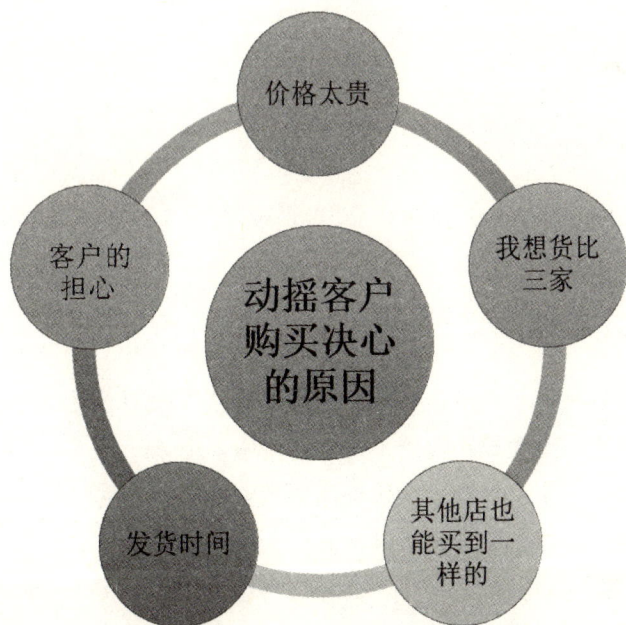

图5-1 | 动摇客户购买决心的原因

客服在工作过程中要善于发挥自己的专业精神，在客户的购买过程中不断给予他们心理暗示，坚定客户的购买意愿，促进询单转化率的提高。

1. 价格太贵

价格太贵永远都是客户拒绝理由中被运用次数最多的，也是较为敏感的拒绝理由。这个时候客服可要仔细权衡了：议价是一些客户的习惯性行为，这类客户可能购买意愿是很强的，但他们欲擒故纵，故意借口说一些"太贵了，我不买了"之类的话，其目的是让你主动降价；当然还有一类客户是确实觉得太贵了，如果能便宜一点就拍单付款。客户议价的心理客服很难进行判断，那么客服在面对这类拒绝理由时，首先要了解关于价格的一些问题。例如：

- 我们店铺的产品在价格上处于整个行业类似产品中的什么水平？
- 竞争对手的定价在哪个价格区间？
- 这个产品卖出的最低价是多少？
- 我们的利润空间有多大？
- 商品对于客户是必需品吗？

理清了上面的几个问题，客服对网店商品的价格就有了一些了解，如商品的定价规则、定价的市场竞争力、定价面向客户等知识。下面就需要将学到的价格知识好好运用起来。在面对因价格因素拒绝购买的客户时，客服又应该怎么做呢？我们来看看下面这个案例。

> 你们价格太高了，还是算了吧。

> 亲，您觉得您能接受的价格是多少呢？

> 那给我 200 元吧，就把零头少了吧！

> 亲，我们的原价是 298 元，200 元确实做不出来的。您看我们店庆活动的时候都是大让利，活动价 258 元，您看我们以活动价给您可以吗？

> 嗯，行吧，如果你们有小礼品，记得送给我哟！

议价的范围在客服所能把控的范围内，既没有让客户失望，又以商品的最低价平衡了客户的心理，促使订单迅速完成，提升了询单转化率。

切不可自乱阵脚，一听到客户因为价格问题放弃购买就自动降低价格，要将价格的主导权控制在自己手中。

2. 我想货比三家

淘宝上的商品不仅种类繁多，同类同款的商品数量也不在少数。客户可以对同类同款产品在价格、质量等各个方面进行科学的比较，从而挑选出自己最满意的网店进行购买；而网店则多了更多的挑战，但也有利于卖家不断提高自己的商品性能。下面是搜索"欧莱雅复颜抗皱紧致滋润日霜"后出现的结果，如图5-2所示。

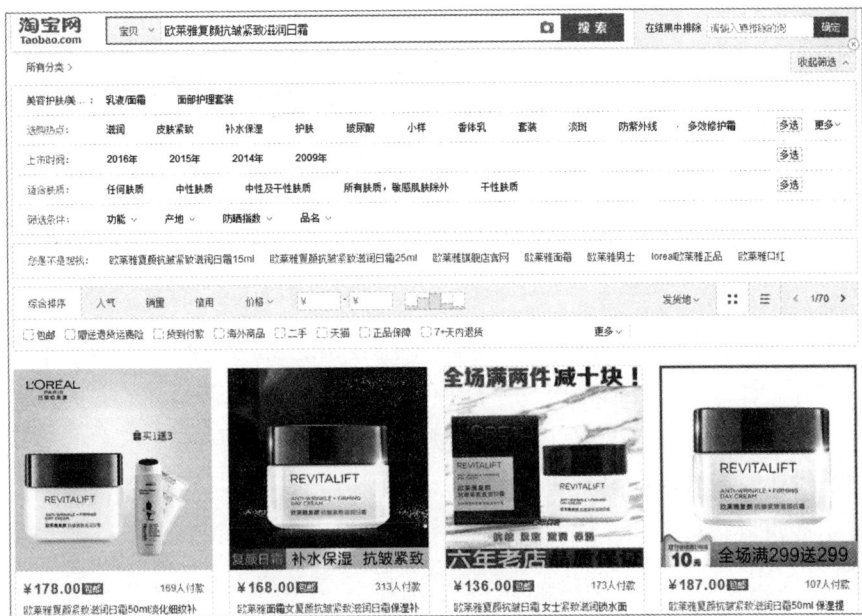

图5-2｜同名产品的搜索结果

　　网络购物深受大众欢迎的其中一个原因，就在于客户只需通过网络就可以在一个开放的平台上对比商品的优劣，选购最合自己心意的产品。这对于客户而言有了更多的选择，购物的自主性也更强；但对于客服而言却十分头疼，好不容易迎来前来咨询的客户，可客户总以"我想看看其他家的"为借口拒绝购买，中途跑单，买了其他店的商品。这无疑给客服工作带来了巨大的挑战，但客服一定要切记，货比三家是客户购买商品的权利，客服可不能强制客户购买。不过，客服难道就要眼睁睁看着客源流失吗？当然不能！我们先来看看下面这个案例。

> 亲，您还有什么疑问需要我帮您解答的呢？

> 哦，没有了，谢谢了！

> 这是我应该做的，如果您方便现在就可以下单，我会安排仓库为您优先发货的！

> 哦，我想再看看其他家的商品，多对比对比。

> 行的，亲，您可以多看看、比一比，说不定会更喜欢我们呢！嘻嘻，您看我半个小时之后再联系您好吗？

> 行的，谢谢你啦！

专家指导

　　客服要用优质的服务留住客户，尊重、理解客户的决定，让客户不由自主地产生一种好像不在你家购买这件商品就感到抱歉的心情。

　　从上述案例中可以看到，客服把选择权留给了客户，让客户感受到了卖家对他的尊重。这是因为客服深知，客户在购物环节中不仅仅有对所要购买商品的需求，还有对服务的感受。必要的时候与客户约定联系的时间，可以让客户感受到自己得到了重视。即便是客户看了无数同类的产品，而这些产品在价格上更优于你，但若是你的服务做到了让客户满意，那么这个客户最终也非你莫属！这样你还会发愁询单转化率上不去吗？

3. 其他店也能买到一样的

　　当客服尽情介绍着自己商品的质量保障、售后维护等优势时，客户一句"其他店也能买到一样的"犹如一盆冷水不禁让客服的热情一下子就被浇灭了，这个时候客服应该怎么办呢？

　　客户去购买商品时，对于商品的了解毕竟只是某一方面或仅仅局限于某一个功能，但客服可是产品的全知者，挖掘产品的潜在功能，突出产品独有的特色优势，是客服应对这类拒绝最有力的武器，能在一定程度上劝说客户留下购买，促进询单转化率的提升。客服需要思考自己的产品所存在的独特优势，如下所示。

- 我们商品的卖点在哪里，会给客户带来什么好处？
- 我们网店的产品与其他店铺的产品有什么不同，或在服务上有什么不同？
- 拿出证据，证明自己的产品是值得购买的，这就需要客服掌握商品的生产数据和事实证据。

　　归纳了上面的几个问题，客服对网店商品的优势就会有一些了解了，在说服客户留下购买时劝说客户的语言也会更加具有说服力。那么客服具体应该怎么做呢？让我们先来看看下面这个案例。

> 我看网上和你们卖一模一样的款式的有很多，我没有必要非在你们家购买呀，别人家还便宜一点！

> 亲，我们的宝贝在网上的确有很多高仿款，其他的我不敢说，但在商品质量和售后服务方面，我们家是最有保障的，其他网店只能模仿我们的外在样式，却无法比拟我们的内在质量。

> 那你们的质量有什么不同啊？

亲，您也知道这款衣服的特色在于防水性能，我们的衣服可以盛水，并且放置一个月也不会漏水的，防水性能是极好的。虽然其他店铺也会主打防水性能的特点，但其防水性远远不如我们的商品。

哦，是这样的呀，那我就在你们家购买吧！

专家指导

客服要在不诋毁同行的情况下，站在事实的角度重点阐述自己产品独一无二的质量优势，以打动客户。

4. 发货时间

客户不喜欢等待，他们大都希望能够尽快收到所购买的商品，这对网店的发货速度和物流的运输速度要求较高。有的客户对商品的迫切性很强，如果卖家的发货速度不能满足客户的紧迫性需求，客户便会放弃购买。那么合理的发货时间是多久呢？其实网店的发货时间并不固定，需要客服根据店铺的规模、发货习惯等回答客户。大多数店铺为了规避"延迟发货"的投诉，将发货时间定为下单付款后72小时内，可这又可能会错失一些紧急客户的订单，对店铺的询单转化率可是不利的。我们来看看下面这位客服是如何应对的。

你们什么时候可以发货呀？办公室打印机坏了，每天都有很多文件需要打印，我这边很着急，等着用。

亲，您好，我们会在您拍下后 72 小时之内为您发货，可如果您很着急，我们可以为您优先发货的。

真的吗？那大概什么时候可以发货呢？

亲，如果您在 16:00 前完成付款，我们今天就为您发货。

那就太好了，我立刻付款！

专家指导

如果客户明确表示自己的购买条件就是快速的发货和较快的物流，那么对于客服来讲，掌握客户的购买条件，并尽最大可能地达成客户预期的效果，就能促成这笔交易，但切记要量力而为。"优先发货"的承诺可不能随随便便许诺给客户，客服必须要确保自己真的能够做到，自己所选择的快递可以如期送达。但凡遇到客户急着要货，客服都承诺优先发货，这是不现实的，对其他客户来讲也是不公平的。

客服能够尽快给出客户满意的发货时间，并迅速抓住客户，促进询单的转化率，固然是件好事，但既然给出了这样的承诺，就一定要说到做到。有些客服为了提高询单转化率，会做出一些无法完成的发货时间承诺。在这种情况下，如果达不到客户的发货时间要求，倒不如提前诚实地告知客户，否则询单转化率倒是上去了，投诉和售后数量也跟着上升了。

5. 客户的担心

客户拒绝购买的另一个原因在于客户的担心，担心什么呢？客户的担心可能更多集中于对网络购物的不信任，如怕遇到骗子、对商品的质量不放心、售后有没有保障等。客户的这类担心是很多的，原因也是各不相同的，但他们的担心都有一个共同的暗示——他不想买了。

客服在面对客户的担心时，要了解客户为什么不想买了，找到原因，攻其重点，消除客户的担忧。我们看看下面这位客服是怎么做的。

我还是不买了吧，有点担心。

亲，您担心什么可以和我说说吗？

真的吗？

亲，您是担心我们的商品存在着质量、真伪问题吗？还是对我们所做出的售后承诺不放心呢？

说实话吧，我担心你们卖的是假货，而且选择衣服的大小也不知道是否合适，也没有试穿过。

亲，我非常理解您的心情，但我们郑重承诺，商品是接受专柜验货的，如果检验出是假货，您只需让专柜开一张鉴定报告，我们会做出三倍赔偿。至于您担心的衣服大小问题，我们接受7天无条件退款。此外，我们还为您购买了运费险，退货、换货运费您都不用承担的，这点您大可放心。

这样的呀！那我就可以放心购买了！

专家指导

客户临时放弃购买，可能是心里突然出现了某种担心。这种担心可能是多方面的，说出来就好了，可如果他们不愿意告诉客服或者自己也不是特别清楚为什么准备放弃购买，客服这时就不能再继续纠缠着"您有什么担心"这类开放式的问题，而应该给客户准备几个封闭式的选项，只有找到了问题的关键所在才能对症下药。这时客服的耐心可是少不了的。

客服面对客户的担心时要通过不断提问，问出客户实际担心的问题，再通过针对性的解释来消除客户心中的担忧，让客户尽快下单，促进询单转化率的提升。

通过以上知识的学习，我们明白了客服应如何应对客户的各种拒绝理由，以引导客户坚定购买意愿，下单付款，提高客服的询单转化率。为了更好地记录客服的工作具体情况、分析询单转化率的高低原因，很多网店制定了专门的表格供客服填写，如表5-1所示。通过这样的表格，一方面可以让卖家了解客服的短板在哪里，更有针对性地进行辅导和培训；另一方面，也可以让客服人员通过表格明白自己当时的失误在哪里。

表5-1 客服服务记录表

客服号									
咨询时间	客户旺旺ID	咨询内容	回复内容	是否拍下	未拍下的原因	是否付款	未付款的原因	做出的补救措施	备注

5.1.2 紧跟客户完成付款

前面的章节将注意力全都集中在了鼓励客户下单的环节，但付款与否才是订单是否有效转化的关键，所以客服要在客户下单后紧跟客服付款。客户购买商品的过程中，付款情况如图5-3所示。

到嘴的鸭子可不要飞走了！很多客户在拍下订单之后迟迟未付款，时间一长要不就忘了付款一事，要不就是购买欲望降低了，直接关闭订单。这可是让客服们最为头疼的一件事了。如果遇到客户下单未付款的情况，客服需要紧跟下单客户完成付款。这时适当的催付必不可少。下面介绍客服催付的技巧。

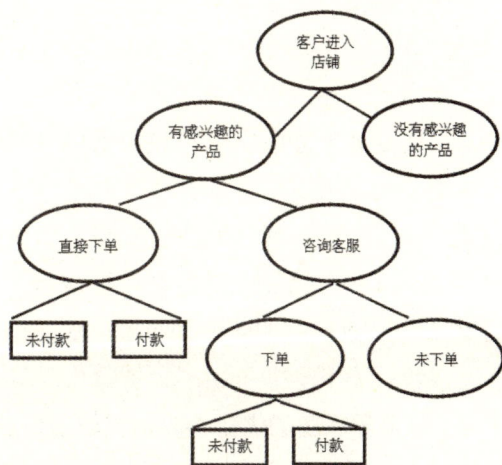

图5-3 | 客户付款情况

客服在催付的过程中切忌直接要求客户进行付款，这样会让客户感到很不舒服。我们将客服的正确催付技巧概括为4点，如图5-4所示。

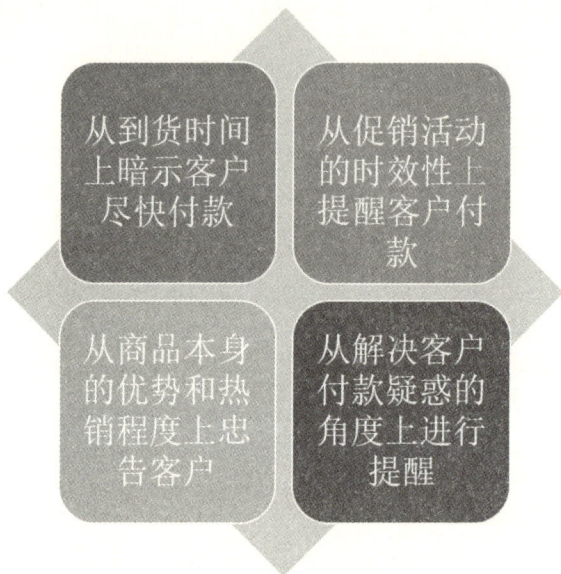

图5-4 | 客服的正确催付技巧

1. 从到货时间上暗示客户尽快付款

网上购物最让客户感到无奈的便是等待，不像在实体店购物，付款即可拿到商品；而等待也分先来后到、轻重缓急，在网上购物中有一条通用于各个店铺的规则——先付款先发货。网店仓库在发货时，除了标注的紧急优先发货的商品外，都是按照付款的订单先后顺序进行打包发货的。客户越早付款，卖家越早发货，所以客服可以利用这一点对客户进行催付，让客户尽快付款。例如："亲，您在16:00之前付款，那么今天就可以为您安排发货。最近仓库发货紧张，先付款先发货哟！"

2. 从促销活动的时效性上提醒客户付款

网店为了积聚人气，会开展一些让利促销活动，但店铺的促销活动是有一个时间期限的，如果错过了这一期限就不能享受到相应的优惠了。客服可以利用促销活动对客户的吸引力进行劝说，以促销活动的时效性作为催付理由，引导客户付款，促进询单转化率的实现。例如："亲，我们店铺的周年庆活动马上就要结束了哟，今天是活动的最后一天，活动一结束商品就都恢复原价啦，抓紧付款哟～～嘻嘻～"

3. 从商品本身的优势和热销程度上忠告客户

商品的销售量和受客户欢迎度决定了商品是属于供不应求还是供过于求。及时告知库存量对于客户快速付款也是有一定的作用的，尤其是当货品供不应求的时候，对货品数量紧缺的提醒可以加速客户产生对商品"快没了"的担心，从而迅速付款。客服可以利用这一点，促进询单转化率的提升。例如："亲，我们店铺的周年庆活动马上就要结束了哟，今天是活动的最后一天，商品的库存不多啦，抓紧付款哟～～嘻嘻～"

4. 从解决客户付款疑惑的角度上进行提醒

很多客户由于在付款环节遇到了一些问题，但又苦于无人能帮助他解决，只能选择放弃付款。作为专业的客服人员，怎么可以因为客户的支付技巧问题白白损失了询单转化率呢？指导客户完成支付也是客服提高询单转化率需要完成的工作。在前面的章节我们学习了支付宝的支付流程，但在淘宝支付上还有很多其他的支付方式，如利用余额宝支付、网上银行支付、信用卡支付等，客服需要对淘宝网的支付流程进行全方位的掌握。通过支付流程进行询问也是客服催付的一个很好的借口。例如："亲，我看到您还有一笔订单没有完成付款呢，是在付款环节遇到什么困难了吗？如果有需要我可以为您解答的，我可是全能的小客服！如果需要帮助，您可以随时联系我的！"

5.2 客单价

客单价指的是每一个客户在网店中的平均消费的成交金额，计算公式是客单价=支付宝成交金额/成交用户数。例如，某个店铺有5位客户前来购买商品，他们的总成交金额是1 500元，那么客单价就等于总的成交金额1 500元除以成交用户数5位，客单价就是300元。在购买客户、成交数量同等的情况下，哪个店铺的客单价越高，店铺总的营业额也就越高，相对而言其利润也就越高，所以客单价对整个店铺的营业额是有巨大影响的。客服客单价的概念类似，就是经由这位客服服务后的成交金额与服务后成交人数的比值。客服客单价决定店铺客单价，所以在客服工作中，客单价也是一个极为重要的指标。

表5-2所示是某女装店的3名客服一周的成交量情况。通过数据的对比，我们可以看出即便是同一个网店的客服人员由于销售技巧的不同，客单价的差别也是很大的。我们通过数据，可以分析出这3位客服在销售中的一些特点：客服A的成交笔数较高，但每个订单拍下的平均商品件数不多，说明客服A的商品关联销售能力仍有欠缺，如果客户购买的件数较多，她的客单价还有上升的可能；客服B的成交笔数是最高的，每个订单拍下的宝贝件数也是3位客服之首，说明客服B有着较强的销售能力，他能在较短的时间内说服客户更多地购买商品，但我们看到他的客单价反而是最低的，这就说明客服B可能向客户推荐的都是低价位产品，这就导致了客单价不高的状态；客服C的成交笔数是最低的，但客单价反而是最高的，这说明客服C在向客户推荐商品的过程中更多倾向于高价位的产品。结合3位客服的销售特点和客单价的高低情况，我们可以看出客单价的高低可能和客服的引导购买销售能力、关联销售能力以及商品价位选择销售能力有关。下面就从这3个方面讲解客服提高客单价的方法。

表5-2　某女装店的3名客服一周的成交量情况

客服	接待人数	成交件数	成交笔数	成交额	客单价
客服A	567	401	289	49996.4	172.30
客服B	682	521	297	40585.6	136.65
客服C	496	443	204	50146.3	245.82

5.2.1　启发客户的购买需求

很多时候，客户的需求是潜在的、隐性的，他们对于自己想要购买什么的诉求并不明显，这时就需要客服的引导；甚至在很多时候，客服要诱导客户进行购买。除了前面所讲的要运用所学的商品专业知识突出商品的优势以外，还要向客户介绍店铺商品的活动，从价格方面引导客户购买。

1. 特价活动

常常看见一些网店选择节庆日对商品进行促销，如在商品原价上的直接打折、买满包邮、买满减、买一送一等活动。客服需要给客户介绍店铺的特价活动，让客户感到这样的活动是难得一遇的，再加上对产品优势的解说，激发客户潜意识对商品的购买欲望，增加客户的购买量，从而实现客单价的提高。接下来是一些促销活动的展示，如图5-5所示。

（a）买满包邮、买满减

图5-5｜常见的店铺特价活动

（b）直接打折

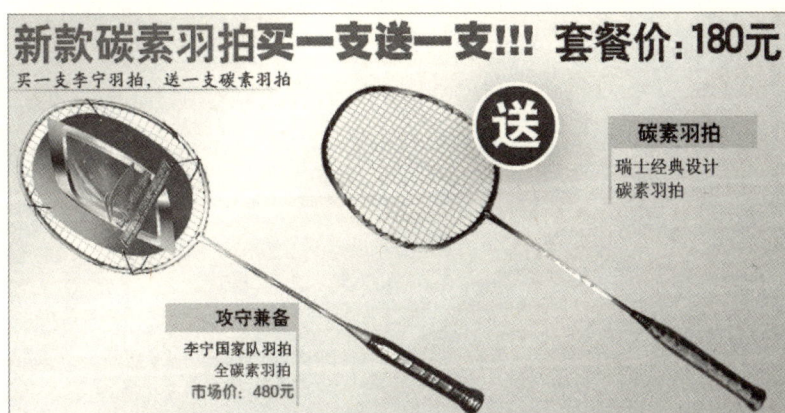

（c）买一送一

图5-5｜常见的店铺特价活动（续）

2. 限时限量抢购

为了提高销量，卖家经常会参加一些淘宝举办的规模较大的商品特卖活动，如聚划算、天天特价等。客户往往会被这些活动中低廉的商品价格所吸引，而此时客服需要做的就是不断向客户讲解活动力度的前所未有、活动时间的紧迫性、库存数量的有限，在客户的购买心理上造成一种稀缺性，增强客户的购买欲望。下面是一款女士白衬衣的限时限量抢购活动，如图5-6所示。

图5-6｜限时限量抢购活动

3. 权威推荐

通过第2章客户购买心理的学习，我们了解到了客户购买环节的求同心理，这其中还有一个很重要的信息，即对权威的认可。在销售商品的过程中，客服与其费尽口舌地介绍商品的各种优势，还不及来一句"这是×××推荐的"，客户对权威的认可便转移到对商品的认可上。客户有了这样的购买心理，客服的销售就变得简单多了。图5-7所示为一款权威推荐的产品。

图5-7 权威推荐

5.2.2 合理的搭配销售

客单价的高低是以客户的订单价格来计算的，如一位客户在一次下单中拍了4件商品，总共是800元，那么客单价就为800元，与客户购买商品的平均价格是没有关系的。所以我们通常认为，客户买的东西越多，客单价也就越高。这就要求客服在进行销售的过程中要注意搭配销售，商品的关联性越强，组合得越合理，就越能激起客户关联购买的欲望，客单价自然也就越高。搭配销售是客服提高客单价的又一个武器。

商品之间的关系可以分为3种：同类型商品、互补性商品，以及没有关系的商品。怎样理解这3种商品之间的关系呢？这里举一个例子来说明，一个消费者进入了一个婚纱的商品页，另一款婚纱与这件婚纱的关系便属于同类型商品的关系，而手套、婚鞋、新娘头饰是这件商品的互补性商品，短裤、T恤就可以归入没有关系的商品行列。销售商品时，客服一般要选择关联销售的同类型商品和互补性商品；除此之外，价格型的商品关联和数据型的商品关联也是常见的商品关联方法，如图5-8所示。

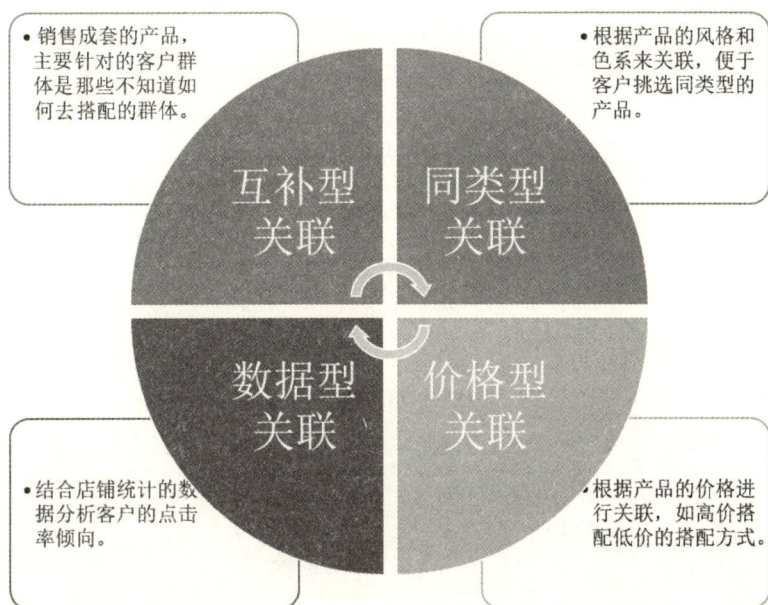

图5-8｜常见的商品关联组合方式

1. 互补型关联

商品的互补型关联是指将搭配这件商品的周边产品进行搭配销售，免去了客户对"怎样搭配"的担忧。这类推荐适合嵌入式关联，可放在宝贝描述的各个地方，抓住买家最初的购物意向。例如，在上衣的页面里推荐牛仔裤，买了泳衣可以看看泳帽。客户在购买主推宝贝的同时很可能同时购买相关宝贝。

若卖家在衬衣页面加入了对裤装的推荐，那么客服在向客户推荐衬衣的同时，可以附加推荐裤装，并以搭配得体美观、免去自己再次搭配、裤装耐看百搭等特点说服客户进行购买，从而提高客单价，如图5-9所示。

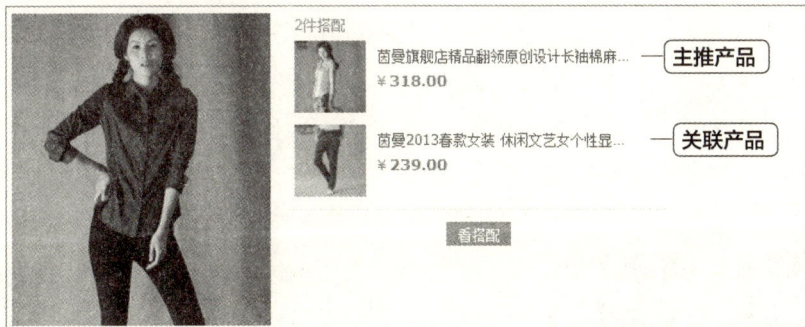

图5-9｜互补型关联

2. 同类型关联

所谓的同类型关联是指商品在内在属性、使用方法、外在美观性等各个方面具有相似的地方时，客服需要对这类商品进行组合分类。当客服清楚地了解客户的需要后，在向客户推荐商品时才能更具有选择性。推荐与主推宝贝相似的宝贝，为客户提供更多的选择，也增加了客户购买的可能性。

图5-10所示的上面是主推产品，下面是关联产品，根据主推产品的外在特点，确定几款样式、色彩类似的关联产品。客服要将这些产品都列为荐备选项，让咨询的客户在最大程度上进行购买，增加购买的可能。

图5-10 | 同类型关联

3. 价格型关联

在第2章客户购买心理的学习中，我们了解到一部分客户购买商品是源于求廉心理，他们习惯在商品的价格上精打细算。所谓价格关联就是客服在搭配商品的时候注重商品价格的搭配。较为理想的搭配方法就是"高价位商品+低价位商品≈高价位原价"，这样的搭配方式会让客户感到非常实惠，用一件商品的价格换来了两件或更多商品，他们当然愿意以套餐的形式进行购买。这样一来，客户购买的商品数量就多了，客单价自然也就上去了。这种搭配的示例如图5-11所示。

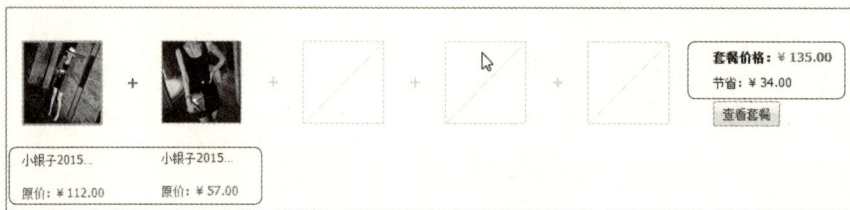

图5-11 | 价格型关联

4. 数据型关联

数据型关联就是根据之前客户的浏览情况、购买情况等数据信息，推测商品搭配的可能性，站在客户需求角度对商品进行关联销售。一般采用两种数据关联方法，下面分别介绍。

第一种方法是按买家购买记录来挑选。导出宝贝销售记录，看购买了A商品的人同时购买了哪些商品，如果发现买了A商品的人同时购买B、C、D商品的概率较高，那么就把A商品关联上B、C、D商品。以这种方法为依据进行的商品关联是比较常见的。客服在推荐商品时要以商品搭配销售的销量和客户的喜爱程度为依据向客户进行销售，如图5-12所示。

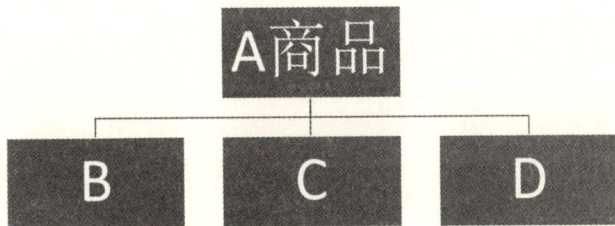

图5-12 | 客户购买概率形成的数据型关联

第二种方法是按照客户的浏览习惯进行的数据型关联，客服要关注"正在浏览E商品的人更喜欢浏览哪些商品"的数据统计，并实时做好统计。例如，发现浏览了E商品的人又浏览了F、G、H商品，这些也能成为商品关联的依据。

5.2.3 适当推荐高价位的新产品

对客服的销售而言，提高客单价的另一个因素就是商品的价位。如果一个客服在销售过程中总是主打特价、低廉价格的商品，费了很大的力气客单价还是会上不去；但是如果商品本身的单价就比较高，客单价自然也跟着上升。我们来看看商品的生命周期和价格周期。

图5-13所示为商品的生命周期。从中可以看出，商品的利润和商品的销量并不成正比。曾经普遍认为，商品的销量高了利润也就高了，但这样的认识难免太过片面。随着商品销量的提高，伴随而来的往往是更多的竞争对手，市场竞争白热化，产品、服务同质化严重，企业利润呈现微薄甚至负利等现象，反而在产品的新品成长阶段由于竞争对手少，投入的成本少很多，致使这个阶段成为赢得利润的最佳时间段，这也是为什么客服在推荐销售商品时要注重新品推荐的原因。

同样的，图5-14揭示了商品价格的周期变化。从中可以看出，任何商品的价格都不可能一直稳定不变，为了促进销量、保证利润，卖家总会通过升降价格来刺激客户的购买，当商品开始降价时是客服以价格刺激客户购买欲望的最佳时机。

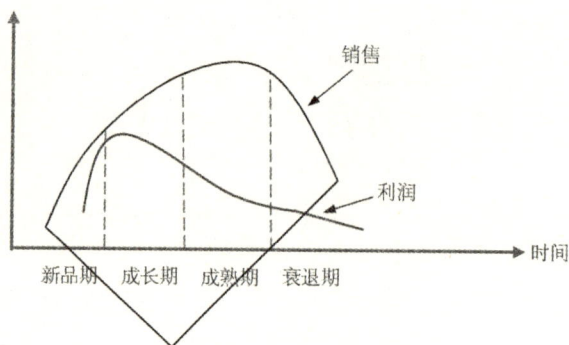

图5-13 | 商品的生命周期

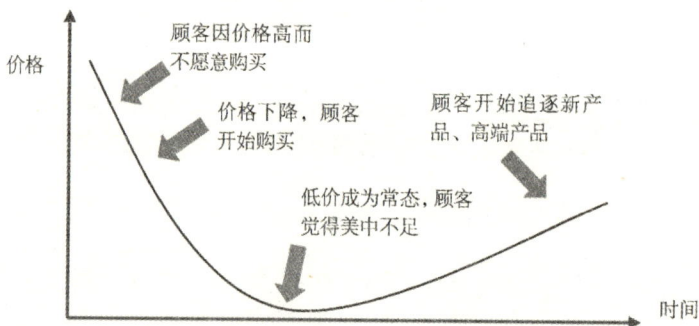

图5-14 | 商品的价格周期

学习了为什么要通过介绍高价格的新产品来提高客单价，下面介绍如何通过与客户的沟通促进客户对高价商品的购买。

1. 分析客户群体

客服对高价位产品的推荐可不能随意，不然很容易吓跑客户。要因人而异，需要对客户的价格需求与购买力进行合理分析。当客户说出了与下面类似的语言，那么客服就可以为这类客户介绍一些高价的产品。

- 我不喜欢价格太便宜的，质量没保证。
- 价格高低都无所谓，只要商品安全系数高、质量好就行。
- 我买东西就图个放心。

客服可以通过客户自己的介绍以及需求的表达挖掘出客户购买商品最在意的一些因素，当获知客户考虑最多的不是价格因素之后，就可以向客户推荐一些价格略高的商品。当然，客服对客户心理价位的了解还可以通过直接询问客户的方式获得，推荐的产品价格应大概比客户所能接受的价格略高一点点。

2. 突破销售高价产品的心理障碍

客服要敢于大胆地推销价格高的产品。要知道，销售低价产品和高价产品所付出的时间和精力其实是一样的。既然这样，何不在销售过程中把销售重心放在高价产品上？有些客服总觉得销售价高的产品心里过意不去，就好像自己"宰"了客户一样，甚至还会担心客户购买力不够，其实这是种很不健康的销售心理。

客服首先要知道产品给客户带来的价值是不能用付出的几十或几百元直接衡量的，我们销售产品给客户，真正受益最大的是客户而不是我们。其次，客服要相信客户的购买力永远比我们想象的要大，我们没有帮客户选到他真正想要的适合他的好产品，那才是真正的罪过。

在销售的过程中，为客户着重推荐的第一款产品价格要尽量往高处走，如果客户接受不了这样的价格，我们可以换别的商品或通过议价来达成一致，这是客服想要保持较高客单价必须要做的。

3. 合理的引导劝说

客服一定要有"一分钱，一分货"的概念，价高的产品必有价值高的理由。选准理由，旁敲侧击地劝说客户拍单付款可是很重要的，那么客服在劝说客户接受高价位的商品时都会找一些什么理由呢？

（1）商品的使用时间

价格高的产品在质量和售后方面有一定的保障，也就是商品的耐用性更强。客服可以以此作为卖点，以商品的耐用程度说服客户购买。例如："亲，乍看上去好像这件衣服真的不便宜，可您可以这样想呀：呢大衣的耐穿性很强，再加上我们使用的是上等材质的面料，在服装的版式设计上也是极为经典的款式，可以穿好几年都不过时呢。其他便宜的衣服可能今年穿了，明年就不成型了。从平摊价格这个角度看，这件衣服也是很划算的呢！"

（2）品牌的魅力

品牌自身带有的吸引力也是客户选择高价商品的原因之一。客服可以从品牌的知名度、社会评价等方面介绍品牌独有的魅力，吸引客户购买。例如："亲，您也知道Coach的包在时装界是很有名的，很多明星都有收藏、使用，更何况这是限量版的包，所以价格自然会贵一些，但它带给您的回头率一定是极高的！您真的可以考虑入手这个品牌的包。"

（3）客户面子的需要

客户有时会因为要送礼才购买商品，这个时候重点宣传商品的档次高可是让客户购买高价商品的好办法。例如："亲，既然是送朋友，这个价格的礼物可是很划算的，我们准备的礼品盒也是非常精美的，送给亲朋好友倍儿有面子，很上档次的！"

（4）质量安全的保障

商品的价格越高，其质量安全就越有保障。让客户在购买与使用的过程中更加放心、安心，是客服提高客单价的着手点之一。例如："亲，既然是给小朋友使用的玩具，安全系数可是第一位的。我们这款产品是从德国进口的，玩具的材料、配件等都经过了很严格的检测，我们可以为您提供质量证明书。产品的价格虽然比其他玩具略贵一些，但为了孩子的安全着想，也是很值得的呀！"

客服都知道，新产品的生产周期、盈利周期都比老产品更有优势，所以客服要重视高价位新产品的销售，把以上几个方面作为劝说客户的最充分的依据，从而提高客单价。

5.3 旺旺响应速度

在网店的运营过程中，卖家会想出很多提升销售额的方法，甚至通过付费推广让更多的人了解自己的产品，但他们往往忽略了客服在速度和效率上的提高能够在很大程度上为自己节约不少成本，而更快的回复速度和更短的回复时间能够促成咨询客户的成交。客服旺旺响应速度分为首次响应时间和平均响应时间。

客服的首次响应时间是指客服从收到客户的咨询信息后到第一次回复客户的间隔时间，10秒以内的首次响应时间是比较合理的。客服平均响应时间是指客服在与客户的整个聊天过程中，回复客户咨询时间的平均值，16秒以内的平均响应时间是较为理想的标准。

我们都知道客服的响应时间很重要，但客服在工作中总会因为各种各样的原因，增加客户的等待时间，那么影响客服响应时间的因素有哪些呢？

5.3.1 擅自离岗

客服工作需要随时面对着计算机，因为客户的咨询会随时出现。这要求客服在工作时间要保持高度注意力，不能擅自离开计算机。如果在客服离开期间遇上客户咨询，却无人响应，无疑会给客户留下不好的印象。当然，客服在工作中难免会因为一些紧急事情离开，这就需要客服在离开的时候将自己的旺旺头像从"在线状态"调整为"离线状态""忙碌状态"或者"隐身状态"，如图5-15所示。

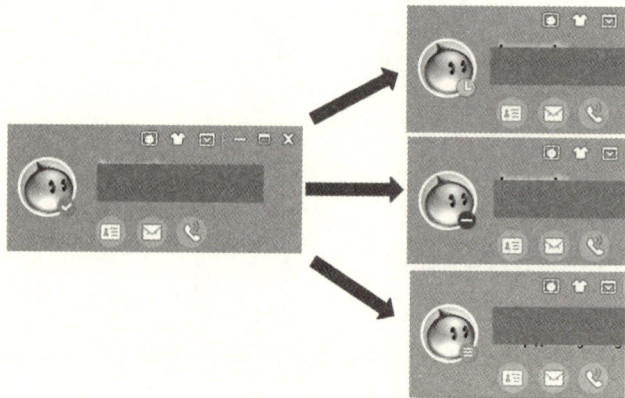

图5-15 | 旺旺状态的调整

当客服要离开岗位时，除了要调整自己的旺旺状态之外，还需要与其他客服进行工作交接，将前来咨询的客户转给其他客服帮忙服务，切忌让客户久等。

5.3.2 打字的速度与技巧

提高客服的打字熟练度是快速提高阿里旺旺回复速度最行之有效的办法，那如何提高客服的打字熟练度呢？这没有什么捷径而言，只有通过练习。一般而言，客服合格的打字速度在65字/分钟左右。很多淘宝卖家会选择一些固定的打字测试软件，定期测试客服的打字速度。其中金山打字通是较为常用的打字测速软件。

除了打字速度影响客服的响应时间外，打字技巧也很重要。很多时候客户提出的问题可能需要客服用较多的文字去解释、回答，客服在回答这类问题的时候要注意打字技巧，切记分段打字发送。因为这类问题的答案文字较多，要完整回答需要的打字时间较长，很多时候一些客户会误以为客服不搭理他，从而会关闭对话窗口，而分段发送文字可以减少客户等待的时间，实时与客户进行互动，对于客户没有理解透彻的细节也可进行补充说明。

5.3.3 专业知识不熟悉

客户问什么，客服不懂什么，只有翻翻宝贝详情页、问过同事之后才能准确回答客户的问题，这样能不影响客户的等待时间吗？对商品专业知识的不熟悉，在很大程度上会增加客户的等待时间，降低旺旺的平均响应时间，这也是影响客服旺旺响应速度的最主要因素。客服需要按照前面章节所讲的那样去学习相关专业知识，提高对商品各个方面的熟悉度。

5.3.4 不懂快捷回复

回复时间快自然是好事，但客服要懂得合理取巧。如果对客户咨询的问题做个统计，便会发现客户的问题主要集中于那么几个。拿女装类来说，客户常常会问"产品是否有货？""质量怎么样？""尺寸大小是标准的吗？""可以再便宜一些吗？""什么时候发货？""大概几天能收到？"等几类问题。如果每一个向我们咨询的客户都问这些问题，客服全都一个字一个字地敲打，那回复速度有多慢可想而知。这时客服就要动动脑筋，何不利用阿里旺旺来设置常常回答的问题的快捷答复呢？

1. 设置快捷回复

将客户经常提问的答案设置为快捷回复内容，需要时可通过快捷方式进行回复，其具体操作如下。

STEP 01 打开"接待中心"窗口，在客户交流区中单击"快捷短语"按钮 ，右侧列表框中将显示系统自带的快捷短语，这里单击 新建 按钮，如图5-16所示。

设置快捷回复

图5-16 | 单击"新建"按钮

STEP 02 打开"新增快捷短语"对话框，设置文本的字号为12，颜色为"黑色"；在中间的文本框中输入所需快捷短语的内容；在"快捷编码"文本框中输入数字"2"；单击"选择分组"下拉列表框右侧的下拉按钮，在打开的下拉列表框中单击"新增分组"按钮，如图5-17所示。

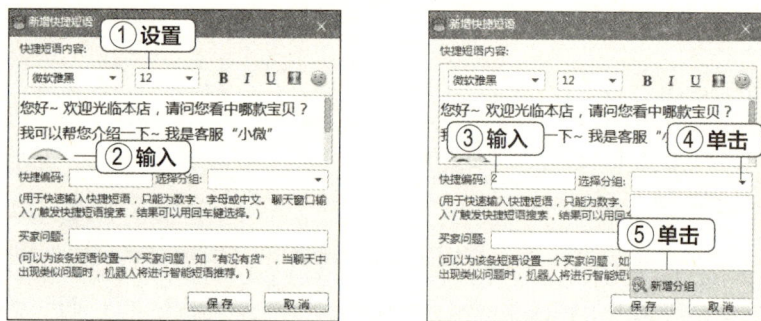

图5-17 | 设置新增快捷短语信息

STEP 03 在显示的文本框中输入新建分组的名称"新客户接待"，然后单击 添加 按钮。此时，"选择分组"下拉列表框中将自动显示新建分组的名称。在"买家问题"文本框中输入一个与快捷回复对应的买家问题，当买家发送该内容时千牛将自动以该短语进行回复。确认无误后，单击 保存 按钮，如图5-18所示。

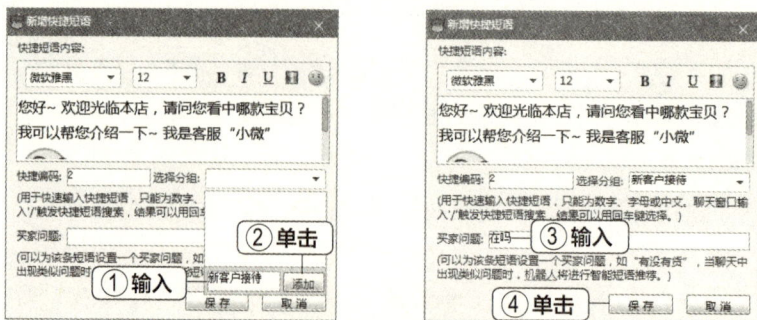

图5-18 | 设置分组与快捷回复内容

STEP 04 返回"接待中心"窗口，将鼠标指针定位到客户交流区的聊天窗口中，然后输入符号"/2"，系统将自动显示新建的快捷短语。按Enter键即可将快捷短语添加到聊天窗口，然后再次按Enter键或是单击聊天窗口中的 发送▾ 按钮，便可将消息发送给客户，如图5-19所示。

图5-19 | 在聊天窗口中发送快捷短语

专家指导

　　成功创建快捷短语后，如果需要对短语内容进行编辑，可在"接待中心"窗口的客户交流区中单击"快捷短语"按钮 ，在右侧列表框中就会自动显示已创建的快捷短语。在需要编辑的短语上单击鼠标右键，在弹出的快捷菜单中选择"编辑"命令，打开"修改快捷短语"对话框，在其中便可对短语内容、快捷编码和分组进行修改。

2. 批量导入快捷回复语

　　设置快捷短语，可以在很大程度上节省客服的时间。客服可以根据对客户咨询问题的统计情况，设置多个快捷回复，还可以通过直接导入已经编写好的快捷回复文档，以CSV格式或XML格式批量导入快捷回复语中。其具体操作如下。

批量导入快捷
回复语

STEP 01 打开"接待中心"窗口，在客户交流区中单击"快捷短语"按钮 ，右侧列表框中将显示系统自带的快捷短语，这里单击 导入按钮，如图5-20所示。

图5-20 | 单击"导入"按钮

STEP 02 打开"导入"对话框，在其中选择需要导入的快捷短语的格式，包括CSV格式和XML格式两种。这里选中"导入CSV格式"单选按钮，在下方设置导入短语的字体格式，然后单击 确定 按钮，如图5-21所示。

STEP 03 打开"导入"对话框，在其中选择需要导入的快捷短语，这里选择"常用语"选项，单击 打开(O) 按钮，如图5-22所示。

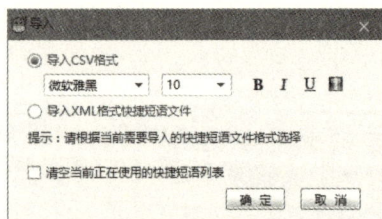

图5-21 | 设置导入的格式

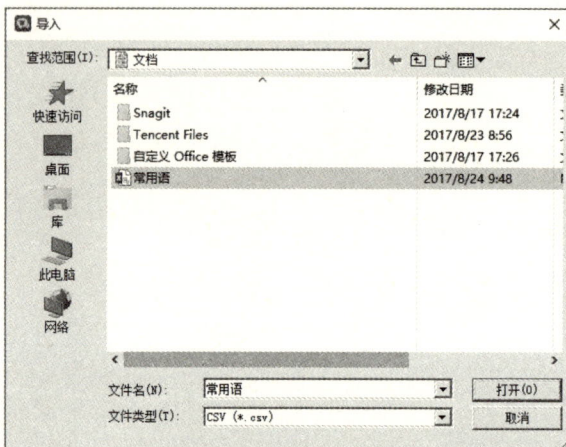

图5-22 | 选择导入文件

STEP 04 系统自动开始导入快捷短语，并显示导入进度。当进度显示为100%时单击 确定 按钮完成操作，如图5-23所示。

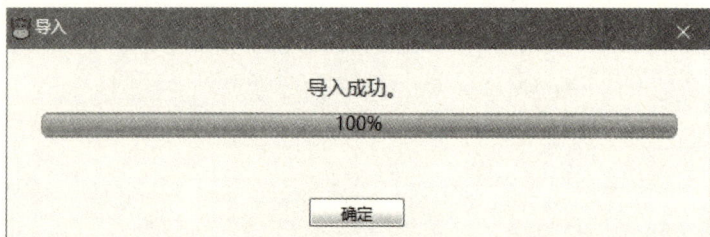

图5-23 | 导入成功

5.4 商品退款率

退款率是指卖家在近30天成功退款笔数占近30天支付宝交易笔数的比率，其计算公式为：退款率=近30天成功退款笔数/近30天支付宝交易笔数×100%。客服的退款率就是经由客服服务成交后的退款订单数与客服总成交订单数的比例。退款率过高会导致店铺商品单一维度搜索默认不展示，对店铺评分系统有很大的影响，所以客服在工作中要降低客户的退款退货概率。

5.4.1 商品退款的原因

影响退款率的因素很多，有的源于商品本身，有的源于客户偏好，如前面提到的对商品的真伪表示怀疑、对商品质量的不满意、对物流的不满意等诸多原因，其中因为产品本身的因素导致的退款单数是最多的，如图5-24所示。

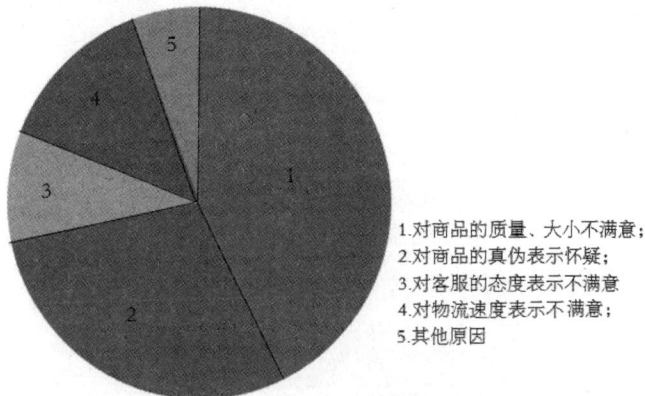

1.对商品的质量、大小不满意；
2.对商品的真伪表示怀疑；
3.对客服的态度表示不满意
4.对物流速度表示不满意；
5.其他原因

图5-24｜商品退款的主要原因

1. 对商品的质量、大小不满意

客户对商品的质量、大小不满意可能出现两种情况：一种是商品本身确实存在着一些质量上的缺陷，如商品损坏影响使用；另一种是商品无使用上的缺陷，但距离客户的心理预期有一定的差距，常见的有色差问题、宝贝与描述不一致问题等，如图5-25所示。

图5-25｜对商品的质量、大小不满意

2．对商品的真伪表示怀疑

商品的真伪也是客户十分看重的方面。客户对商品真伪的怀疑，主要是由于出现使用不适的情况或从商品的外在包装上看出差别。一旦客户对商品的真伪产生怀疑，一定会非常生气地要求网店进行退款赔付，如图5-26所示。

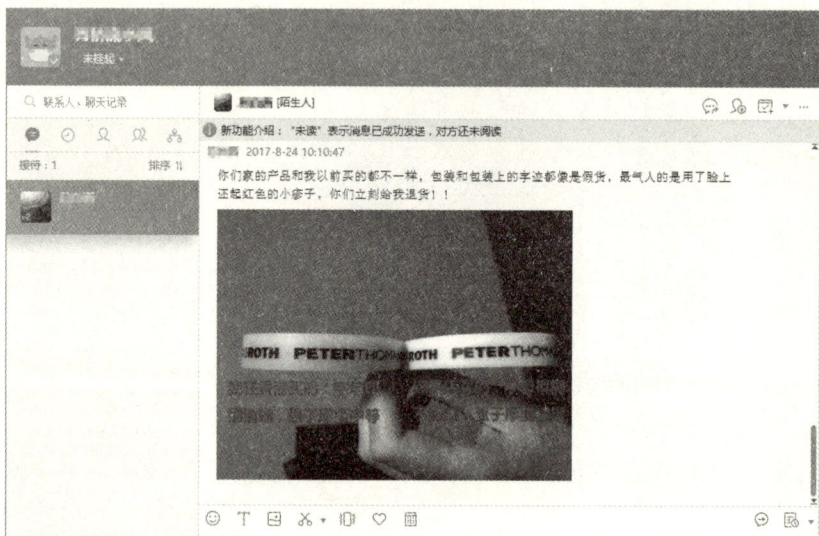

图5-26 | 对商品的真伪表示怀疑

3．对客服的态度表示不满意

客户收到商品后，可能会对商品存在着一些不满意。当客户找到客服并向客服反映商品的某些瑕疵后，聪明的客服一定会首先道歉，并尽可能对客户的抱怨进行弥补。但有一部分客服却高高在上，极力推卸责任，甚至对客户说出不礼貌、不文明的用语，激起客户的怒火，从而小事化大，最终导致客户的退款。例如：

> 我收到了，可为什么有这么多线头啊？看起来很劣质。

> 衣服有线头很正常，你用剪刀剪了不就好了吗。

> 你怎么说话的呢！

> 是啊！几十块的衣服你还想怎样的质量啊？要想没线头，你挑贵的买呀！

> 你这人会说话吗？给我退货，我还不要了呢！

4．对物流速度表示不满意

商品的到达时间影响了客户对商品的使用，这可是让客户十分生气的。一些客服为了加速客户对商品的购买进度，肆意夸大客户收到货品的时间。当客户付款后，发现快递的运送时间与客服所承诺的相悖，不满也就在所难免。试想客户计划在三天之后使用某件商品，可商品在第五天才送达，那么这件商品对于客户而言就失去了意义，自然客户会选择退款。

5. 其他原因

当然，导致客户退货的原因还有很多，诸如客户收到商品后不喜欢了、卖家发货后才发现拍单错误、收到商品后发现暂时不需要了等。无论是源于商品本身还是客户本身，商品被退的理由也是各种各样的。

5.4.2 降低商品退款率的弥补措施

在前面的章节学习了如何通过售前过程来降低客户的退款率，如明确说出商品可能出现的瑕疵，降低客户的期望值；结合网店的实力，量力而行做出承诺等措施，可如果客户已经出现了退款意识，客服又该怎么做呢？图5-27中总结了三步原则。

图5-27｜降低商品退款率的三步原则

1. 询问原因

当客户收到商品，主动联系客服说明自己有退款意愿的时候，客服一定要主动而耐心地询问客户的退款原因，分析客户所提出的问题是否能够解决，不能客户一提出退货要求，客服就立刻答应。应多用下面的话术：

- 您好，方便告诉我您想要退款的原因吗？
- 我们没能为您带来完美的购物体验，真的十分抱歉，可以告诉我们您不满意的原因吗？
- 是我们的商品或服务让您感到失望了吗？

2. 进行弥补，尽可能免于退款

对于一些因为不满意商品质量而提出的退款理由，客服可以采取一些物质、精神上的补偿来平衡客户的心理。

（1）物质补偿

物质补偿的方式很多，主要有支付宝直接返现补偿、赠送店铺小礼品、升级会员享受专属特权等方式。支付宝直接返现可以按照商品原价的5%～10%的比例进行赔偿；礼品的赠送要尽量多一些，以显示店铺的诚意；当然客服也可以通过升级会员的形式平衡客户的心理，让客户享受更多的网店专属特权，这也在一定程度上留住了客户资源。

（2）帮忙转让

对于一些价位较高的商品，客服是可以充当"中介"的角色，将客户购买后觉得不合心意的商品按照客户的要求，以稍低的价格放在网店页面，并列出客户的联系方式，帮助客户寻找下一位买家的，如图5-28所示。

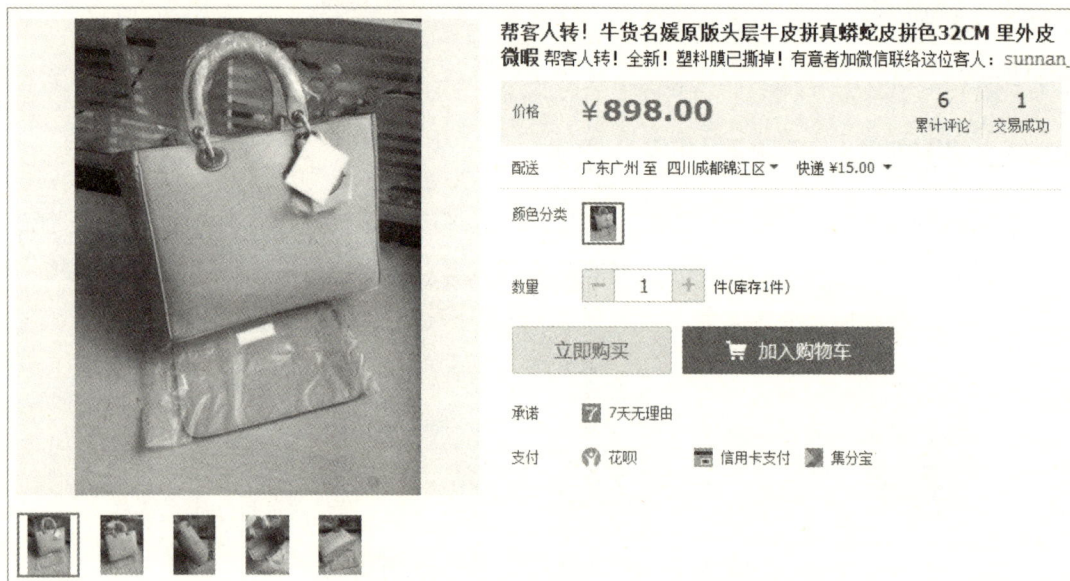

图5-28 | 帮忙转让商品

3. 针对客户的不满，改善网店商品的质量和服务

市场是卖家选择出售商品类型的最主要因素，而客户则是卖家调整经营模式最重要的依据。店铺若想要降低商品退款率，最根本的还得从自己的产品着手。在搜集完客户的意见之后，店铺应根据客户需要调整自己的商品。满足了客户的需要，改善了店铺商品的质量，店铺退款率自然也就下降了。

"打铁还需自身硬"，降低退款率最行之有效的办法是集中于对自己商品质量的完善，顺应客户的需求便是对市场的顺应。

本章小结

本章对询单转化率、客单价、旺旺响应速度和商品退款率等4项客服工作的检验指标及如何改善这些指标的方法进行了介绍，现将本章的重点内容总结如下。

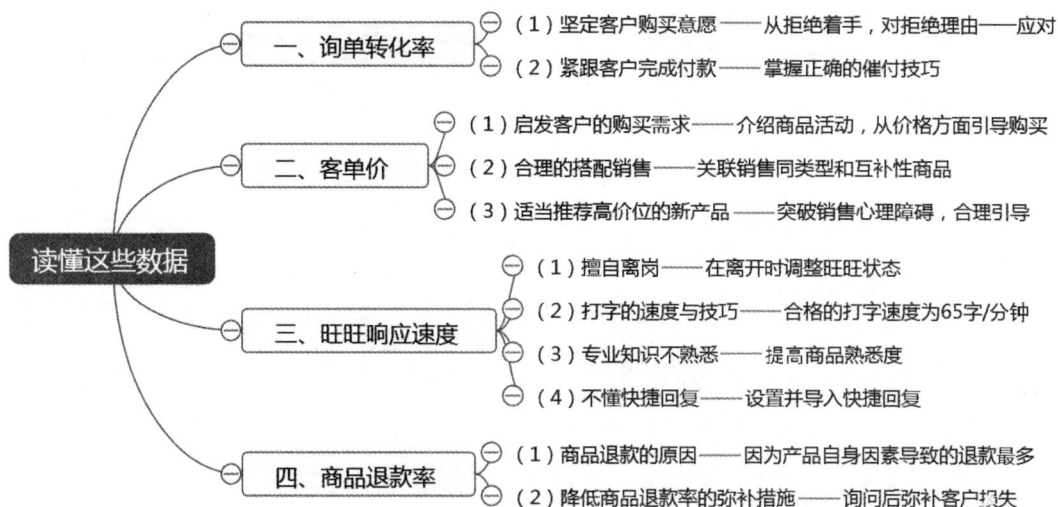

```
                    ┌─────────────────┐  ┌─ （1）坚定客户购买意愿 ── 从拒绝着手，对拒绝理由──应对
                    │  一、询单转化率  │──┤
                    └─────────────────┘  └─ （2）紧跟客户完成付款 ── 掌握正确的催付技巧

                    ┌─────────────────┐  ┌─ （1）启发客户的购买需求 ── 介绍商品活动，从价格方面引导购买
                    │   二、客单价     │──┼─ （2）合理的搭配销售 ── 关联销售同类型和互补性商品
                    └─────────────────┘  └─ （3）适当推荐高价位的新产品 ── 突破销售心理障碍，合理引导
 ┌──────────────┐
 │ 读懂这些数据 │
 └──────────────┘   ┌─────────────────┐  ┌─ （1）擅自离岗 ── 在离开时调整旺旺状态
                    │ 三、旺旺响应速度 │──┼─ （2）打字的速度与技巧 ── 合格的打字速度为65字/分钟
                    └─────────────────┘  ├─ （3）专业知识不熟悉 ── 提高商品熟悉度
                                         └─ （4）不懂快捷回复 ── 设置并导入快捷回复

                    ┌─────────────────┐  ┌─ （1）商品退款的原因 ── 因为产品自身因素导致的退款最多
                    │ 四、商品退款率   │──┤
                    └─────────────────┘  └─ （2）降低商品退款率的弥补措施 ── 询问后弥补客户损失
```

课后练习

（1）图5-29所示为客服对话的场景，分析客服面对讲价的客户所用的销售技能是否恰当，如有不当该如何改正？

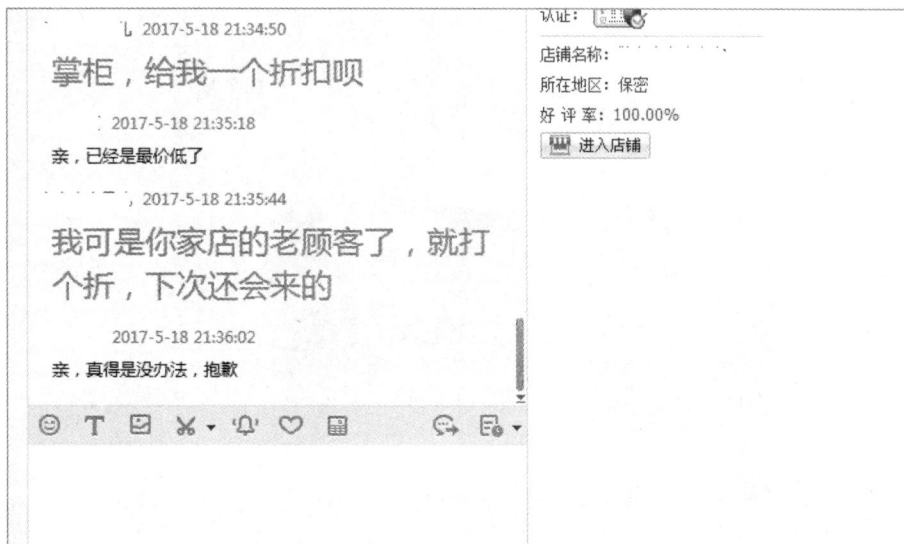

图5-29 | 客服对话场景

（2）图5-30所示为客服催付的场景，分析客服的催付技能是否恰当，如有不当该如何改正？

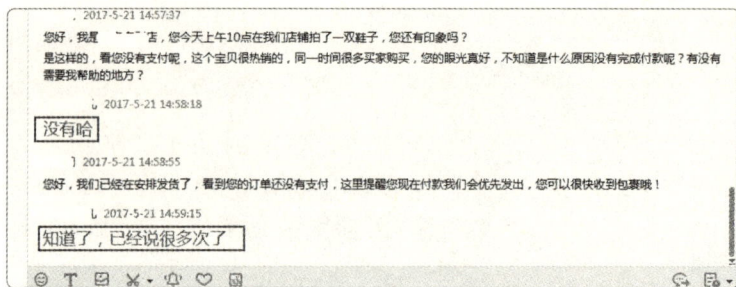

图5-30 | 客服催付场景

（3）图5-31所示为客服对话的场景，分析客服从哪些方面进行了买家疑难解答，销售术语是否恰当。

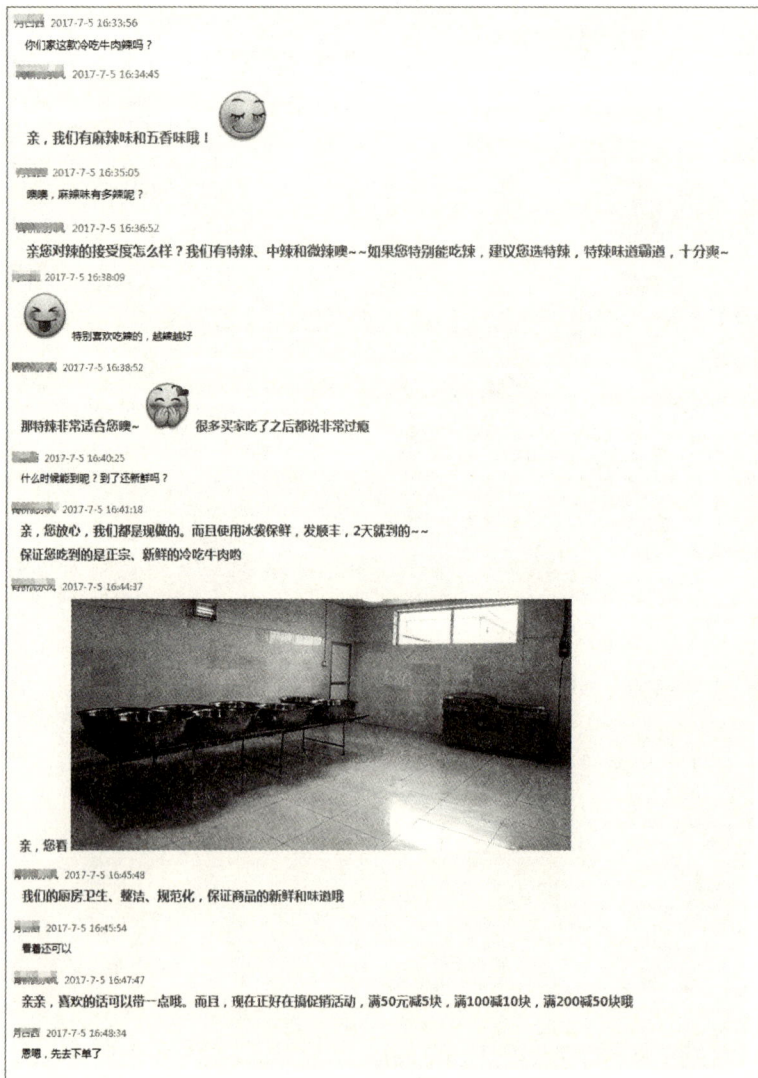

图5-31 | 客服对话场景

第6章
用心经营客户关系

　　在前面的学习中，我们针对客服的销售和解决纠纷能力进行了详细的讲解，但客服的工作可不只有这些，在顺利完成了商品的销售和售后的维护之后，还需要维护与客户之间的关系，维护客户关系也是客服工作十分重要的内容。经营客户关系就是一个维护客户购买忠诚度的过程，在这样一个过程中，客服起着至关重要的作用。

　　在这一章，我们将进入对客服如何维护客户关系的学习，从经营客户关系的心态、方法、技巧等方面进行全面的分析，帮助客服与客户建立良好的关系。

案例导入

"衣舒乐"于2015年入驻淘宝网，是一家专注于女士卫衣的服装店。自开店以来，经过近2年的苦心经营，"衣舒乐"已经成为2钻石卖家。随着口碑和服务质量的不断提升，再加上过硬的产品质量，店铺的订单数量不断攀升，同时客户数量也急剧增加。此时，网店通过淘宝网的"客户运营平台"对客户进行了分析和管理，包括买家信息管理、客户分组管理、会员制度建立、优惠活动创建，以及买家购买行为分析等。自从系统地对客户进行分析、管理后，店铺业绩又上升了一个档次，而且对客户关系的维护既准确又到位。

对于客户关系的维护，店家不仅做到了线上的及时沟通，而且经常在店铺中推广一些日常的互动活动，如会员优惠、收藏有礼、签到有奖等，让客户感受到卖家的用心。

随着客户群体的不断壮大，"衣舒乐"还搭建了客户互动平台，通过建立旺旺群，将新老客户都拉入到群中聊天。同时也开通了店铺自己的微信公众号，通过微信公众号发布店铺的最新动态和优惠信息，不仅帮助客户及时了解了店铺的最新动态，还增加了客户对网店的关注度。这也为卖家了解网络客户的购买行为、行业趋势等提供了有力的决策支持。

为了更好地保持与客户之间的关系，网店客服会为在店铺中购买了宝贝的客户提供关怀服务。当宝贝发货后，将第一时间发送发货提醒消息给客户，如"启奏陛下，臣已将××产出的××贡品交由××镖局800里加急押送上京，不日将抵达皇宫。单号××，望陛下亲启"；并实时跟进物流，当宝贝到达客户所在城市后，也发送短信通知客户。同时，客服人员还会整理出店铺中的VIP客户的生日列表，并在会员生日的当月发送祝福短信和生日优惠券，既表达了对客户的关怀，又刺激了客户进行消费。

通过以上种种手段，"衣舒乐"与客户之间的关系十分融洽，不仅宝贝得到客户的一致好评，服务态度也得到他们的肯定。很多老客户都向亲朋好友介绍"衣舒乐"，称其物美价廉，服务好，态度佳，是一家十分人性化的网店。

网店客服的所有工作都是围绕客户展开的，客服人员除了掌握与客户沟通的方法外，还要做好客户的维护和发展，以帮助店铺进行客户的开拓和维护。客户关系管理的过程是一个不断了解客户需求，不断对产品及服务进行改进，不断对客户信息进行处理的过程。本章将讲解维护客户关系、搭建客户互动平台、客户等级区分和客户忠诚度提升的方法。

6.1 维护客户关系

客户关系的维护是指客服对已经建立的客户关系进行维护，使客户不断重复购买网店的产品或享受网店服务的过程。在竞争日益激烈的电子商务大环境下，客户成为网店发展所必备的重要资源，对客户关系的维护也成为了客服工作的重要内容。

维护客户关系是一门学问，越来越多的人开始着手客户关系维护的研究，将这门学问变得更加专业化、系统化。随着互联网和电子商务的发展，CRM逐渐变得广为人知。CRM是英文Customer Relationship Management 的缩写，一般译作"客户关系管理"。"以客户为中心"是CRM的核心所在，即网店通过满足客户个性化的需要、提高客户忠诚度，与客户建立起长期、稳定、相互信任的密切关系，降低销售成本、增加收入，并以此为手段来提高利润以及客户满意度，以达到拓展市场、全面提升企业赢利能力和竞争能力的目的。要实现CRM，客服需要在工作中切实落实"以客户为中心"的理念，具体包括搜集客户信息，进行客户分析、客户维护等方面。

6.1.1 维护客户关系的重要性

维护客户关系对网店的发展有着十分重要的意义，具体包括有效节约成本、增加网店的竞争优势、获取更多的客户份额、有利于发展新客户。

1. 有效节约成本

网店若是想为客户所熟知，必要的推广费用是难免的。就像商家通过打广告的方式让大众熟悉其品牌一样，网店的推广也要通过硬广告、直通车等途径来实现。但这些推广都是有成本的，而且这样的推广成本会逐年增加，增加网店的开支。网店若是只立足于推广来赚取人气，所投入的费用也难以计数。但如果网店的立足点在于维护客户关系，以维护客户关系为主，适当推广为辅，所投入的成本开支就会大大减少。由于老客户对网店较为了解，不需要花太多的精力去赢得对方的信任，所以老客户的再次消费，是降低销售成本和节省时间的最好方法。在同样的时间周期之内，网店销售收入与客户开发成本的对比如图6-1所示。

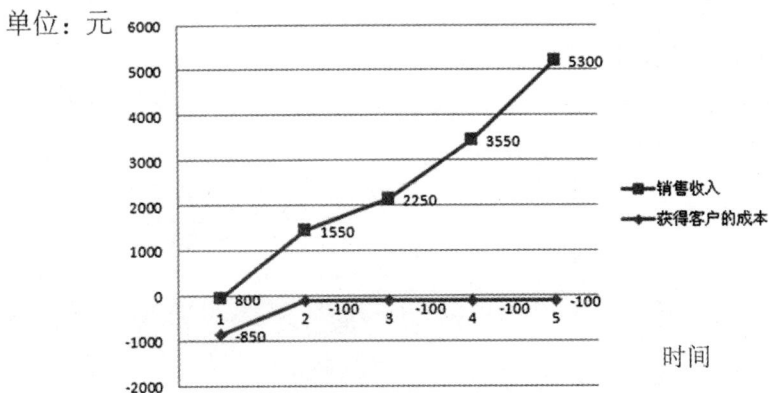

图6-1 | 销售收入与客户开发成本的对比

通过这样的折线图不难发现，在第一个时间周期，网店投入的客户成本很大，销售收入也不高，但随着客服对已有客户的维护，在剩下的时间周期内，网店在客户投入的成本上明显减少，但商品的销售收入却节节高升。

客服对客户关系的注重，能给网店带来源源不断的客户资源，也在很大程度上节省了网店因宣传需要增加的成本投入。

2. 增加网店的竞争优势

比质量、拼速度、低价格，这些电子商务常用的竞争招式的目的只有一个，那就是留住客人，争取客户。能为网店创造收益的只有客户，所以客户资源的多而优就成为网店竞争中最为长久的优势。

3. 获取更多的客户份额

客户份额是指一家网店的产品或者服务在一个客户的该类消费中所占的比重。例如，客户的20件衣服里面有15件都是在一家网店购买所得，那么这家网店就获取了这位客户极高的份额。客户份额越多，客户对网店产生的依赖感就越强。

4. 有利于发展新客户

我们都明白口碑营销的道理，但这个口碑要经过谁的"口"才更具有说服力和可信度呢？网店的优势经卖家、客服之口说出来可信度并不高，可若是由老客户口口相传，效果就不一样了，买家都愿意相信和自己身处同样"地位"的买家的话。将客户关系维护好了，他们自然会成为你的广告传播者，这对于网店发展新客户有很明显的效果。

▌6.1.2 学会主动营销

客服工作不能简单地采用那种你问我答的被动形式，对于商品的宣传信息一定要做到主动出击，向客户及时、准确地传达有效信息，学会主动营销。

1. 新产品信息的及时传达

（1）提前预告

客服在主动宣传网店即将推出的新产品（网店一般称之为上新）信息之前，可以对即将上新的产品进行预热，让客户提前知道产品上新的时间。可以向客户透露少量上新图片，使其对网店的上新商品充满期待。在商品上新信息的预告中上新时间是客服需要重点留意的内容，一定要准确，如图6-2所示。

图6-2 | 上新信息的预告

（2）信息的有效传达

网店商品上新之后，客服需要第一时间通过阿里旺旺、短信、邮件等途径将信息传递给客户。在传达上新信息时，要让自己所传递出的信息具有诱惑力，能够吸引客户的眼球，让他们产生购买的欲望。这时要合理运用前面章节所学的客户购买心理，以商品的价格、新颖度、便捷性等特征作为卖点，吸引客户的眼球，如图6-3所示。

图6-3｜阿里旺旺上新消息通知

2. 对活动信息的有效解读

既然客户主动关注你的商品，就必须让客户感受到你的专业性，使他们能够放心购买。除了在前面章节中说到的对商品本身信息的解读之外，客服还需要对网店促销活动的形式与时间等详细信息进行掌握。

（1）打折

直接的打折优惠是店铺活动中较为常见的优惠形式。客服需要清楚打折商品的范围，了解是全场打折还是过季商品打折，折扣力度是否相同。很多时候网店为了清掉过时的库存，会将过季商品的折扣放得更低，将新款的折扣稍微调高。其次客服也要掌握打折活动的时间，网店打折一定是在一定的时间期限之内的，时效性较强。网店常常会在一些节庆日开展活动，促进商品的销售，如国庆节、中秋节、端午节、情人节等，如图6-4所示。

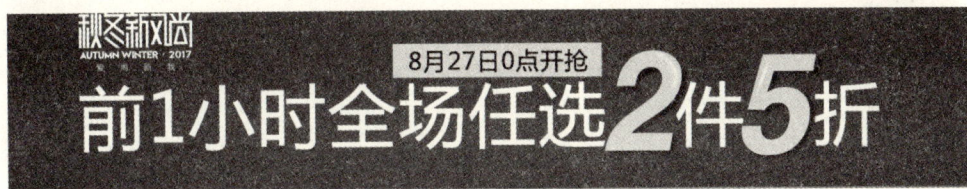

图6-4｜打折形式

（2）买就送

买就送是网店为了吸引客户的眼球而设置的一种活动形式。客服一定要对这类活动进行充分的了解，避免客户误读信息造成心理上的不愉快。客服首先要弄清楚这类活动的参与范围，即买什么送什么，是送同等价位的商品还是只赠送一些与商品搭配的小物件，这可是影响客户体验的。其次，客服要清楚活动的范围，是全场任意商品都可参加买就送的活动，还是特定商品。最后，客服还要弄清楚活动的进行时间，逾期则需要向客户解释原因，只有这样，才能帮助网店在活动期内提高销量，如图6-5所示。

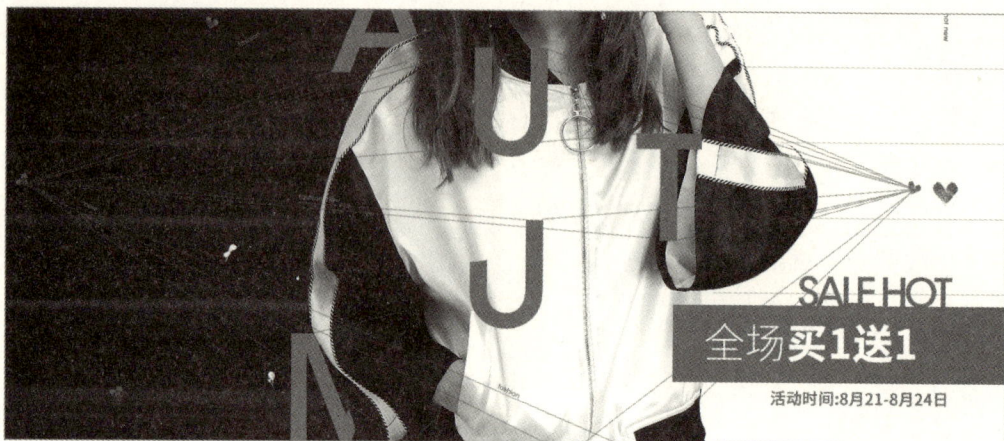

图6-5 | 买就送形式

（3）聚划算

　　为了促进商品的销售，网店经常会参加一些商品团购活动，如聚划算。在这样的团购活动中，客服需要了解最重要的两点：活动的时效性和商品数量的限制性。既然是团购，卖家必定是在最大程度上让利，自然持续的时间不会太长，一般为2～5天；客户在购买商品的数量上也受到一定的限制，客服要清楚商品允许购买的最大数量是多少，真正达到反馈客户、促进销量的活动效果，如图6-6所示。

图6-6 | 聚划算优惠形式

专家指导

　　其他类似聚划算的活动还有很多，如天天特价、淘金币、免费试用等，可根据需要选择合适的方式。

6.1.3　不要把服务做成骚扰

凡事过犹不及，客服工作也同样要牢记这样一个道理。客服需要尽可能多地为客户提供服务帮助，但这些服务帮助一定要在客户需要且不打扰客户工作、生活的前提下进行。客服要谨记，在服务过程中永远不要把服务做成骚扰。

1．信息传递的一次性原则

客服在维护客户关系的过程中，少不了信息的互动交流。对于同一条信息的传递，发送一次即可，发送的途径也只需要选择方便客户接收的一种途径即可。过多次数的信息发送以及多途径的信息发送不仅不能增加客户查看信息的欲望，相反还会让客户感到反感，将网店屏蔽或加入黑名单。

2．信息发送的时间选择

信息的传递需要对发送的时间进行选择。客服在维护客户关系的过程中，会涉及问候信息、宣传信息的发送。这些信息的最佳发送时间在上午10:00到下午15:00。要记住超过晚上20:00后不能给客户发送信息，这会影响到客户的休息，让客户对网店产生不满情绪。

6.1.4　永远不要有报复心理

做客服工作的难免会遇到一些难缠的客户，他们无理取闹、造谣生事甚至恶语相向，不仅让客服工作难以展开，还严重影响着客服的心情和情绪。人都是有感情倾向的，客服也不例外。当受到无理的挑衅时，客服们自然也是十分生气的，但客服一定要明白自己是在工作，万万不可产生报复心理。

1．泄露客户信息

一些客服在受了委屈之后，觉得无处发泄，于是在网上滥发客户的信息，将客户的隐私泄露于网络世界中。例如，2014年9月中旬，安徽许女士多次收到向她咨询租房的信息。她很是费解，于是上网进行查询，发现自己的电话号码、住址、姓名等隐私信息竟然被摆上网，还公然打上了租房联系人的身份。追根溯源，她发现这些信息都是自己预留在淘宝网上的，而自己前几天曾因为退货事宜和那家网店的客服发生过争吵。愤怒的许女士找到那家网店，确认了在网上散布自己真实信息这件事的确是网店客服所为，于是向淘宝网投诉了该店铺。

2．电话骚扰

客户的一些购买行为让客服感到生气，一些客服为了发泄私愤，私下里给客户打骚扰电话，对客户进行辱骂或骚扰其正常的作息时间。这样的电话骚扰只会让客户与客服的关系变得更糟，最终的受害者还是网店自身。

3. 恶作剧

还有一些客服会因为客户没有按照他们的预期对其服务进行评价，就在多次交涉未果的情况下向客户做出一些恶意的恶作剧行为。

6.2 搭建客户互动平台

阿里旺旺是客户与客服交流的主要聊天平台，其中卖家版的阿里旺旺已升级为千牛卖家工作台。其功能类似于常用的QQ等聊天工具，但千牛工作台的使用更具有指向性，是淘宝网和阿里巴巴为商人度身定做的免费网上商务沟通软件。同常常接触的聊天软件一样，阿里旺旺也能创建群聊，即客服创建阿里旺旺群，将新老客户加到这个群里面聊天。

6.2.1 旺旺群交流

很多时候，客户的需求是潜在的、隐性的，他们对于自己想要购买什么诉求并不明显，常需要客服的引导；甚至在很多时候，客服要诱导客户进行购买。除了前面所讲的要运用对商品专业知识的了解，突出商品的优势以外，还要向客户介绍店铺商品的活动，从价格方面诱导客户进行购买。

客服可以通过旺旺群宣传自己的上新、店铺优惠等信息，让客户及时获取，而客户可以在这里与其他的客户讨论分享商品的使用情况。客服主动创建这种信息可以及时互动的平台，有利于培养客户对店铺的依赖。下面将在千牛工作台中创建旺旺群"真皮女包"，添加客户并将优惠信息推送给客户，其具体操作如下。

STEP 01 登录千牛，进入"接待中心"窗口后，选择"我的群"选项卡，在"我拥有的群"栏中双击"立即双击启用群"选项，如图6-7所示。

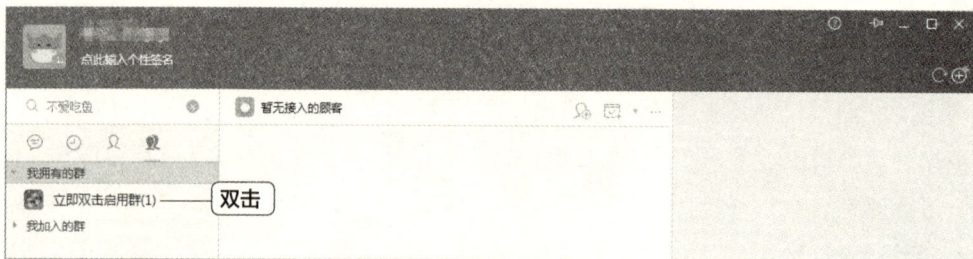

图6-7 | 双击"立即双击启用群"选项

STEP 02 打开"启用群"对话框，在"群名称"文本框中输入"真皮女包"，在"群分类"下拉列表框中选择"购物"选项，在"群介绍"文本框中输入"真皮女包，能买到你想买的包包。"，单击 提交 按钮，如图6-8所示。

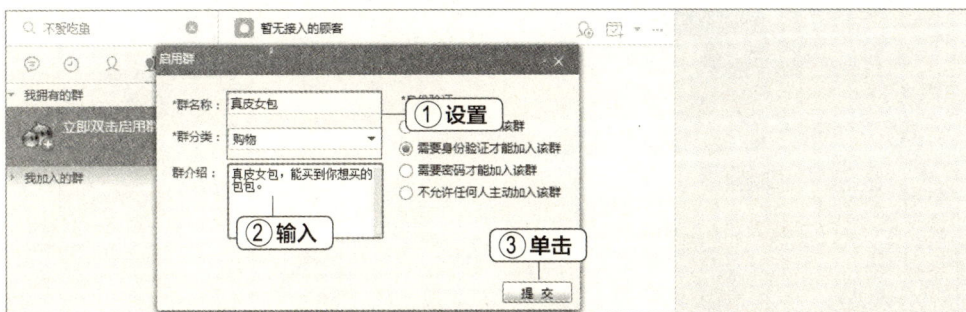

图6-8 | 启用群

STEP 03 在稍后弹出的对话框中，系统提示已成功启用群。单击 完成 按钮，在千牛主面板中的"我拥有的群"栏中将显示创建的群，如图6-9所示。

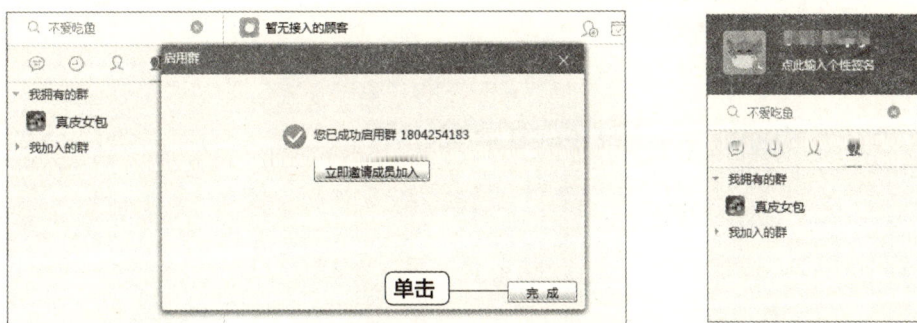

图6-9 | 成功创建群

STEP 04 在"真皮女包"群上单击鼠标右键，在弹出的快捷菜单中选择"邀请朋友加入群"命令，打开"群管理"对话框，单击 邀请成员 按钮，如图6-10所示。

图6-10 | 邀请好友加入群

STEP 05 在弹出的对话框中选择好友，单击 添加>> 按钮。依次添加好友后，单击 确定 按钮，如图6-11所示。

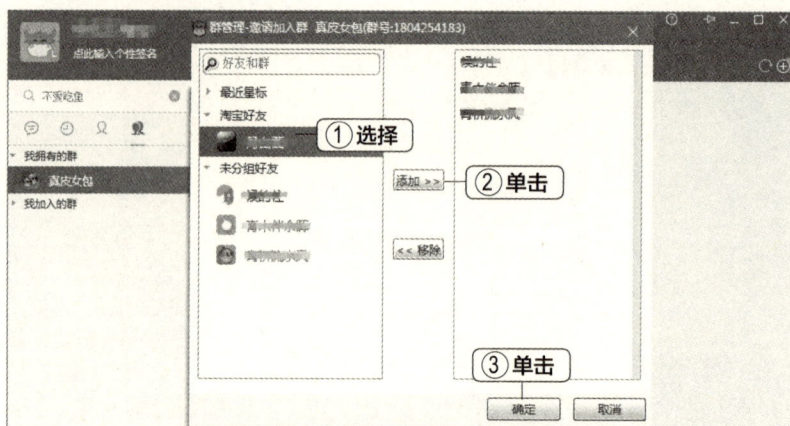

图6-11 │ 邀请其他好友

STEP 06 弹出提示对话框，提示已成功发出请求。单击 [确定] 按钮，如图6-12所示。

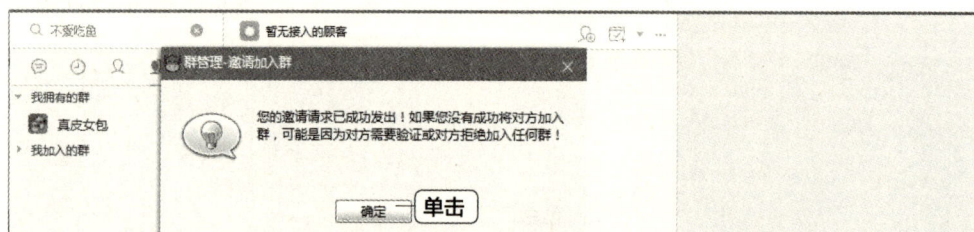

图6-12 │ 成功邀请

STEP 07 完成后可在群里发送信息，如将店铺的优惠信息告知客户，如图6-13所示。

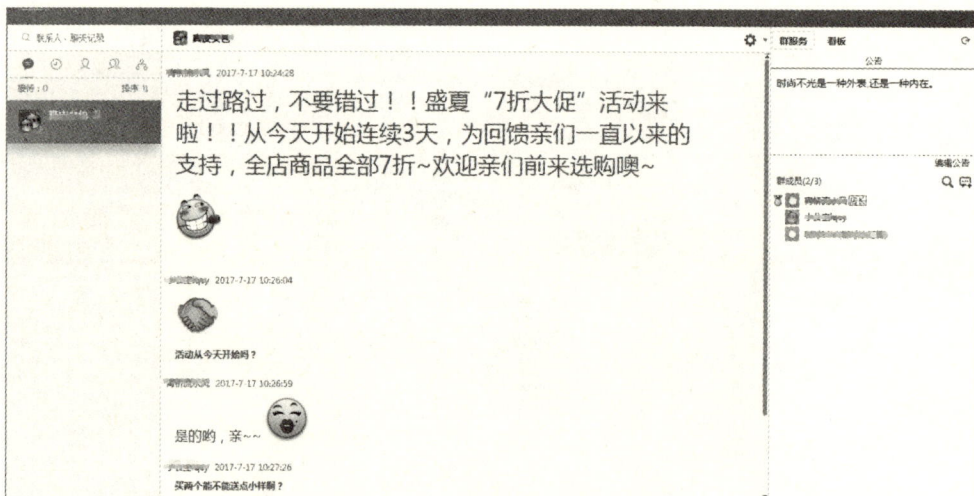

图6-13 │ 在旺旺群中发送消息

6.2.2 老客户QQ群的建立

如果客服能够将自己拥有的客户资源集中起来，建成一个QQ群，主动在群内与客户们进行交流，同时也欢迎各位客户互相分享自己的产品使用心得，当卖家与买家、买家与买家之间形成了一种互相信任的关系之后，客服会发现自己的销售更加轻松，成绩也会十分突出。

客服在群里可以发布一些店铺的上新、优惠消息，还能在这里收集到最为真实的客户反馈信息，有利于自家产品的提高；同时客户之间也能互相交流产品的相关信息，有助于客户的再次消费。

QQ群主要针对老客户，因为只有当客户对客服和网店产生了信任，才会将自己的QQ信息告知客服。老客户聚在一起，友好的交流与共享更能有效促进商品的销售。图6-14所示为某化妆品网店的资深客户形成的一个QQ群。

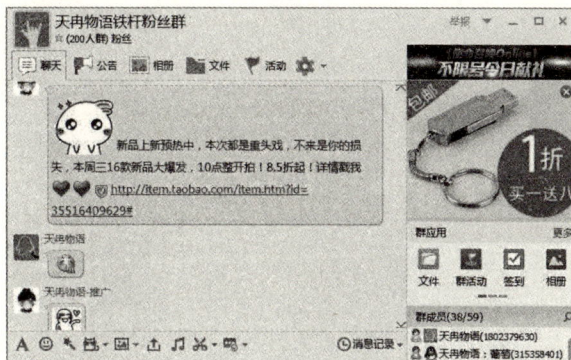

图6-14 | QQ聊天群

6.2.3 微信平台的使用

微信公众平台是腾讯公司在微信的基础上新增的一个功能模块，个人和企业都可以通过这个平台打造一个微信公众号，实现和特定群体的文字、图片、语音的全方位沟通和互动。在微信被广泛使用的今天，网店客服将广告放在成本极小、收益较大的微信平台上，也不失为管理客户的绝佳策略。

相比传统广告，微信公众号的发展使得客户能够通过更便捷的方式获得网店和产品的最新信息，在一定程度上增强了客户的购物体验。除此之外，使用微信平台推送广告，还有着许多传统广告所不具备的独到优势。

- 不需要运营美工人员，智能手机即可实现产品的拍照发布。
- 创业成本低。
- 客户关注高，无须推广，熟客、大客户、批发商通过微信维护可更好地管理、挖掘和沟通，销售起商品来也更为便捷、高效。

● 熟人情感经济，可直接转账发货或者借助微信、淘宝平台交易。

既然微信平台对维护客户关系、促进店铺销量有着众多的优势，那么网店客服人员就应该鼓励客户加入微信平台，使其拥有一个更好的购物体验。当客户加入了网店的微信平台后，客服在推广信息和一对一服务客户方面也会有更好的表现。

按照微信公众账号性质的不同，可将其分为订阅号、服务号、小程序、企业号等。其中，订阅号具有信息发布和传播的能力，适合个人和媒体注册；服务号具有用户管理和提供业务服务的能力，适合企业和组织注册；小程序具有出色的植入性，可以被便捷地获取与传播，适合有服务内容的企业和组织注册；企业号具有实现企业内部沟通与内部协同管理的能力，适合企业客户注册。

专家指导

在微信平台注册公众号时，首先要明确该公众号是作为个人账号还是企业账号来运营。如果想推广品牌，建议将账号也规划成一个品牌来运营，即在微信、微博等媒体中都使用相同的账号名称，从而更好地发挥品牌优势。如果个人卖家或小卖家想推广商品，则可以以特色和个性化来博取关注。

注册好公众号后，即可将商品图片、活动主题、活动内容等发布到公众号中，推送给关注公众号的老客户查看。发布内容后，会收到部分用户的回复，此时需要多与粉丝进行互动，对粉丝的问题进行选择性回复，维护客户关系。对于部分常见的问题，可以设置自动回复或关键词回复。图6-15所示为"罗马仕"的微信公众号ROMOSS发布的一篇新品推荐文章，基于其良好的客户关系，老客户的互动性较好。

图6-15 | "罗马仕"微信公众号ROMOSS发布的一篇新品推荐文章

专家指导

通过微信公众号推广时，一般采用图文结合的形式，文字要求排版整齐，图片要求精致美观，标题要新颖有创意，内容要具有可读性，可以吸引客户进行阅读。比如以趣味软文的形式做推广，或结合当前流行元素做话题，引起客户的兴趣，拉近与客户的距离。同时，也可在微信公众号中设置自定义菜单，如设置"购买产品""我的服务""活动推荐"等菜单，并可在菜单中分别设置相关的子菜单，为用户提供相关查询服务等。

6.2.4 微博分享奖励

微博是一个通过关注机制分享简短实时信息的广播式的社交网络平台，一个基于用户关系进行信息分享、传播以及获取的平台。微博的用户数量非常大，不仅发布信息十分快速，传播信息的速度也非常快。网店如果通过微博进行客户互动，不仅可以在短时间内将信息传达给非常多的用户，还可以举办很多互动活动，增加与客户之间的互动性，提升客户黏性。通过微博与客户进行互动的方法较多，常见的有转发抽奖、晒图有奖、分享有奖和话题互动等。

1. 转发抽奖

通过微博发布了店铺、产品或活动信息后，可以通过转发抽奖的形式来刺激粉丝参与。转发抽奖是指通过店铺的官方微博与粉丝进行互动，从转发当前微博的粉丝中抽取一名或几名用户赠送奖品。转发抽奖是一种非常常见的推广方式，不仅可以将店铺或活动推广至粉丝的粉丝，扩大影响范围，还可累积更多的粉丝，吸引更多的关注量。

转发抽奖一般都是以关注+转发的形式实现。除了可以单独进行转发抽奖之外，还可以与其他知名微博合作进行转发抽奖，通过双方粉丝进行互动营销，扩大影响范围。图6-16所示为裂帛发布的转发抽奖。

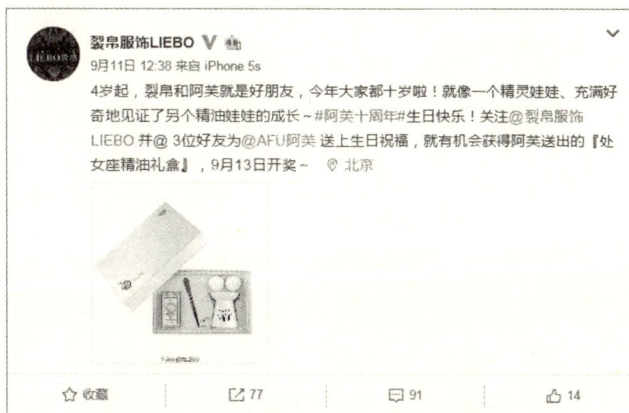

图6-16｜裂帛发布的转发抽奖

2. 晒图有奖

晒图有奖是通过店铺官方微博策划和组织的一种活动形式，邀请买家以上传商品图片并@官方微博的方式参与到活动中来，官方再对参加活动的买家图片进行评比或投票，选出人气最高的商品图片，颁发相应的奖品。晒图有奖可以使买家体会到购买商品后的参与感，既可以宣传商品，又能培养买家忠诚度，是一种非常有效的微博互动方式，如图6-17所示。

图6-17 | 晒图有奖

3. 分享有奖

为了鼓励客户主动帮助店铺进行宣传，卖家可以设置微博分享奖励，让购买了商品的客户主动晒出自己的商品，并提醒周围朋友知晓。对客户的这种分享行为，卖家可以以物质形式进行回报。图6-18所示为买家购买商品后的微博分享界面。

图6-18 | 分享有奖

买家要对在淘宝网店成功购买的商品进行分享，首先应该将已申请的微博账号与淘宝账号进行绑定。具体绑定方法为：进入"我的淘宝"首页，然后单击网页顶部的"账户设置"超链接；在打开页面的左侧单击"微博绑定设置"超链接，系统将会自动检测已注册的微博账号；输入密码后，单击 同意协议并绑定 按钮，即可成功将微博与淘宝账号绑定，如图6-19所示。

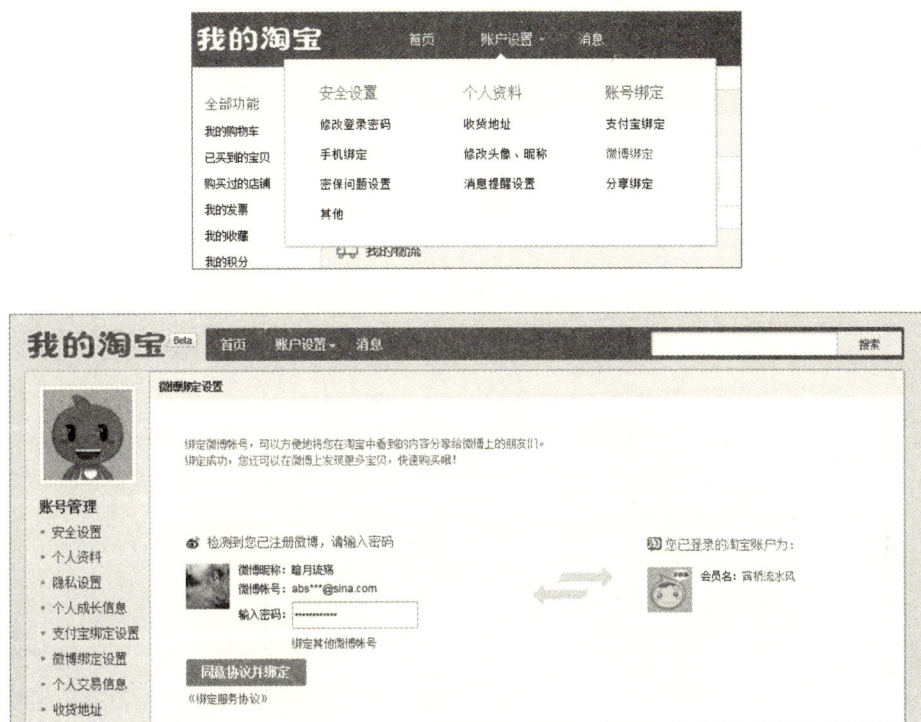

图6-19 | 绑定微博与淘宝账号

6.3 区分客户等级

经营电商的卖家一定要深谙这样一个道理：网店利润的80%来源于20%客户的购买。网店的大部分利润都来自于小部分买家的购买，这验证了管理学上一个著名的定律——二八定律，即在任何事物中，最重要的、起决定性作用的只占其中一小部分，约20%，其余的80%尽管是多数，却是次要的、非决定性的。若是想维护100%的客户是行不通的，因此客服必须要学会抓住最有价值的20%的客户。首先要学的便是如何区分客户的等级。

6.3.1 划分优质客户和劣质客户

我们对客户等级进行划分的主要依据有两大类，即可量化的客户价值和不可量化的客户价值。可量化的价值标准自然是着眼于客户在店铺的消费情况，消费得越多、消费得越频繁，这类客户所创造的利润越高，自然级别也越高；不可量化的客户价值可以理解为由于自身的购买能力有限，为店铺创造实实在在的销量可能对他们而言有些困难，但他们却乐于宣传和分享，通过QQ、微博、微信等新兴传播工具，吸引更多的客户前来购买。这里主要介绍可量化客户价值的等级划分，一般网店对这类客户分层的主要依据如表6-1

所示。

表6-1　客户分层的主要依据

客户等级	客户特征	客服可以做的事情
沉睡客户	在你的网店至少有过一次购买经历，但由于一些原因不再光顾你的店铺或选择暂时性的沉睡	通过优惠券的发送、上新的提醒等，制造机会，唤起客户对你的店铺的记忆，争取再次赢得购买
潜在客户	这类客户访问过店铺或咨询过客服，但还没有产生实质性的购买交易	激起客户的购买兴趣，让他们产生购买欲望，成为你的新客户
新客户	在你的网店刚产生第一笔交易，第一次在你的店铺购买、消费的客户，是网店成长的新生力量	重点介绍自己的店铺和产品，对商品给予一定的优惠，促成客户的第二次、第三次购买
老客户	在你的店铺中有多次购买经历	巩固这类客户对店铺的信任感，并及时将店铺动态让他们知晓，以便使其形成一种固有的消费习惯
大客户	购买的次数不算太多，但每次的购买数量和消费金额都是巨大的	深度了解客户的需求，改变一定的服务方式，尽可能节约客户的时间成本
忠诚客户	很清楚你的店铺的上新时间、产品性能，与客服人员非常熟悉	用心维护与这类客户的关系，倾注更多的私人情感

依据表6-1将客户分为以上几种类型后，客服要针对不同级别的客户进行不同程度的客户维护，使得客户维护工作更具有针对性，效果也会更加明显。

除了以上的客户区分之外，还要对客户的优劣程度进行衡量和区分，维护优质客户，淘汰劣质客户，如图6-20所示。

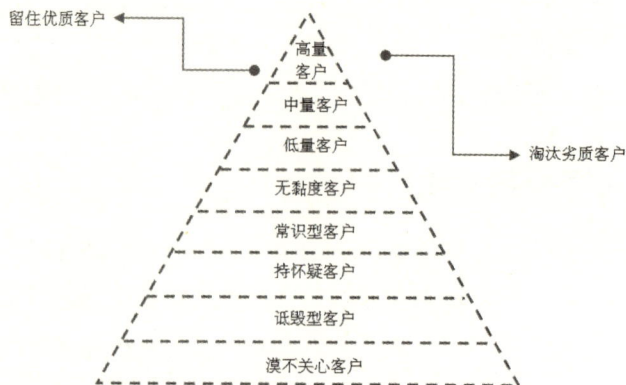

图6-20｜客户优劣的区分

6.3.2 VIP客户的设置

客服的重点服务对象就是那些具有高价值的优质客户，店铺需要将这类客户设置为VIP客户。VIP指的是店铺的重要客户，这类客户给网店带来了持续的利益，对网店的发展做出了一定的贡献。网店为了回馈和维护这样的客户，会设置一定的优惠作为感恩，但最根本的目的还是在于希望通过让利获得客户更多的购买。

1. 设置VIP客户应遵循的原则

客服要根据哪些因素来设置会员的等级呢？会员等级的设置要遵循什么规则呢？客户的价值大小又是由哪些因素决定的呢？下面介绍一个重要模式——RFM模式。

RFM模式是衡量客户价值和客户创利能力的重要工具和手段，RFM模式主要由3个指标组成。

- **R（Recency）**｜最后一次消费，是指客户最近一次购买的时间，距离上一次消费时间越近的客户所具备的创利潜力越强。
- **F（Frequency）**｜消费频率，是指客户在最近一段时间内购买商品的次数，购买频率高的客户对店铺的发展更有推动力。
- **M（Monetary）**｜消费金额，是指客户在最近一段时间内购买商品所花费的金额。一般来说，网店80%的利润来自于20%的客户，消费金额越高的客户越值得客服维护。

了解了这3个指标的定义后，客服需要找出客户的这3个指标的数据，然后将这些数据分别进行横向的统计对比，再将这3个指标与店铺的均值进行对比，依照结果数据将客户分为8种类型，最后再根据这8类客户来进行等级设定，如表6-2所示。

表6-2　客户等级设定

Recency （最后一次消费）	Frequency （消费频率）	Monetary （消费金额）	客户类型	客户等级
上升趋势	上升趋势	上升趋势	重要优质客户	至尊VIP
上升趋势	下降趋势	上升趋势	重要发展客户	
下降趋势	上升趋势	上升趋势	重要保持客户	VIP会员
下降趋势	下降趋势	上升趋势	重要挽留客户	
上升趋势	上升趋势	下降趋势	一般价值客户	高级会员
上升趋势	下降趋势	下降趋势	一般发展客户	

续表

Recency （最后一次消费）	Frequency （消费频率）	Monetary （消费金额）	客户类型	客户等级
下降趋势 ↘	上升趋势 ↗	下降趋势 ↘	一般保持客户	普通会员
下降趋势 ↘	下降趋势 ↘	下降趋势 ↘	一般挽留客户	

2. 在客户运营平台中设置VIP等级

客服可以在客户运营平台中设置客户等级，包括普通会员、高级会员、VIP会员和至尊VIP会员4种。在设置时要科学、谨慎地分析，一旦设置了网店会员，则只能升级不能降级。

STEP 01 在卖家中心的"营销中心"栏中单击"客户运营平台"超链接，进入客户运营平台。单击页面左侧的"忠诚度管理"超链接，即可进入忠诚度管理界面。单击"VIP设置"栏右侧的 立即设置 按钮，如图6-21所示。

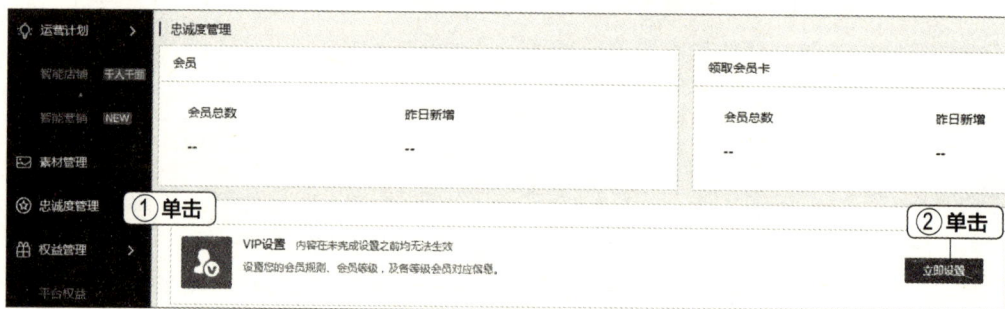

图6-21｜准备进行设置

STEP 02 打开"自定义会员体系"页面，单击"普通会员（VIP1）"栏中的"设置"超链接，在下方的"交易额"或"交易次数"文本框中设置普通会员的升级条件，这里分别设置为100和1，设置"折扣"为9.8，然后单击"保存"超链接，如图6-22所示。

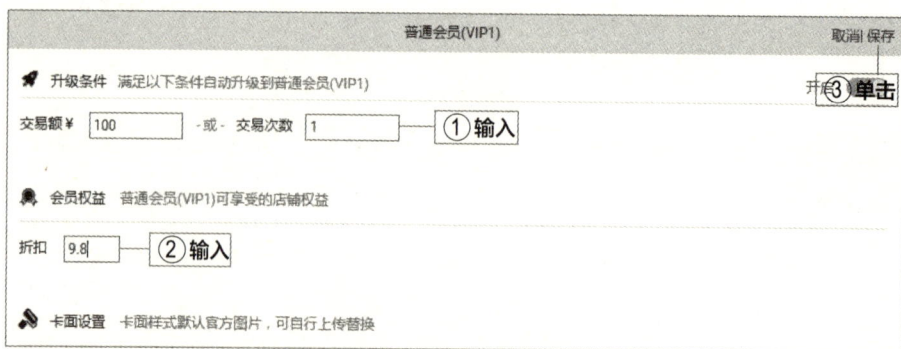

图6-22｜设置普通会员

STEP 03 此时将在"自定义会员体系"页面的"入会规则"栏中自动添加已设置升级条件的规则。然后在"高级会员（VIP2）"栏中单击"启用"超链接，如图6-23所示。

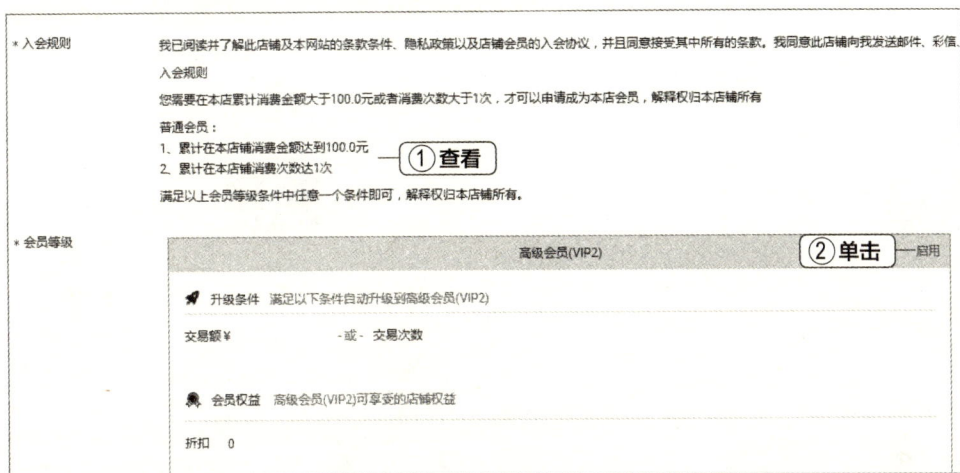

图6-23 | 激活高级会员设置

STEP 04 单击"升级条件"右侧的 关闭 按钮，启用编辑功能。此时该按钮将变为 开启 状态，表示可以进行设置。使用相同的方法在"交易额"或"交易次数"文本框中设置高级会员的升级条件，在"折扣"文本框中输入折扣数值，这里分别设置为500、5和8.8，然后单击"保存"超链接，如图6-24所示。

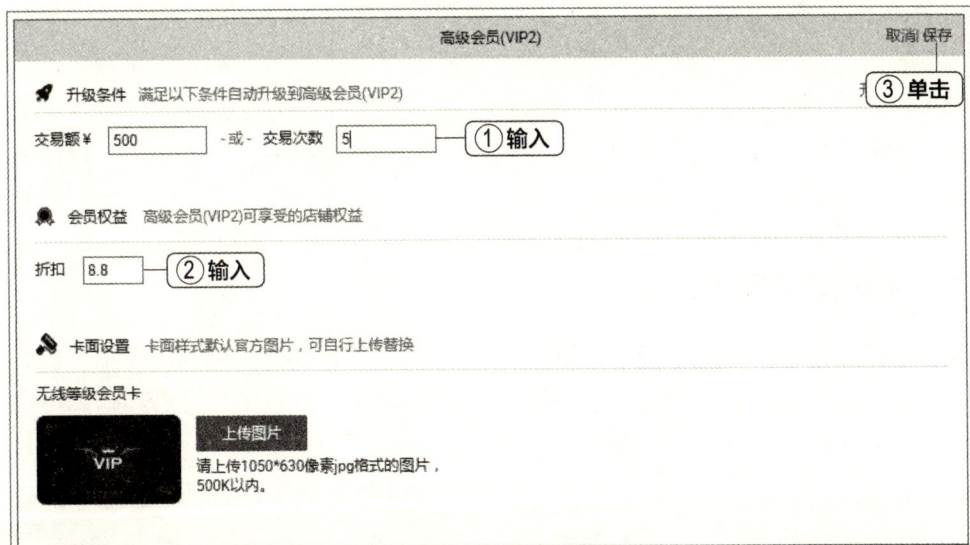

图6-24 | 设置高级会员

STEP 05 使用相同的方法设置"VIP会员（VIP3）"和"至尊VIP会员（VIP4）"的升级条件，完成后单击页面底部的 保存 按钮进行保存，如图6-25所示。

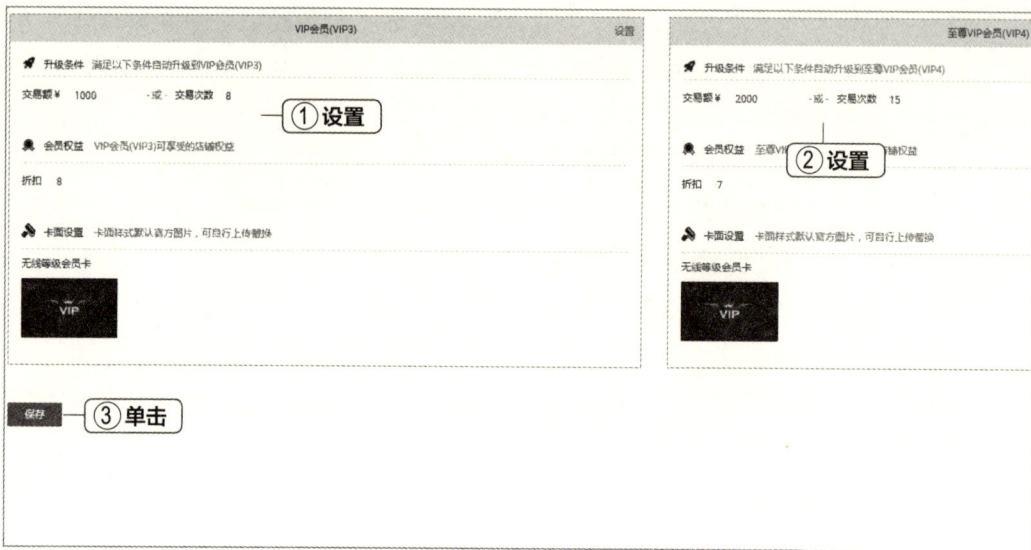

图6-25 | 设置VIP会员和至尊VIP会员

6.4 打造客户忠诚度

在电子商务中，常常可以发现一种有趣的购买现象，那就是相当一部分的消费者在网店的选择上具有重复性，即在一段时间内甚至很长时间内重复选择一个或少数几个网店，很少将购买范围扩大到其他同类网店。例如，某位消费者在购买化妆品时，出于对网店的信任和满意，只会在同一个网店进行购买。我们将客户这种在同一店铺重复购买商品的行为叫作客户的忠诚度。网店在着力经营客户关系的过程中要致力于打造客户忠诚度。

6.4.1 从满意度到忠诚度

电子商务最理想的发展模式便是客户获得了自己满意的商品，网店赢得了自己的商品利润，并以此良性模式循环发展。卖家获得利润是必然的，那么如何让客户在整个购物环节中获得最满意的感受呢？这就需要网店重视用户体验，即提高客户满意度。

客户关系管理中有一个著名的三角定律，客户满意度=客户体验-客户期望值。从中可以看出，客户期望值与客户满意度是成反比的。在电子商务中，客户的感知价值不仅来源于产品的实物价值，更重要的是来自于产品的精神价值。在电子商务交易中，客户满意度的决定性因素主要有以下几点。

- **客服服务满意度** | 包括服务的可靠性、及时性、连续性等。

- **网店产品满意度** ｜ 即产品质量、价格、功能、设计、包装等。
- **客服行为满意度** ｜ 即客服的行为准则、广告行为、电话礼仪等。
- **网店形象满意度** ｜ 包括网店网页画面设计和内容设计等。

提高客户的满意度是社会化管理中关系营销的一部分。客户的满意度不仅是能带来回头客这么简单，还会有很多附加价值，这些都是需要由客服去完成的。这里主要讲解通过提高客服行为质量和客服服务质量来提高客户满意度的途径。

客服行为主要包括店铺的行为机制、行为规则、客服的广告行为等，下面重点讲解客户对客服广告行为的满意度。

广告行为是客服销售产品的重要途径，主要采用发送短信、发送邮件、拨打电话等方式，这些都是客服与客户的直接接触，可偏偏客户并不喜欢接收大量的广告信息，过多的广告信息只会降低客户的购买满意度。客服在工作中可以参考以下几条建议：

- **同一广告信息只能发送一次** ｜ 客服在给客户发送上新消息、优惠消息时，要记住这类信息只需要发送一次。有的客服担心客户收不到信息，总是发送2～3次，这样的行为在客户眼中就是广告骚扰了。
- **尽量不要使用不同发布途径发布同一消息** ｜ 通过订单得到客户的多方面联系信息，如阿里旺旺、电话号码、邮箱地址等之后，切忌通过不同的联系方式发送同一条广告。如果客户在阿里旺旺、手机短信、电子邮件、微信消息上都收到了你的广告信息，这种广告炸弹不仅不会起到宣传的作用，还会让客户感到十分不满。
- **发送隐晦的广告信息** ｜ 现代人都厌倦了广告，可如果将广告融入一些元素之中，这种广告效果可比硬生生的广告行为更容易被客户所接受。例如，当发现客户的优惠券快要到期了，客服可以以提醒客户留意优惠券的期限为借口，向客户介绍店铺有上新，欢迎来选购；又如可以在节日期间给客户发送慰问信息，顺便介绍店铺的上新和优惠活动，这样的隐晦广告信息会让客户乐于接受。

客户的满意度在很大程度上与客服的服务有着直接的关系，客服的服务态度、所说的每一句话、回复的速度、对产品的熟悉度等都是影响客户满意度的因素，这在一定程度上考验着客服的综合能力。客服在工作过程中要竭尽全力表现自己的专业性，无论是在服务的态度上还是速度上，每一个细小环节都是客服应该把握的关键点。

6.4.2 培养客户忠诚度的最佳途径

我们通过对客户的调查了解到，客户对一个网店的依赖性和忠诚度往往与客服的服务密切相关。其中最让客户看重的便是客服能否在工作之余提供更多的服务、客服是否主动奖励客户的购买推荐，以及客服能否提供给客户专属的优惠。这3点概括起来看，就是客服是否让客户感受到了那份独一无二。

　　网店需要理解客户的差异性和对个性化的追求，对现在和将来的客户进行细分，找到最具的客户群，为他们开发、提供最具有吸引力、说服力的相关产品和服务，即为客户提供超值服务。超值服务就是所提供的服务除了满足客户的一般需求外，还有部分超出了一般需求的服务，从而使服务质量超出客户的正常预期水平。提供超值服务既是一种"价格战"，又是一种"心理战"。客户关怀和创造惊喜这类超值服务的展开可以提高客户的忠诚度，主要包括提供客户关怀和特权体验两方面。

1. 客户关怀

　　客户关系管理的核心便是客户关怀，客服需要在节假日或客户生日期间给客户送去短信祝福，增加客户的好感，那么除此之外客服还可以通过什么方式让客户感受到自己的关怀呢？

　　让客户感受到客服的关怀，途径是很多的，如在客户收到商品的15天之内主动咨询客户的使用效果，是否有不满意之处等，主动进行回访并认真记录。有一家淘宝烘焙店的客服，在客户购买商品的过程中会去揣摩客户购买这些材料具体做什么点心，如客户购买了蛋挞皮、黄油、蛋挞器具，他便猜测这位客户可能要买回家做蛋挞，于是在与客户交谈之后，他便主动送上一些免费的烘焙制作的书籍，供客户学习，这样的关怀总让他的回头客源源不断。

　　同样的，花同样的价格不仅买到了心仪的商品，还买到了最佳的服务是客户愿意继续在店铺购物的主要原因，在必要的时候为客户创造一份惊喜是让客户保持忠诚度的绝佳方法。所谓有付出才有回报，在客户维护中，这个道理同样适用。客服可以不定期为客户送上一些产品试用，在客户生日之时送上一份小礼物，这种小成本的花费可让客户感受到购买商品之外的欢喜，对于客户的维护有相当重大的意义。

2. 特权体验

　　特权体验主要是让客户感受到一种专项服务，凸显其身份、地位的"高人一等"。专项服务也叫独享服务，顾名思义是指客服所做的服务工作、店铺所放开的优惠权限不是针对所有客户，而只针对极少部分的客户。卖家可以通过店铺的专享折扣和客服的一对一服务等让客户真正感受到自己的独一无二。

　　专项折扣是只针对部分客户才有的优惠，如大多客户享受8.8折，而部分客户享受的是6.8折，这样的专属价格必然会在一定程度上留住客户。

　　客服工作忙碌而繁重，在同一时间往往要接待好几位客户，若是客服为部分客户提供一对一的服务，其最及时、最快捷的回复效率往往能让客户对店铺心生好感，保持忠诚度。

6.5 记录详细的客户信息

对客服的销售而言，客户的资料可是最为宝贵的财富，一旦掌握了客户的信息，也就找到了销售的门道，客户资料越多，客服可销售的渠道也越多。CRM作为一款客户管理软件，对客户资料的维护是相当看重的。按照客户资料的完整性可将客户资料分为5个等级，如图6-26所示。

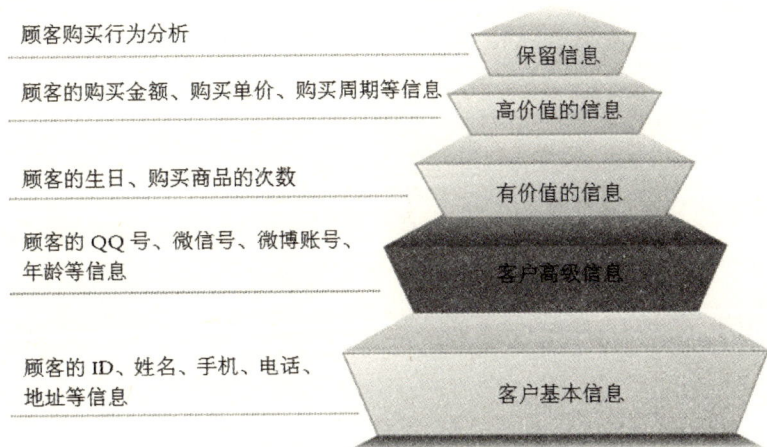

顾客购买行为分析 —— 保留信息

顾客的购买金额、购买单价、购买周期等信息 —— 高价值的信息

顾客的生日、购买商品的次数 —— 有价值的信息

顾客的 QQ 号、微信号、微博账号、年龄等信息 —— 客户高级信息

顾客的 ID、姓名、手机、电话、地址等信息 —— 客户基本信息

图6-26 | 客户资料的细分

客户的ID、姓名、手机号码、地址等基本信息都会在订单里出现，所以客服在工作过程中，对客户基本信息的掌握可以通过对客户订单信息的搜集来实现。客户的高级信息则是指客户在购买商品的过程中没有必要向客服透露的隐私信息，如QQ号、微信号、微博号等。之所以会留下这些联系方式，主要是由于与客服很聊得来，愿意建立私人情感，或愿意与店铺保持长期的联系。有价值的信息则是指有利于维护客户关系、分析客户等级的信息，如客户的生日、购买的次数等。高价值的信息是需要客服在长期的统计搜集中获得的，如客户的购买金额、购买单价、购买周期等信息。客服能掌握的最高级别的信息便是对信息进行综合分析之后，得出的客户购买行为。掌握了这几类信息，客服还愁没有销售渠道吗？

6.5.1 客户信息的维护

既然客户的信息如此重要，那么客服在日常的工作中就要将保留完整的客户信息作为工作中的一项重要内容来完成。客服可以进入客户运营平台，在左侧的"客户管理"列表下选择"客户列表"选项，进入客户列表界面。单击客户后的"详情"超链接，在打开的页面中即可查看客户的相关信息，包括姓名、电话、住址、购买次数、客单价等，如图6-27所示。

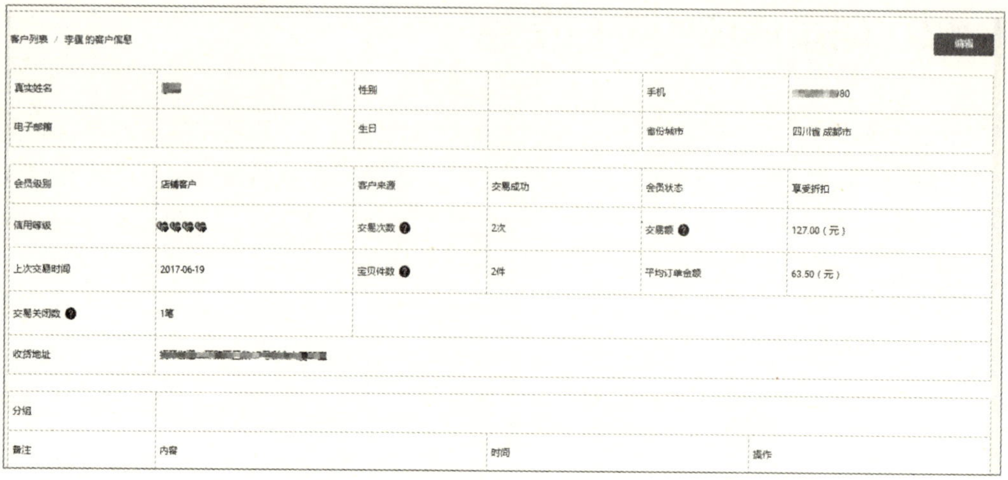

图6-27｜客户信息

　　搜集客户的完整信息可不是做的无用功，聪明的客服定能从所搜集的信息中分析、整理出一些有价值的"真金"，这才是客服搜集客户信息的真正目的，如表6-3所示。

表6-3　客户信息分析

客户信息	客服销售信息
年龄	消费能力
	消费习性
	消费注重
地址	消费能力
	生活习惯
电话	销售便捷性
QQ号	生活圈子
	客户喜好
购买周期	确定客户消费能力，检验客户忠诚度
购买次数	客户黏度和忠诚度
购买单价	消费能力
客单价	划分客户层次
沟通语言	客户质量

▌6.5.2 客户信息的及时更新

　　CRM不仅是一套管理软件，还是一种全新的营销管理概念。利用CRM系统，网店能够从与客户的接触中了解他们的姓名、年龄、家庭状况、工作性质、收入水平、通信地址、个人喜好以及消费习惯等信息，并在此基础上进行"一对一"的个性化服务，也可以通过搜集、追踪和分析每一位客户的信息，知道他们的喜好，以此为依据，为他们量身定制个性化的服务。

客户信息档案的管理不是一劳永逸的，客户信息会发生更改，如家庭住址、电话号码等。客服要在客户每一次购买之后核对信息，及时更新客户的联系方式。网店需要利用现代化的工具集中管理，在淘宝网的服务市场中有很多客服管理工具，订购需要的工具即可使用，如图6-28所示。

图6-28 | 客户管理工具

6.6 成为朋友，分享生活乐趣

客服在经营客户关系的过程中最为理想的状态就是与客户成为朋友，在与客户的对话中自由、随意，不需要刻意营销，而客户基于对客服的信任，也会相信客服的推荐和真实使用分享，甚至愿意在没有购买意向的情况下和客户话家常、聊生活。当然，这样理想的客户关系是需要时间来积淀的，所以在每完成一笔交易时，客服都要有意识地与客户交流，维护客户关系，也许这位客户就是您潜在的朋友。

本章小结

本章对维护客户关系、搭建客户互动平台、区分客户等级、打造客户忠诚度、记录详细的客户信息、与客户成为朋友等经营与维护客户关系的知识进行了介绍，现将本章的重点内容总结如下。

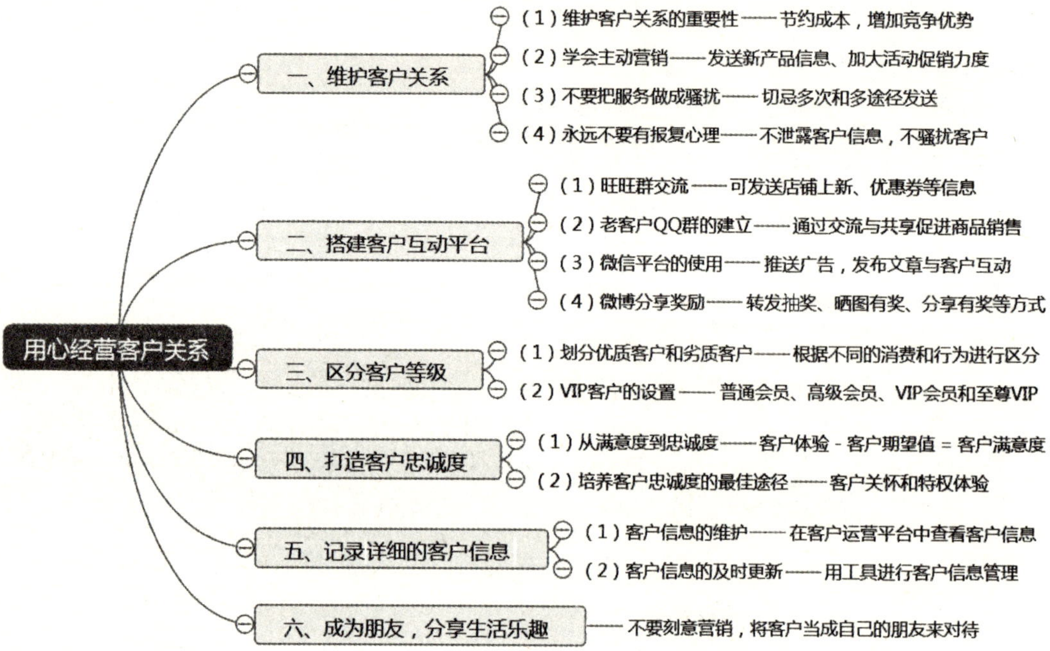
用心经营客户关系
一、维护客户关系
（1）维护客户关系的重要性——节约成本，增加竞争优势
（2）学会主动营销——发送新产品信息、加大活动促销力度
（3）不要把服务做成骚扰——切忌多次和多途径发送
（4）永远不要有报复心理——不泄露客户信息，不骚扰客户
二、搭建客户互动平台
（1）旺旺群交流——可发送店铺上新、优惠券等信息
（2）老客户QQ群的建立——通过交流与共享促进商品销售
（3）微信平台的使用——推送广告，发布文章与客户互动
（4）微博分享奖励——转发抽奖、晒图有奖、分享有奖等方式
三、区分客户等级
（1）划分优质客户和劣质客户——根据不同的消费和行为进行区分
（2）VIP客户的设置——普通会员、高级会员、VIP会员和至尊VIP
四、打造客户忠诚度
（1）从满意度到忠诚度——客户体验 - 客户期望值 = 客户满意度
（2）培养客户忠诚度的最佳途径——客户关怀和特权体验
五、记录详细的客户信息
（1）客户信息的维护——在客户运营平台中查看客户信息
（2）客户信息的及时更新——用工具进行客户信息管理
六、成为朋友，分享生活乐趣
——不要刻意营销，将客户当成自己的朋友来对待

课后练习

（1）通过阿里旺旺新建一个名为“优质客户”的群，然后将有价值的老客户添加到这个群中。

（2）申请一个QQ群，将已经告知QQ号码的老客户全部添加到该群中。

（3）使用微信平台为自己的网店开通一个微信公众号。

第7章
科学管理客服

　　随着电子商务的蓬勃发展，网店的生意蒸蒸日上，网店所需要的客服也越来越多。此时的客服已不再是单打独斗的个人，而是一个具有协作意识的团队。客服是网店发展的基柱，是网店气氛的调节师，是网店业绩不断上升的推动力，所以对网店的店主来说，客服管理是非常重要的，搭建客服团队成为顺应网店快速发展的一大保障。

　　我们在这一章将进入对客服管理的学习，通过构建团队、挖掘团队的优势和制度建设等步骤，建立优秀的客服团队。

案例导入

　　每到节假日，站在节日最前线的客服们真是忙得不可开交，有时一个客服人员需要同时接待十多个客户。一个人的力量毕竟有限，但是团队的力量是无限的。一个分工明确的客服团队可以从根本上降低接待的麻烦率，同时降低后续的售后率。"鞋之家之小宇宇"网店便充分体现了客服团队合作的力量。在"双十一"活动当天，该店铺的接待人员达到了近200人，却没有接到过一个客户的投诉，他们是怎么做到的呢？在客户首次咨询时，售前客服热情且快速地响应客户；若遇到改单的情况，待客户成功下单后，立即转交给改单客服处理，这样就减少了售前客服再去修改所耽误的响应时间。由于是"双十一"活动，不可避免地会涉及退款操作，此时就交由售后客服直接进行退款操作。这是从根本上替客户解决燃眉之急，从而让客户得到一个优良的购物体验的好办法。由此可见，良好的团队合作对店铺的影响是至关重要的。

　　客服是网站发展的基石，也是网店业绩不断提升的推动力。因此，对网店店长而言，科学管理客服是非常重要的，一支优秀的客服团队将会对网店的顺利发展起到保驾护航的作用。本章将对客服的管理进行详细介绍，包括客服的招聘、客服的培训和客服的激励机制等。

7.1　客服的招聘

　　通过前面几章的学习，我们已经明白了客服工作对于网店发展的重要性。网店若想要成规模地发展，配备足够的客服人员是必要的。这就涉及到网店对客服人员的招聘。网店在招聘客服人员时，要对客服的工作模式、招聘流程、组织框架搭建进行思考。

7.1.1　确定网店客服的工作模式

　　客服工作模式分为集中化工作模式和分散化工作模式，如图7-1所示。集中化工作模式是指网店在发展的过程中已经建立起了自己的团队，有了自己的办公场地和较为固定的网店员工，网店的内部发展与平时所见的公司运营没有太大的差别；而分散化工作模式则是以远程方式建立团队，团队的参与者彼此分散各地，从未谋面，但通过同一平台进行联系、共事，共同促进网店的发展。

　　客服的招聘模式根据店铺工作模式的不同也有所区别。对于大型店铺而言，多选择集中化的客服管理模式。由于网店已经形成了固定的规模，对客服的招聘在数量和质量上都会有一定的要求。一般通过网络发布招聘信息，并通过面试和笔试两种方法进行招聘；对于客服任职的标准，有可衡量的参考标准。这样的招聘是比较专业的。

　　小型网店为了控制成本，常通过网络招聘一些时间较为充足的人员，以远程指挥的方式指导以及监督其工作。适合这类要求的应聘人员需要具备充足的时间，一般适合全职主妇、大学即将毕业的学生等人群，只需要告诉他们一些工作中的必要流程，让他们及时与店铺取得沟通即可。这种招聘方式的成本是非常低廉的，对小型店铺而言也是更加切实可行的，但这类客服不易管理，对网店的长期发展还是有一定阻碍的。

集中化工作模式　　　　　　　　　分散化工作模式

图7-1 | 网店工作模式

7.1.2 客服招聘流程及注意事项

　　网店在招聘客服时需要对整个招聘流程进行把握，一些大型网店的招聘流程如图7-2所示。

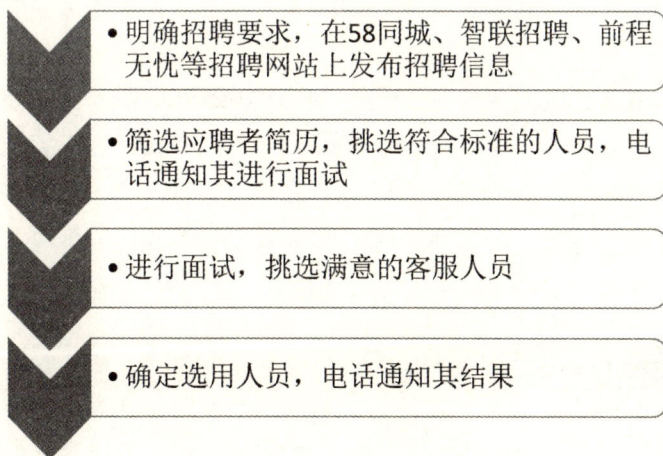

- 明确招聘要求，在58同城、智联招聘、前程无忧等招聘网站上发布招聘信息
- 筛选应聘者简历，挑选符合标准的人员，电话通知其进行面试
- 进行面试，挑选满意的客服人员
- 确定选用人员，电话通知其结果

图7-2 | 网店招聘流程

图7-2反映了网店招聘的常规流程，那么在这个招聘流程中，还需要注意哪些细节呢？下面介绍在招聘过程中的注意事项。

1. 降低人员规格、工作描述以及简历的重要性

网店招聘新员工的第二个环节就是要看简历，了解面试者的工作经历，但大多数简历只能提供关于应聘者背景的基本情况，而缺乏关于他们能力和个性特点的重要信息。即使有些应聘者擅长于写作并且能够清晰描述自己的精神、情感和价值观，也不可能提供足够的信息。当希望得出关于候选人能力和特点的看法时，简历的价值是很小的。在实际招聘过程中，人员规格和工作描述的作用同样很有局限性，没有深度，更缺乏感情，所以在招聘客服时要尽量跳出简历的桎梏。

2. 将挑选客服的标准进行有效排序

卖家往往期待所挑选出的客服能够面面俱到，然而这样的客服很难找到。卖家对客服或多或少都有一系列的要求，可这些要求零零散散，无法形成衡量客服的标准。这时可以将这些零散的标准进行有效排序，然后根据这个排序来衡量客服是否合格。有些网店是按照下面的标准进行排序的：一是个性特点，如积极的态度、时刻准备采取行动、温和、友爱、诚实、可靠、真诚地帮助他人、高水平的自我意识、主动学习的心态等；二是技能和知识，如打字速度、软件使用能力、能否快速获得对产品的了解、好的记忆力等；三是经验，具有丰富的阅历。

3. 组建包括客服组长在内的面试小组

挑选什么样的客服并不是店主一人独断的事情，这需要和客服部的管理人员共同探讨，因为直接接触、管理客服的人员并不是店主本身，而是直接领导客服的客服主管，他们对于挑选什么样的手下员工有着更清晰的认识。不仅如此，让网店其他成员加入到面试环节，不仅可以根据部门的具体需求合理挑选员工，还能让老员工更加准确地认识网店的发展。

4. 把每一个应聘者当成潜在客户，提高对他们的反应速度

一旦做出录用决策，网店应尽快和应聘者联系，像对待最佳客户那样对待他们。最佳应聘者被雇佣的机会是很多的，一个出色的应聘者不会被动等待，你所提供的工作机会对他来说可能不是唯一的。所以，当确定一个应聘者被录用后就应告诉他，让对方感觉到他的重要性。

7.1.3 团队组织框架的搭建

不是一群人一起做事就能称为团队，真正的团队是一个共同体，可以利用这个队伍里每一个成员的知识和技能协同工作，共同解决问题，达到理想的目标。这就需要搭建一个客服团队框架，明确团队的建设需要怎样的层级结构。所谓的团队框架建设，简单说就是重新梳理你的团队，做到"一个萝卜一个坑"，大家各司其职，做好自己的事情。如图7-3所示为综合了一些大中型店铺的客服团队构架后总结出来的客服团队框架，一些中小型的店铺可以根据自己店铺的规模对一些岗位做出适合自己的调整。

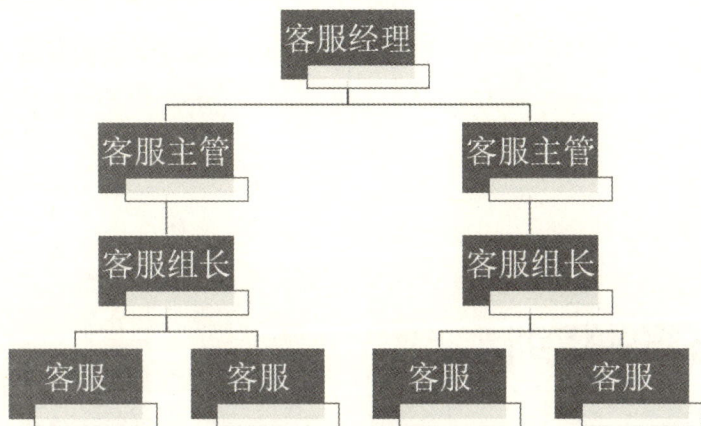

图7-3 客服团队框架

客服团队构架是根据店铺的实际运营情况进行设置的。在和许多中小卖家的沟通中，我们发现很多网店的客服管理都是混乱的，流程混乱、职责不清。当然，这些问题在小网店不会造成大的隐患；可当店铺规模逐步扩大，员工数量从6个人扩展到60个人，原本客服部的3个人变成了20个人时，客服团队框架建设的问题便暴露出来了。所以，卖家不妨随着店铺的扩大，把客服团队的框架建设也设置得更为科学些。一个完整的客服部门一般包括客服、客服组长、客服主管和客服经理，那么他们各自的工作职责是什么呢？

1. 基础客服

基础客服是客户在咨询时最常遇到的客服人员，他们直接与客户进行接触、交流，主要负责售前、售中、售后处理以及一些常见问题的解答等，同时还肩负着向客户宣传公司及推广活动等任务。

2. 客服组长

客服组长的工作主要是对组员进行管理、指导，监督基础客服的工作执行情况，了解组员在工作中存在的问题，并及时帮助其解决，尤其是协助客服人员及时处理重要或突发事件，并将组员的工作情况反馈给自己的上级领导，协助客服主管完善各种规章制度、工作流程，督促组员严格执行网店的规章制度。

3. 客服主管

客服主管首先要对客服部所有客服组长与基础客服进行培训，包括工作职责、工作流程、会员管理操作手册、表格登记、系统具体操作指导以及绩效考核等内容。其次还要负责客户满意度的回访测量、分析，不断优化客户服务体系和流程。除此之外，客服主管要全面组建CRM系统，对客户关系进行管理，为市场营销提供基础数据。

4. 客服经理

客服经理是整个客服团队的管理者，其主要职责包括网店客户关系、客服关系的协调与管理，执行、维护、传播网店的客户管理理念，客服团队的更新及岗位职责的补充，网店客服管理制度的制定与实施，网店会员管理策略的制定与实施，以及策划实施各类客户关系活动。此外，还要不定期地对网店客服的工作进行监督抽查等。客服经理直接对网店卖家负责。

总之，网店要明确各个不同级别的客服岗位的工作要则，划分工作职责，将客服团队搭建得更加细致、明确。

7.2 客服的培训

网店卖家们必须承认客服的力量是巨大的，一个好的客服能够维护好老客户；相反，如果客服做得不到位，那么店铺想长远发展就比较难了。现在越来越多的淘宝店铺开始注重对客服工作的培训，尤其是培训新入职的客服时，变得更加具体、更有针对性。网店可以通过4个方面对新入职的客服人员进行培训，分别是基本制度的培训、服务流程的培训、知识技能的培训、价值观的培训。下面分别对这4个方面进行详细解释。

7.2.1 网店基本制度的培训

制度建设是任何一个网店都应该重视的环节，完善的制度是网店工作安排和发展的必要保证。为此，安排新入职的客服对网店的基本管理制度进行半天到一天的阅读、学习是很有必要的。

网店的基本制度一般包括日常工作规范、工作守则、行为准则、工资待遇、奖惩规定等内容，客服在工作中必须熟悉并严格遵守。表7-1所示为某网店的管理制度，可供客服和卖家参考。

表7-1　某网店的管理制度

第一则 总则
为加强网店的规范化经营管理，使工作有所遵循，提高工作效率，促进双赢，特制定本办法
第二则 工作守则和行为准则
（1）每位员工都要有高度的责任心和事业心，处处以公司的利益为重，为公司和个人的发展努力工作
（2）牢记"用户第一"的原则，主动、热情、周到地为客户服务，努力让客户满意，维护好网店形象
（3）要爱学习，勇于创新，通过培养和学习新知识使专业知识和个人素质与网店发展保持同步

（4）讲究工作方法和工作效率，明确效率的重要性

（5）要有敬业和奉献精神，满负荷、快节奏、高效率、高责任感是对客服提出的敬业要求

（6）具有坚韧不拔的毅力，要有信心和勇气战胜困难、挫折

（7）要善于协调，融入集体，有团队合作精神和强烈的集体荣誉感，分工不分家

（8）要注意培养良好的职业道德和正直无私的个人品质

（9）明确网店的奋斗目标和个人工作目标

（10）遵守劳动纪律，不迟到、不早退、不旷工、不脱岗、不串岗

（11）精益求精，不断提高工作绩效

（12）必须严格遵守网店的工作守则

（13）必须服从网店的组织领导与管理，对未经明示事项的处理，应及时请示，遵照指示办理

（14）必须尽职尽责、精诚合作、敬业爱岗、积极进取

（15）应严格保守客户的资料信息，不得外泄

（16）必须勤奋好学，精通本职工作，并通过学习提高自身的素质

（17）严禁一心多用，不得在工作过程中兼顾其他非工作内容

第三则 工资待遇

网店实行"按劳取酬、多劳多得"的分配制度

（1）工龄补助：在网店工作年满两年以上的职员，每年_____元的工龄补助

（2）每月底薪：_____元加上销售额的_____%

（3）每月业绩奖根据业务指标确定标准

（4）特别奖根据综合表现奖励，每月发放

职员工资发放日期：采用月工资制，于每月底发放

工资实行保密制度，员工个人的工资对其他员工保密，如员工对其工资有异议，请直接与客服经理联系

第四则 奖惩

1. 奖励

奖励分为业绩奖、特别奖。奖励方式为奖金奖励

（1）业绩奖：单位时间所完成的业绩奖

（2）特别奖：工作勤奋，业绩突出，工作态度、敬业精神、工作表现突出和有其他特殊贡献的员工，要及时给予奖励

2. 处分

客服员工有下列行为之一者，将视情节轻重、后果大小、认识态度等予以处分，造成损失的要给予赔偿

（1）工作失误所带来的损失

① 计价失误

② 没有落实客户要求，在沟通过程中已明确客户需求，或同意满足客户提出的附加要求

③ 订单内容与实际不符，没有履行或不正确履行职责

④ 服务怠慢等工作态度问题致使客户退货，信誉评价为中差评

（2）工作态度不认真

① 影响工作秩序。在工作场所或工作时间吵闹、嬉笑，玩忽职守或其他个人行为足以妨碍他人正常工作

② 不履行合理的工作分配，影响工作

③ 贪图玩乐，占用大量时间或资源进行娱乐

④ 故意或失误，填报不正确的信息资料，擅自篡改记录或伪造各类资料

第五则 日常工作规范

（1）上班时间：白班 8:00～15:30；晚班15:00～22:30。每周单休，做六休一，休息时间由组长轮流安排。晚班客服下班时间原则上以 22:30点为准，如还有客户在咨询，接待客服工作自动延长。白班客服下班前要和晚班客服做好工作交接，晚班客服下班前把交接事项写在交接本上

（2）上下班时间应在考勤本上登记，迟到一次要扣除考勤分数，超过 30分钟以上算缺勤；请假和调休需事先经上级领导同意，若未经请示自行休息按旷工处理，算作旷工一次。客服人员每月可有4次调休，超过 4次的，每请假一次按缺勤一次进行扣分

（3）上班时间客服人员应保持阿里旺旺在线状态，如发现值班客服未登录旺旺，特别是中午时间，每月累计 3次且无特别原因，则算作缺勤

（4）没有客户咨询的时候，要进一步加强对产品专业知识的学习，完善自己的不足之处

（5）接待好来咨询的每一位客户，文明用语，礼貌待客，热情服务，不得影响网店形象

（6）保持桌面整洁，保持办公室卫生，每天上班前要清洁办公室，轮流清理

7.2.2 知识技能的培训

通过前面内容的学习，我们知道客服工作是繁琐而复杂的，客服的工作技能主要反映在与客户的阿里旺旺聊天平台中，那么客服需要掌握哪些知识技能呢？

1. 对客户的分析能力

客服与客户的聊天大多是通过阿里旺旺打字完成的，客户的需求总能通过字里行间反映出来，卖家需要对客服把握客户需求的能力进行着重培训。

2. 对产品的熟悉度

对产品的熟悉度是客服最应该掌握的硬性知识，商品的颜色、款式、尺码大小、销量、评价、细节知识等都应该手到擒来。客户询问最主要的内容都是围绕着产品而来的，客服需要对客户咨询的问题回答得游刃有余，这样不仅能够体现自己的专业知识，同时也节省了销售过程中再次查询的时间。

3. 话术的整理

对客服来说，话术的整理和分类并不是一个陌生的领域。客服若要快速、准确地提高自己的工作效率，设定必要的话术是十分有必要的；同时，市场在变化，网店的各种活动也不断更新调整，客服的话术也要随之进行调整。客服要根据竞争产品、市场变化及时调整话术，卖家也要对客服的话术进行检查和调整，有针对性地指出哪些话术是对的，哪些话术有失偏颇。可能新入职的客服并不清楚话术的时效性可是非常重要的。例如，某客服在"双十一"大促销的时候，将欢迎话术设置为"亲，欢迎您的光临，今天全场五折哟，赶快来选购"，可这位粗心的客服在"双十一"促销活动结束之后忘记了更改话术，导致很多客户前来理论"为何客服承诺全场五折却不能实现"。

7.2.3 价值观的培训

职业价值观是一个人对他的职业的认识和态度以及他对职业目标的追求和向往的具体表现，通俗一点讲就是支配他工作的信念目标。具体反映在客服工作中的职业价值观有以下几个方面。

1. 诚实守信

诚实守信是客服价值观中最基本的核心，客服在工作中无论对前来咨询的客户还是一起共事的同事都应该做到这一点。不欺骗客户，说过的话要努力去完成，树立网店诚信经营的理念。

2. 客户第一

客服工作属于服务性质，服务对象是不计其数的消费者，而消费者的购买习惯和购物偏好是各不相同的，客服要秉承"客户第一"的工作价值观，尽自己最大的努力为客户提供最佳购物体验。

3. 团结互助

团结互助是网店所推崇的团队精神。客服团队是整个网店能够正常运转的润滑剂，而一个团队的协作是必不可少的。融入一个团队，势必会被它的工作氛围所感染，一个具有主人翁意识，积极向上、努力奋进的团队是网店所向往的。

4. 爱岗敬业

干一行爱一行是一个人应该具有的职业价值观，客服也不例外。对自己所从事的行业的热爱与忠诚是支撑客服努力工作的责任与动力，也是在工作中不断要求自己进步的推动器。

5. 勇攀高峰

勇攀高峰的职业价值观是客服工作进步的必要源泉，网店要科学、合理地为客服制定销售目标和销售战略，让客服人员随时保持一颗上进努力的心。

7.3 客服的激励机制

客服服务并不是一件轻松的事情，繁忙的工作和负面的情绪会让客服感到厌倦、失落、缺乏活力。此时，店长或客服管理人员就应采取必要的激励机制，来帮助客服人员应对这种负面情绪。那么建立怎样的激励机制才能让客服人员活力四射呢？这里总结了4条激励机制，分别是竞争机制、晋升机制、奖惩机制和监督机制。

7.3.1 竞争机制

优胜劣汰是永恒的规律，在客服团队形成积极、良性的竞争机制是卖家科学管理客服的要求。竞争机制在网店中一旦发挥了良性的作用，对网店的客服团队管理就会产生不可小觑的力量。良性的竞争促使客服成员之间通过数据与服务的比较，不断发现自身所存在的不足，使客服处于不甘落后的状态。和其他客服的比较会在工作中形成一种极富正能量的动力，促进客服通过不断提高自己的知识与技能来获得客户的满意。可一旦这种竞争机制失衡，就会造成客服之间勾心斗角、员工心理压力大等各种负面影响。那么网店店主们应该从哪些方面来实施这种竞争机制才较为科学呢？

在这个以数据说话的时代，数据的对比最具有说服力与真实性。可能客服A平日性格很好，整天乐呵呵的，客服B则性子急躁，老爱板着脸，卖家可不能喜欢谁就认为谁的工作做得好，一切得以数据说话。那么这些数据从何而来呢？衡量客服工作的指标有询单转化率、客单价、客服响应时间等，以这些数据作为衡量的标准，可以更加科学地发挥竞争的正面作用，让客服活力四射。

某女装服饰网店4位客服的工作数据统计如表7-2所示。

表7-2　客服工作数据对比

客服	销售额	咨询人数	成交人数	询单转化率	平均响应时间	客单价	退款率
琳琳	￥32 500	500	200	40%	45s	162.5	1.2%
小申	￥25 638	800	300	37.5%	40s	85.46	2.3%
赵申	￥2 200	100	50	50%	32s	44	3%

上面这些数据在一定层面如实反映了客服的工作状态和工作能力，依据这样的数据进行分析论证，不仅能在客服之间形成你追我赶的良性竞争环境，还能让卖家及时发现客服工作所存在的不足。

科学、有效的竞争机制一定要借助具有说服力的数据作为支撑，让客服真正感到工作的压力与挑战都来源于强劲的对手，只有科学、合理的竞争才能让客服不断督促自己，做出更好的成绩。

▎7.3.2 晋升机制

在电子商务的运营过程中，为了使工作流程更加顺畅、劳动分配更加合理，卖家往往会在网店内部按照专业划分许多职系，这些职系又被分为许多职位，从而形成层级系列。有了层级，员工便有了提升自己的平台与空间。员工晋升是指员工由较低层级职位上升到较高层级职位的过程。为了充分调动客服的主动性和积极性，打造团结协助、战斗力卓越的团队，真正实现客服在网店的个人价值，卖家在网店内部营造公平、公正的晋升机制是很有必要的。客服的晋升一定要遵循以下几点。

- 规范管理人才的培养、选拔和任用制度，推动管理人才水平不断提高。
- 建立管理人员晋升通道，激励员工不断提高业务水平，以卓越的现场管理能力推动网店的发展。
- 树立员工学习的标杆，不断引导其他客服终生学习、不断改进，保持公司的持续发展。

客服的晋升体制主要分为逐级晋升和薪酬晋升，二者是不可拆分的组成因素。当客服的职位提升时，相应的待遇也能得到改善。当然客服的晋升一定要有一定的制度参考，而晋升的制度和条件需要店铺根据自己的实际情况而定。图7-4所示为客服晋级可参考的职位以及考核的标准，可供卖家作为参考。

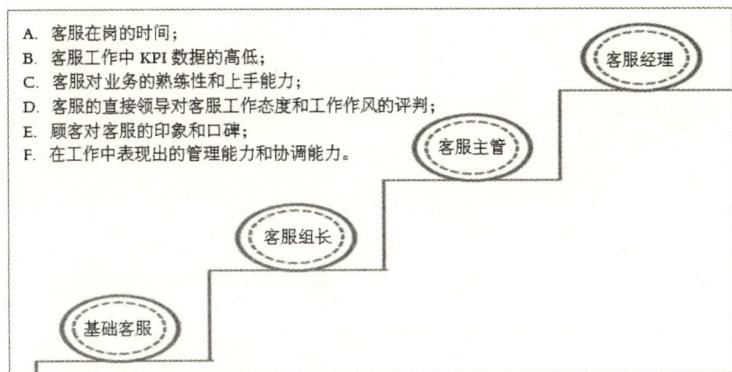

图7-4 | 客服晋升等级

除了图7-4所示的层级性晋升机制以外，设立不同的维度来管理客服也同样重要。例如，以时间或贡献为基准来晋升基础客服，可以将基础客服分为试用客服——铁牌客服——铜牌客服——银牌客服——金牌客服几档，整体晋升和局部晋升相统一的原则可以使得晋升机制更加完善。

卖家要确保晋升制度得到保护和发展，确保晋升流程的完善与顺畅。网店可以设定在某一固定的时间段进行评级晋升。在晋升过程中，需要客服根据评定的标准结合自己实际的工作情况进行申请，再由客服经理和卖家共同审核客服的晋升资格，经过审议和讨论，最终确定客服晋升与否，如图7-5所示。

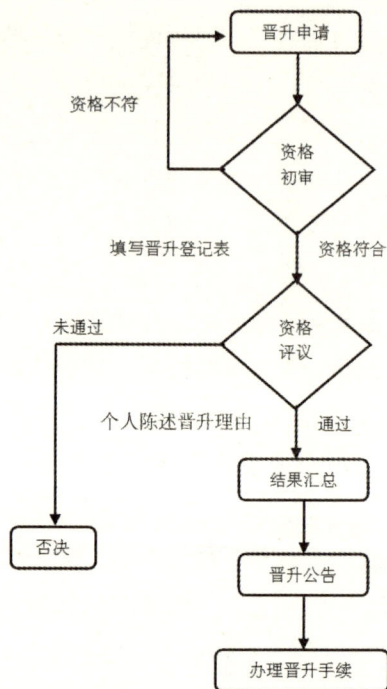

图7-5 | 客服晋升流程

7.3.3 奖惩机制

网店的客服少则几人，多则数十人。由于个人能力的差异，客服的工作表现总是不一样的，有的认真负责、热情踏实，有的粗心大意、缺乏耐心。客服在工作中的表现对于网店的运营是十分重要的。为了让整个客服团队保持积极向上的工作作风，网店需要建立奖惩机制。

所谓"见贤思齐焉，见不贤而内自省也"，优秀员工的标杆作用对于网店客服的建设是十分重要的。突出优秀员工、表扬先进员工，不仅可以让优秀员工收获认真工作所带来的惊喜，还能让全体客服人员向他们学习。网店一般会采取精神奖励与物质奖励两种形式激励员工。从调动人的积极性来说，物质奖励和精神奖励都是不可或缺的，一般以精神奖励为主、物质奖励为辅。

1. 精神名誉奖励

精神名誉的奖励是为了满足人们的精神需要，激发人的荣誉感、进取心、责任感和事业心。从心理学的角度上讲，奖励对每个人都适用，均能引起愉快的感受，任何人都希望得到他人或社会的赞赏。这是一种普遍的心理状态，已成为人们的人格特征之一。网店可以根据自己店铺客服的数量和质量对客服进行奖励。表7-3所示是某女装品牌店铺对客服的奖励标准，可供卖家参考。

表7-3　客服精神奖励参考表

奖项名称	精神奖励标准
最佳新人奖	（1）工作时间未满3个月，但已转为正式员工 （2）在职期间出勤率高，无迟到、早退、旷工等现象 （3）工作态度积极认真，注重服务礼仪 （4）具有较强的工作能力，能高质量地完成本职工作 （5）维护网店形象，能妥善处理各种关系 （6）客户对其满意度高，销售业绩在整个客服排名中处于前30名内
优秀员工奖	（1）工作半年以上的正式员工 （2）在职期间出勤率高，无迟到、早退、旷工等现象 （3）具有较强的工作能力，尽职尽责，询单转化率、客单价、平均响应时间等指标位居整个客服团队的前30名内 （4）客户对其满意度较高，维护网店形象，能妥善处理各种关系
杰出员工奖	（1）工作一年以上的正式员工 （2）拥有优秀员工奖或最佳新人奖奖励 （3）熟练掌握网店的产品知识、营销知识、沟通技能等 （4）工作能力突出，考核综合指标达到店铺的前三分之一 （5）在工作中献计献策，能够提出一些建设性的意见

2. 物质奖励

物质奖励即基于员工良好的工作表现而增加他的薪酬、福利待遇，这对调动客服的积极性有着显著的作用。奖励的金额是多少，达到怎样的标准才实现这样的奖励，这些都需要店铺根据自己的实力进行设置。

3. 有奖就有罚

当网店出现不合格的客服时，一定不要抱着"睁一只眼闭一只眼"的态度，发现问题就要及时解决。店铺可以根据客服的工作失误、违规的严重性来权衡惩罚的轻重。可以参考的惩罚一般有警告、通报批评等，屡教不改者则应淘汰。

7.3.4　监督机制

监督机制是对客服工作情况的跟踪监督，即从客服的工作状态、工作成效、客户满意度、员工认可度等方面进行监视、督促和管理，促使客服的工作结果能达到预定的目标。对客服的工作进行监督时，可以利用数据监控对客服的工作成效和开展的进度、质量进行评估。除了关键绩效指标考核法的监督机制外，网店还可以从客户的反馈中对客服的工作进行有效的监督。其中问卷调查不失为一种有效的监督方法。

网店可以制作针对客服服务情况的问卷调查表，不定期发送给客户来填写，再根据客户所反馈的信息分析客服的工作状态，对客服的工作进行监督。问卷的内容可以涉及客服服务的方方面面。图7-6所示为某童装网店设计的部分调查问卷，卖家可以参照自己店铺客服的实际工作情况进行问卷设计。

客服服务问卷

尊敬的顾客您好：

非常感谢您对×××店铺的支持！为了规范网店客服的工作制度，监督客服的工作情况，最重要的是能让您享受更为贴心的客服服务，我们邀请您共同监督我们的工作，填写这份问卷调查表，您所提出的每一个宝贵的意见都是我们不断成长的动力！

1.客服是否礼貌地问好，招待您进店选购？
  □ 是   □ 否   其他＿＿＿＿＿＿＿＿

2.在您向客服咨询相应问题的时候，客服的回答是否有针对性，是否真正帮助您解决了选购商品过程中的困惑？
  □ 是   □ 否   其他＿＿＿＿＿＿＿＿

3.客服回答您问题的过程中，您等待的时间有多长？
  □ 两分钟以内   □ 五分钟以内   □ 十分钟以内   其他＿＿＿＿＿

4.客服的服务态度是否良好，有无不耐烦的语气？
  □ 有   □ 没有   其他＿＿＿＿＿＿＿＿

5.您认为此次购物通过咨询客服解决了您什么问题？（可多选）
  □ 对商品更加详细的了解   □ 邮费的争议   □价格的商议
  □ 物流的信息   □ 对商品质量、真伪的信心 其他＿＿＿＿＿
  ......
  ......
  ......

图7-6｜客服服务问卷

7.4 客服的考核

关键绩效指标（Key Performance Indicator, KPI）考核法将员工需要完成的工作以指标的形式罗列出来，对工作进行量化，旨在引导员工的注意力方向，将员工的精力从无关紧要的琐事中解脱出来，从而更加关注公司整体业绩指标、部门重要工作领域及个人关键工作任务。网店需要建立一套严格的KPI考核制度对客服的工作进行考核。我们在第5章学习了客服工作指标的考核，也接触了询单转化率、客单价等名词，这些指标成为了KPI制度考核的关键。表7-4所示为某淘宝店铺的KPI考核表，仅供参考。

表7-4　KPI考核表

序号	考核内容	权重	详细描述	标准	分值	得分
1	询单转化率（X）	30%	最终付款人数/询单人数	X≥65%	100	
				65%>X≥60%	90	
				60%>X≥55%	80	
				55%>X≥45%	75	
				X<45%	65	
2	支付率（F）	25%	支付成交笔数/拍下笔数	F≥95%	100	
				95%>F≥90%	90	
				90%>F≥85%	80	
				85%>F≥80%	60	
				F<80%	0	
3	落实客单价（Y）	5%	客服落实客单价/店铺客单价	Y≥1.18	100	
				1.18>Y≥1.14	90	
				1.14>Y≥1.12	80	
				1.12>Y≥1.1	60	
				Y<1.1	0	
4	首次响应时间（ST）	15%	首次响应时间（秒）	ST≤15	100	
				20>ST>15	90	
				25>ST≥20	80	
				30>ST≥25	60	
				ST≥30	0	
5	平均响应时间（PT）	10%	平均响应时间（秒）	PT≤30	100	
				35≥PT>30	90	
				45>PT>35	80	
				55≥PT≥45	60	
				PT>55	0	
6	售后处理	5%	退款数量/客服订单数	≤5%	100	
7	日常管理工作	10%	处世能力25% 纪律性50% 团队合作25%		100	
8	总得分	100%				

岗位名称：　　姓名：　　考核时间：

客服经理审批：

被考核人签字：

专家指导

　　绩效考核一定要与奖惩挂钩，如每月评比综合排名第一名，奖励500元；综合排名最后一名，从提成中扣200元。这样才能发挥绩效考核的作用，否则即为空谈。

本章小结

　　本章对客服的招聘、客服的培训及客服的激励机制等知识进行了介绍，现将本章的重点内容总结如下。

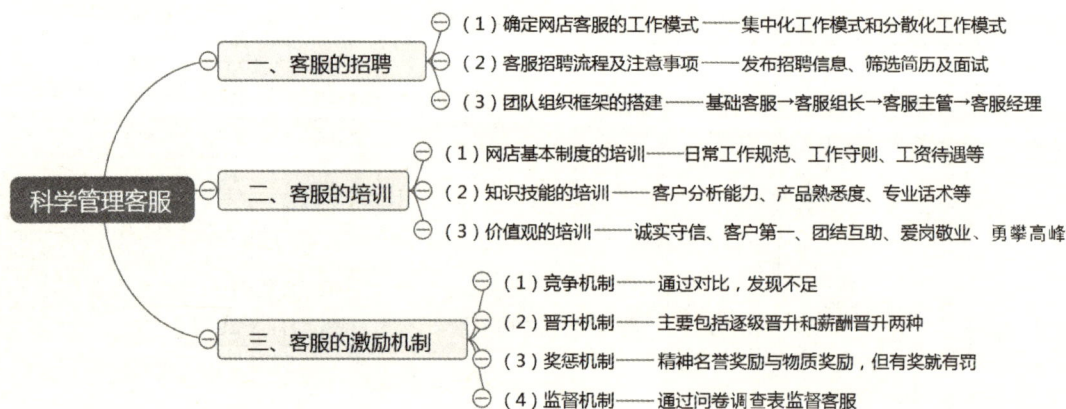

```
科学管理客服
├─ 一、客服的招聘
│   ├─（1）确定网店客服的工作模式——集中化工作模式和分散化工作模式
│   ├─（2）客服招聘流程及注意事项——发布招聘信息、筛选简历及面试
│   └─（3）团队组织框架的搭建——基础客服→客服组长→客服主管→客服经理
├─ 二、客服的培训
│   ├─（1）网店基本制度的培训——日常工作规范、工作守则、工资待遇等
│   ├─（2）知识技能的培训——客户分析能力、产品熟悉度、专业话术等
│   └─（3）价值观的培训——诚实守信、客户第一、团结互助、爱岗敬业、勇攀高峰
└─ 三、客服的激励机制
    ├─（1）竞争机制——通过对比，发现不足
    ├─（2）晋升机制——主要包括逐级晋升和薪酬晋升两种
    ├─（3）奖惩机制——精神名誉奖励与物质奖励，但有奖就有罚
    └─（4）监督机制——通过问卷调查表监督客服
```

课后练习

　　（1）说出客服培训的内容，并分析自己是否具有成为优秀客服的资格。

　　（2）请说出激励客服的4种机制，并简述各机制的简要内容。